GERHARD DOSS

BAND 2
Horst Coblenzer und seine Übungen
Dinge für die Ewigkeit

AAP
DAS BAUCHHIRN DER SPRACHE
EIN HUMANISTISCHES PRAXISBUCH

1. Auflage Februar 2013
Lektorat und Korrektorat: Renate Stehrer–Ausobsky
Coverfoto: Christine Karlinger und Wolfgang Kuschnigg (Private Pädagogische Hochschule der Diözese Linz)
Gesamtherstellung der Grafik:
(Cover nach einem Entwurf von Gerhard Doss)
Werbeagentur Rainer Keplinger e. U.
Verlag: TRAUNER Verlag + Buchservice GmbH, Linz
Herstellung: TRAUNER DRUCK GmbH & Co KG, Linz
ISBN 978-3-99033-142-2
© 2013 – Alle Rechte beim Autor

Waltraud gewidmet.

Meine Frau lernte ich am Brucknerkonservatorium (später Bruckneruniversität) in Linz kennen, bevor sie ihr Studium an der Wiener Musikhochschule (später Musikuniversität) bei KS Hilde Rössel-Majdan (1921 – 2010) fortsetzte und abschloss. Hier hatte sie auch den Hochschullehrgang „Atem-, Stimm- und Bewegungserziehung für Instrumentalisten" von Prof. Hilde Langer-Rühl absolviert. Am Linzer Landestheater sang sie mehrere Jahre als gefeierte Sopransolistin im Opern-, Operetten- und Musicalengagement, bevor unsere Tochter Angelika kam.

Verantwortung

Ich habe alles erreicht.
Im Haus und im Kind.
Auch in der Unwirklichkeit der Zukunft.
Und ich bin zufrieden.
Unwirklich.
Denn ich lebe.
Immer noch die Urtriebe.
Meiner unwirklichen Gefühle.
Und mein Verstand.
Verwirklicht.
Die Unwirklichkeit meines Tuns.
Noch immer. Und immer wieder.
Und ich verantworte logisch und wirklich.
Meine unlogischen, unwirklichen Entscheidungen.
Zur Befriedung meines Sehnens.
Gerhard Doss 2003

Meine Idee, ein Buch zu schreiben,
werde ich sicher einmal verwirklichen.
Am liebsten würde ich gleich beginnen,
noch habe ich aber nicht die Ruhe für dieses Projekt.
Gerhard Doss, Tagebuch 1979

Egal wie weit der Weg ist, man muss den ersten Schritt tun.
Mao Tse-tung

Vorspann

Das Bauchhirn der Sprache. Die Atem-Sprache. Seit bald vier Jahrzehnten ist mir die Beschäftigung mit der Stimme ein zentrales Anliegen. Zunächst fokussierte ich ausschließlich meine Gesangsstimme, bis mir bewusst wurde, wie sehr dadurch die natürliche Resonanz meiner Sprechstimme befruchtet wurde. Es eröffnete sich mir die gleichermaßen interessante und beglückende Erkenntnis, wie eng Stimmbildung und psychosomatische Faktoren verknüpft sind und wie sehr diese körperlichen und seelischen Befindlichkeiten mental gesteuert werden können.

Gutes Sprechen wird immer wieder bewundert, in den meisten Fällen aber erstaunlicherweise unterbewertet, bagatellisiert. Den Vorgang der Verbalkommunikation auf eine bloße Funktion zu reduzieren, erscheint empirisch nachvollziehbarer als das Aufspüren und Beschreiben jener essentiellen Glücksenergie, die durch ein sinn-volles Miteinanderkommunizieren ausgelöst werden kann.

Gerade in Zeiten globaler Interessen und zunehmender Standardisierungstendenzen empfinde ich Selbstbestimmung durch mehr Spürsamkeit für den eigenen Körper als Instrument für das lustvolle Spiel der Kommunikation als etwas sehr Bedeutsames.

Seien Sie ehrlich, haben Sie gelernt, RICHTIG zu sprechen? Ich meine nicht im Sinne von korrekt oder anständig. Sondern im Sinne von Instrumentbeherrschung. Haben Sie nicht auch immer noch das Gefühl, dass, wenn Sie sprechen, Sie irgendwie sprechen, ohne also dabei genau zu wissen, was Sie körperlich tun, oder bestenfalls nur ab und zu?

Als aufmerksamer Leser wissen Sie ja, dass Ihr Körper nicht nur den Klang Ihrer Stimme instrumentalisiert, sondern auch – über die Art und Weise, wie Sie stehen oder sitzen, sich bewegen, wie Sie gestikulieren oder auch nicht gestikulieren, Sie Ihre mimische Muskulatur ins Spiel bringen – nonverbale Botschaften vermittelt, die Ihre wertvollen Inhalte unterstützen, aber auch ad absurdum führen können. Ist Ihnen jetzt tatsächlich bewusst, dass Sie dies alles mental UND intuitiv steuern können – Ihren Stimmklang, die Effizienz Ihrer verbalen und nonverbalen Signale, aber auch die körperlich-seelische Bedeutung Ihrer Phonationsatmung oder Ihrer Artikulation. Vorausgesetzt, Sie beherrschen Ihr Körperinstrument, beziehungsweise es passt Ihre Grundeinstellung, Ihre Intention.

Welche Rolle spielt dabei IHRE Sozialisation? Stellt für Sie Sprechen etwas vordergründig Funktionelles, Mechanisches dar oder eben etwas Komplex-Menschliches, Identitätsstiftendes, etwas, was einen substanziellen Bereich Ihrer Persönlichkeit ausmacht? Können Sie spüren, dass die Qualität Ihres Sprechens (Singens, Musizierens) nicht nur Ihre kommunikativen Fähigkeiten verrät, sondern auch Ihre vitale und gesundheitliche Ausstrahlung?

Dass dies in direktem Zusammenhang mit Selbstbestimmtheit und Eigenverantwortung steht, haben Sie ja gelesen. Wie geht es IHNEN dabei? In Ihrem privaten wie beruflichen Umkreis? Gelingt es Ihnen, Ihren eigenen Grundbedürfnissen treu zu bleiben, auch wenn Sie Gefahr laufen, von gesellschaftlichen Anforderungen fremdbestimmt zu werden? Wollen Sie sich wirklich von allem befreien, was Ihre Autonomie blockiert? Wollen Sie Ihren eigenen Atem- und Sprechrhythmus erspüren, Ihre Atemrhythmisch Angepasste Phonation®, Ihre AAP® (die natürlich auch fürs Singen und Musizieren relevant ist)?

Die relativ frühe Auseinandersetzung mit der AAP ließ meinen persönlichen Lebens-Lernprozess zu einem steten Fluss werden, der eine bestimmte Richtung vorgibt und in seiner umfassenden Strömungsenergie jedes noch so kleine Teilchen des Lebens wie selbstverständlich mit sich nimmt, alles zusammen ergibt ein sinnvolles Ganzes, nichts – gar nichts – lässt sich isolieren.

Leider verstärkt sich bei mir zunehmend der Eindruck, dass in unserer Gesellschaft das wissenschaftlich dokumentierte Wissen über die AAP schlichtweg ignoriert wird, obwohl die psychophysischen Kausalitäten instinktsicherer Phonationsatmung leicht nachvollziehbar sind. Immer noch wird die Irrmeinung vertreten, dass vor dem Sprechen, Singen, Musizieren bewusst Luft geholt werden müsse, dass das Schnaufen der Musiker (denken wir beispielsweise an die erste Geige im Orchester) für das gemeinsame Musizieren unerlässlich sei (nachzuhören im Österreichischen Rundfunk, in der Ö1-Sendereihe „Radiokolleg", Montag bis Donnerstag, 28. November bis 1. Dezember 2011 ab 09:45: „Pneuma, Odem, Anima"). Wohl wird die Bedeutung der Zwerchfellatmung einerseits nicht angezweifelt (auch wenn der physiologisch unkorrekte Begriff Bauchatmung oft vorgezogen wird – aus einem einfachen Grund: Das Zwerchfell selbst ist nur bei bewusstem Training belebend spürbar oder unangenehmerweise bei Belastung in Form von Seitenstechen), andererseits ist das physiologische, aber auch psychosomatische Wissen darüber immer noch erstaunlich klein.

Ich möchte Sie also dazu motivieren, Ihr Zwerchfell zu entdecken. Und nach wie vor auch dazu, sich die Frage zu stellen, wie AAP-kompatibel jene Gesellschaft ist, in der Sie leben. ÜBERschätzen Sie Ihre Sprache nicht, das führt in die Sackgasse der Intellektualität. Und keinesfalls UNTERschätzen Sie Ihre Sprache, vertrauen Sie Ihrer Intuition, und spielen Sie mit den wunderbaren Möglichkeiten des Verbalausdrucks – nicht nur im begrenzten Feld des Dilettierens, sondern in der unendlichen Weite Ihrer Professionalität. Sozusagen in der Ersten Liga, die Sie allerdings nicht vordergründig gesellschaftlich definieren, sondern vor allem mit Ihrer Persönlichkeit. Dazu braucht es die grundsätzliche Bereitschaft zum konsequenten Üben. Wie bei jedem Musikinstrument, das es zu erlernen gilt. Personalisieren und professionalisieren Sie das leidenschaftliche Spiel Ihrer Sprache.

Die großartige sprecherische Vorbildwirkung eines meiner wichtigsten Lehrer hat mir entscheidende Wege geebnet: Möge die umfassende Vitalität von Horst Coblenzer, dem „Vater" der AAP, auch Sie beleben. Er hat gemeinsam mit Franz Muhar die Atemrhythmisch Angepasste Phonation als elementares, instinktgeleitetes Naturereignis zu einer psychophysischen Konzeption für ein besonders kommunikatives und gesundheitsbewusstes Sprechen entwickelt, beseelt von einer künstlerischen und humanistischen Philosophie. Selbstverständlich bietet sich AAP nach Coblenzer/Muhar auch für Therapiezwecke an, zum Beispiel zur Behandlung von Dysphonien oder zur Lösung körperlicher und seelischer Blockaden, ist aber grundsätzlich nicht als Therapieverfahren konzeptioniert, wie fälschlicherweise bei „Wikipedia" nachzulesen ist.[1]

Bedenken Sie stets: Es geht um weit mehr als Sprechen alleine – nämlich um die Eroberung Ihrer Autonomie und darum, diese gegen Störenfriede effizient verteidigen zu können. So wie es beispielsweise Gorillas tun. Damit eröffnet sich die AAP in ihrer spürbaren Instinkthaftigkeit tatsächlich nur jenen Menschen, welche bereit sind, die pragmatischen Zwänge der Zivilisation kritisch zu reflektieren und sich den eigenen intuitiven Kräften kompromisslos anzuvertrauen. Das Bauchhirn der Sprache ist vor allem ein PERSÖNLICHES Gesundheitsthema.

Linz, Februar 2013

Nicht alles, was zählt, kann gezählt werden, und nicht alles, was gezählt werden kann, zählt.
Albert Einstein

---

1   http://de.wikipedia.org/wiki/Atemrhythmisch_angepasste_Phonation (15.06.2012)

Gerhard Doss

Vorwort von Albert Fortell

Als mein Lehrer am Max Reinhardt Seminar in Wien war Prof. Coblenzer für die stimmliche Ausbildung unserer damals noch ungeschulten Werkzeuge zuständig. Er war Theoretiker und Praktiker zugleich. Manche haben seinen Zugang zunächst als zu theoretisch empfunden. Verständlich – wir waren wie junge Hunde, die gleich alles spielen wollten und es nicht erwarten konnten, bis endlich die Vorhänge dieser Welt hochgehen würden.

Wie an jeder Schule, so war es auch am Seminar. Das Erlernte erweist sich manchmal als unnötig, manchmal als aufbauend und manchmal als unbedingt notwendig.

Was ich bei Prof. Coblenzer gelernt und erfahren habe, stellte sich in der beruflichen Praxis sehr bald als unbedingt notwendig heraus. Mehr noch – oft war es der Rettungsanker bei so manchem Freilicht-Spiel unter widrigen Wetterumständen oder der anstrengenden, Monate langen Theatertournee, inklusive drohender Verkühlung.

Was damals in erster Linie für das Theater gedacht war, hat sich inzwischen in meiner 30-jährigen Erfahrung auch vor der Kamera schon oft bezahlt gemacht. Seine sprechtechnischen Anweisungen sind eins zu eins geblieben. So muss man bei Dreharbeiten auch bei Minusgraden im Freien glaubhaft schreien können, ohne sich stimmlich zu verausgaben.

Oft fällt mir heute gerade bei jungen Schauspielern auf, dass deren naturalistisch-modernes Spiel immer wieder zulasten der Textdeutlichkeit geht. Im Idealfall sollte aber beides über die Rampe (das Mikrofon) kommen.

Dabei hat die Ausbildung bei Prof. Coblenzer einen äußerst wertvollen Grundstein gelegt – und dafür bin ich ihm noch heute dankbar.

Ihr

Albert Fortell

mit lieben Grüßen

Dezember 2012

Inhalt

Gerhard Doss

Horst Coblenzer im Gespräch
Seine gelebte Atem-Sprache

PÄDAGOGISCHE HOCHSCHULE
DER DIÖZESE LINZ

Abb. 1

Ganze acht Jahre hatten Horst Coblenzer („Cobi") und ich uns nicht gesehen. Wohl hatte es immer wieder brieflichen und auch telefonischen Kontakt gegeben. Nun sahen wir uns am 17. August 2010 in Wien-Döbling wieder, in jenem Stadtbezirk, wo er mit seiner Frau Dagmar wohnt. Im urigen Heurigenlokal „Haselbrunner" waren wir nun drei Stunden lang im Gespräch, besser gesagt: Ich war ein geduldiger Zuhörer und unterbrach seinen interessanten Monolog nur gelegentlich durch gezielte Zwischenfragen.

Horst war etwas feister im Gesicht geworden und in der Körperhaltung eine kleine Spur gekrümmter. Sonst wirkte er mit seinen 83 Jahren in jeder Hinsicht erfreulich rüstig. Und vor allem seine Stimme war sonor und klar wie eh und je. Seine Augen leuchteten ungebrochen, er sprach mit gewohnter Vitalität und Strukturiertheit, und seine kompakte Emotionalität beim Sprechen ließ – wie immer – Herzlichkeit und Handschlagsqualität spüren, eine höchst positiv energetisierende Vertrautheit.

Am 1. August 1927 wurde Horst Coblenzer in Bochum/Westfalen geboren. Als 4. Kind des Rechtsanwalts und Notars Robert Coblenzer und seiner Frau Johanna, geb. Weyland. In Bochum besuchte er die Grund- und Oberschule. Im letzten Kriegswinter (also 1944/45) war er als 17-Jähriger Soldat: auf einem Torpedoboot Kadett zur See. „Eine sehr harte

Schule", sagt Coblenzer heute. Nach dem 2. Weltkrieg geriet er in englische Kriegsgefangenschaft, die deswegen für ihn nur ein halbes Jahr währte, weil er anschließend – ebenfalls ein halbes Jahr lang – freiwillig landwirtschaftlichen Dienst versah (Stall ausmisten, Kühe melken …). An der Bismarck-Oberschule in Bochum, wo ein neunmonatiger Sonderlehrgang für Kriegsteilnehmer eingerichtet worden war, schaffte er am 25. Juni 1947 das Abitur.

Er wurde Schauspielanfänger am Schauspielhaus Bochum unter dem Intendanten Saladin Schmitt[2]. Hier kam er ab Sommer 1948 als Schauspieler und Assistent für Dramaturgie und Regie unter Vertrag.

Horst Coblenzer: *Die Dichtung stand obenan, aus ihrem Duktus und der sprecherischen Gestaltung durch den Schauspieler entfaltete Saladin Schmitt das Werk. Erforderliches Pathos wurde nicht ängstlich gedämpft, sondern in seiner Echtheit entlockt. Das Alterswissen eines für seine Klassiker-Inszenierungen beispielhaften Regisseurs floss in der Hamletinterpretation zusammen, die er seinem letzten Assistenten beim Studium mitgab.*[3]

Horst Coblenzer, welcher sich als „mündlichen Menschen" sieht (nach Hans Carossa[4]), nicht als schriftlichen, im Gespräch (aus Gründen der Originalität gebe ich seinen direkten Wortlaut wieder, wir hören ihn sozusagen im Originalton): „Saladin Schmitt wurde oft völlig zu unrecht Doktor-Regisseur genannt. Er war ein durchtriebener Komödiant, sehr spielfreudig, jede Rolle spielte er vorzüglich vor. Jedes Wort, jede Geste traf. Und er hatte einen wunderbar trockenen Humor, besonders sich selbst gegenüber."

Neben seiner Theatertätigkeit startete Coblenzer in Bonn das Studium für Germanistik.

---

2   Prof. Dr., geb. 1883 in Bingen, gest. 1951 in Bochum

3   Coblenzer, Horst: Die Bedeutung des Atemrhythmus für den sprachlichen Ausdruck des Schauspielers. Dissertation. Wien 1970, S. 2

4   Dr., geb. 1878 in Tölz, gest. 1956 bei Passau, deutscher Arzt, Lyriker und Autor von Erzählungen

Der Schauspieler, Regisseur und Theaterleiter Heinz Hilpert[5] war bis zu seinem 28. Lebensjahr Lehrer für Schwererziehbare gewesen. In Konstanz hatte er das Deutsche Theater gegründet, wohin er Ende 1949 den jungen Horst Coblenzer als Schauspieler, Regie- und Dramaturgie-Assistent engagierte. Heinz Hilpert, direkt aus der Schule Max Reinhardts gekommen, des Mitbegründers der Salzburger Festspiele, war von 1934 bis 1944 Intendant des Deutschen Theaters in Berlin gewesen. Als Nachfolger von Reinhardt und in Absprache mit ihm, welcher als Jude 1938 vor Hitler in die USA hatte emigrieren müssen. Von 1938 bis 1945 hatte Hilpert neben Berlin auch die Wiener Reinhardt-Bühne geleitet, nämlich das Theater in der Josefstadt.

Die Antrittsrolle von Horst Coblenzer am Deutschen Theater bei Hilpert in Konstanz im Jahr 1949 war die des Mortimer im Drama „Maria Stuart" von Friedrich Schiller. Ausgerechnet da war er stimmlich indisponiert.

Coblenzer: „… Aufgrund von Bodenseenebel eine Kieferhöhleneiterung beidseitig. Gehe in Therapie.

Und der Hals-, Nasen-, Ohrenarzt, ein reizender, netter, sehr künstlerischer HNO-Doktor, sagte mir: ``Naja, wissen Sie, wenn wir …''

Ich bekam also täglich die Nasenscheidewand durchstochen und leergepumpt, was da an Eiter drin war hier in der Kieferhöhle."

Horst erhöhte die Anschaulichkeit des Dargestellten, indem er die Hände deutlich mitreden ließ.

„Ich habe, glaube ich, 37 Spülungen über mich ergehen lassen.

Der Arzt sagte: ``Alternativ müsste man eigentlich Sie ins Spital legen und das aufmachen. Aber Sie können ja nicht, denn dann würden Sie ja die Rolle verlieren, dann ist Ihr Premierendatum gefährdet.''

Ich hab gesagt: ``Um Gottes Willen, nur das nicht.''

Ich bin als Mortimer abends zu Jöns Anderson gegangen. Der war mein Partner.

---

5   geb. 1890 in Berlin, gest. 1967 in Göttingen

Und weil ich so einen weißen Rüschkragen hatte auf schwarzem Samt, überhaupt kein Gefühl in der Nase, hab ich gesagt: ``Jöns, guck mal, tropft das hier noch?´´

Das war widerlich, denn das war alles taub.

Und warum ich das alles erzähle?

Der Hals-, Nasen-, Ohrenarzt war in der Premiere.

Und hat gesagt: ``Seien Sie ganz beruhigt. Wenn irgendwas ist, ich komme sofort in die Garderobe und helfe Ihnen. Aber machen Sie erstmal.´´

Er kam in der Pause und fragte: ``No, wie geht's?´´

Ich sagte:``No, bisher ganz gut.´´

``Alles kommt an. Wunderbar. Machen Sie weiter. Das läuft.´´

Wir sind verabredet am nächsten Tag in seiner Ordination.

Da sagt er zu seiner Frau: ``Du, komm doch mal her. Guck dir das doch mal an.´´

Die nimmt dann also auch den Spiegel, guckt die ganze Sache an.

Und er sagt: ``Sagen Sie mal, was haben Sie gemacht?´´

Ich sag: ``Gar nix. Ich hab gestern abend mit meiner Familie zusammengesessen, und wir haben noch ein Glas Wein getrunken.´´

``Ja, wissen Sie was. Sie haben sich gesund gesprochen. Das hab ich überhaupt noch nie erlebt. Aber meine Frau wird Ihnen meinen Befund bestätigen.´´...“

Mit einer Bestimmtheit blickte mir Horst tief in die Augen und setzte klar akzentuiert nach – mit der Alterslosigkeit einer uneingeschränkt beweglichen, durch und durch gesunden Stimme: „Das nur zum Thema Stimme und physiologischer Stimmgebrauch. Könnerschaft.“

Horst lehnte sich wieder zurück. Das war bei Gott kein Selbstlob, sondern ausschließlich die überzeugende Ansprache eines Künstlers, welcher in seinem hohen Alter diese Könnerschaft kaum mit jemandem teilen kann, diese Fähigkeit, die jeder Mensch haben könnte, wäre er bereit, diesbezüglich an sich zu arbeiten, nämlich über die Funktionalität der Sprechstimme Selbstheilungskräfte zu mobilisieren.

Diese herausragende Atem-, Stimm- und Sprechtechnik eines Horst Coblenzer ist DIE Essenz für seine persönlich gelebte AAP von seinen Anfangsjahren als Schauspieler an bis ins hohe Alter im Hier und Jetzt: Die Sprechstimme des 83-Jährigen ist von ungebrochener Klarheit und immer noch jugendlich-dynamischer Strahlkraft. Somit personifiziert Coblenzer selbst eindrücklich die gesundheitliche Bedeutung der AAP, sowie den gesamten wissenschaftlichen Hintergrund. Praxis steht im Vordergrund – in lebendiger Beziehung mit notwendiger Theorie.

In seinen persönlichen Aufzeichnungen ist folgender Satz zu finden: *Immer wieder geht es mir um die Beherrschung des Instruments, damit Zufälligkeiten und Tagesdisposition weitgehend auszuschalten sind oder in beherrschbaren Grenzen bleiben können.*

1950 übernahm Hilpert das Deutsche Theater in Göttingen, und auch dorthin holte er Horst Coblenzer, was für diesen ein großer Glücksfall war. Hier lernte er seine Lebens-Frau Dagmar kennen. Sie studierte in Göttingen Zahnmedizin, und daneben nahm sie Sprechunterricht an der berühmten Falkenbergschule in München. So kam es, dass sie bei Heinz Hilpert im Göttinger Theater vorsprach. Sie sei schauspielerisch gut, wurde ihr von Hilpert bescheinigt, sie müsse aber dringend sprechen lernen. So kam sie zum Sprachmeister des Deutschen Theaters, zu Horst Coblenzer. Dieser konnte in Göttingen vor allem als Theatermann bis 1961 Fuß fassen.

Auch hier nahmen Sprachbewusstsein und -pflege einen hohen Rang ein. ... Klarheit, Deutlichkeit und Eindeutigkeit des Sprechens, Plastik des Wortes, Souveränität in der Atemführung als Grundlagen eines völlig sicheren Kontakts mit dem Zuschauer gehörten zu den präzisierten Forderungen Hilperts an jede schauspielerische Gestaltung.[6]

Horst Coblenzer (wieder im Originalton): „Du weißt, dass ich so Hilpert-geprägt bin. Die besten Sachen von Hilpert kamen immer in den Regiepausen.

---

6   Coblenzer, Horst: Die Bedeutung des Atemrhythmus für den sprachlichen Ausdruck des Schauspielers. Dissertation. Wien 1970, S. 2 und 3

Und ich erinnere mich, da sagte er, das ist mir unvergesslich: ``Weißt du, wenn du erst das gesunde Leck-mich-am-Arsch-Gefühl hast, dann fängst du an und spielst Theater. Alles andere ist Tinneff mit Lakritzen. Kinderkacke.´´

Das ist ja Goethisch: *Und solang du das nicht hast, dieses: Stirb und werde! Bist du nur ein trüber Gast auf der dunklen Erde.*

Dass ich das große Glück hatte, ich war Assistent bei Saladin Schmitt, der war der große Shakespeare-Interpret, Theatermacher, der alle Shakes-peare-Dramen in einer Woche aufgeführt hatte in Bochum, also eine The-atergröße allerersten Ranges, und der war einem Diplomaten oder Kir-chenfürsten vergleichbar. Und ich ... kam von dem zu Heinz Hilpert, der im Stil seiner ganzen Art, Theater zu spielen, ein Antipode war, also total anders rum. Und da sagte mal jemand, du hast ein unverschämtes Schwein, denn du hast den einen verarbeitet wie den anderen.

... Weißt du, und auch die Lebensweisheiten, die beide mir mitgegeben haben ... ich erinnere mich, ich begleitete Saladin Schmitt, ich holte ihn ab von zu Hause, begleitete ihn zum Theater, das war so ein Ersatztheater im zerbombten Bochum, plötzlich bleibt er stehen, sagt er: ``Horst, gib acht, du wirst bestimmt mal Chef, ich geb dir einen guten Rat ... gib jedem Büh-nenarbeiter die Hand ... das bringt viel.´´

Weißt du, und dann die Schulung bei Heinz Hilpert, der war ein Mensch, aus einem völlig anderen Holz geschnitzt ... Aber das Ganze, das war ja ein Glück, das war ein Geschenk, das zu verarbeiten. ...“

Horst erinnerte sich daran, wie Heinz Hilpert während der Proben-arbeit in Göttingen auf eine besonders extravagante Schauspielerkol-legin mit Ruhe, Bestimmtheit und deftigem, aber nicht verletzendem Vokabular reagiert hatte: „Frau H…, wissen Sie, es gibt ja Schauspieler, die können mit dem Arsch Fliegen fangen. (Pause) Aber wenn Sie mich fragen, ich schätze das nicht so sehr.“

Und Horst weiter: „... Hilpert wollte von mir, ich sollte den Edgar spielen im Lear, eine Rolle, die ich mit größter Freude gespielt hab ... Ich musste als Edgar auf der Flucht im Lear auf einer Schräge runterrobben, da war Kunstgras, und das war staubig, und ich war total verrotzt, erkältet, robb′ da runter und sage dem Hilpert noch: ``Heinz, ich kann nicht alles geben, weil das Kunstgras, das ist so voller Staub, da krieg ich ′nen Husten.′′

Prompt Hilpert bei der Kritik: ``Cobi, wo is′ er denn? Du darfst überhaupt nur noch auf Kunstgras robben. Det war ausgezeichnet.′′ ...

Weißt du, wenn man diese Antipoden erlebt hat, den Saladin Schmitt, der ein ganz Feiner war ... ja, und dann den Hilpert, ... das war das Theater, wie es leibt und lebt.“

Als Coblenzer einmal Hilpert und seine Frau „Nuschka“ in deren Einfamilienhaus in Göttingen besucht hatte, soll dieser bemerkt haben: „Ich bin ja so faul.“ Und, als Horst sein Lachen nicht verkneifen konnte: „Eigentlich bin ich gar nicht faul. Aber wat ich fleißig bin, das zwick′ ich meiner Faulheit ab.“

Und dann wies Horst auf seine Eltern hin und darauf, dass er wohl von beiden das Beste genommen hätte. Seinen Vater beschrieb er als naturlieb und besonnenen Diogenes und seine Mutter als Kumpel und Frohnatur mit Lust zu formulieren. Frei nach Goethe: *Vom Vater hab ich die Statur, vom Mütterchen die Frohnatur und Lust zu fabulieren.*

Das Leben ist wie eine Hühnerleiter. Kurz und beschissen.
Das Leben froh genießen, sei der Vernunft Gebot.
Man lebt ja nur so kurze Zeit und ist so lange tot.
Johanna Coblenzer

Obwohl sein Vater gegen die Ambitionen des Sohnes war, Schauspieler zu werden, war das Verhältnis zwischen beiden immer sehr gut. Sein Vater war ein Naturapostel und überließ seinem Sohn Lebensweisheiten wie: *Wenn du in einen Gebirgsbach einen Klumpen Dreck wirfst, gehe zwei Kilometer bachabwärts, und alles ist wieder klar.* Oder: *Das Uhr-Pendel steht heute rechts und morgen links.* Auf dem Sterbebett im Krankenhaus soll der Vater, 79 Jahre alt und erblindet, an Lungenentzündung erkrankt, zu seiner Frau gesagt haben, welche 81-jährig einige Jahre später durch einen Schlaganfall sterben sollte: „Aber Schätzchen, wir haben doch viel gelacht."

Es war übrigens der Deutschlehrer von Coblenzer an der Bismarck-Oberschule, Dr. Ludwig Niemann, welcher ihn sehr förderte (und auch seine Liebe zu Rilkes „Cornet" weckte); persönlich suchte der Lehrer sogar Horsts Vater auf, um ihm ans Herz zu legen, seinen schauspielerisch außerordentlich begabten Sohn entsprechend zu unterstützen: „Wenn Sie den Jungen nicht zum Theater gehen lassen, dann machen Sie sich einer Unterlassungssünde schuldig." Mit nahezu kindlicher Freude erzählte mir Horst von der wundersamen Lebensfügung, dass er viele Jahre später denselben Doktorvater haben sollte, nämlich Dietrich Kindermann, wie lange vor ihm sein für ihn so bedeutsamer Deutschprofessor und Förderer.

So nebenbei zitierte Horst den österreichischen Dramatiker Franz Grillparzer[7]: *Ich kenne kein schlimmeres Laster als den Undank.*

Nur kurz unterbrach sich Horst, um an seinem Weinglas zu nippen. Er lehnte sich genüsslich zurück und beugte sich sogleich wieder nach vorne, seine rechte Hand umfasste geradezu zärtlich meinen linken Unterarm und ließ diesen augenblicklich wieder los. Dann stützte er seinen linken Ellenbogen auf der hölzernen Tischplatte auf und legte seine linke Wange in seine linke Hand.

„Gerhard, Zufälle gibt es nicht. Alles im Sinne von: Wer immer strebend sich bemüht... Das ist kein Fatalismus. Du kannst dich nicht einfach gehenlassen und sagen: Das ist schicksalhaft... Das wäre Fatalismus. ... Aber wenn du angestrebt hast ... wenn du DAHIN willst, dann musst du an dem Ufer so weit hochgehen, dass du mit dem Strom dann da landest." Dabei deutete er mit der rechten Hand den Verlauf der Donau an. „Und

---

7   geb. 1791 in Wien, gest. 1872 ebd.

das war für mich eigentlich, für mein Leben, die Richtschnur. Ich habe nie was dem Zufall überlassen. Ich hab immer gedacht: Wenn du nicht selber strebst, nur den Tapferen hilft das Glück, das ist kein Spruch, das ist lebbar, das ist eigentlich verpflichtend. Wenn du das Intellegere hast, die Einsichtsfähigkeit, dann müsstest du das inkludieren in deine Richtschnur. ... Du kannst nicht andere verantwortlich machen, das ist zu einfach. ...

Aber ich denke immer wieder an Leute ... wie diesen Gymnasialprofessor in Linz, ... die mir so geholfen haben, ... wie der gesagt hat auf diesem Seminar: ``Herr Professor, Sie san a Idiolist.''

Das ist so schön, das ist so wahrhaftig. Er hat das anerkannt, dass ich das ernsthafte Streben habe, aber auf der anderen Seite: hoffnungslos, weil ...''

Horst zuckte mit einem verinnerlichten, weisen Lächeln die Schultern.

Idiolist stellt eine Wortschöpfung dar, die Idiot und Idealist ineinander verschmelzen lässt.

„... Ich hatte mit meinen Kollegen auch immer Glück gehabt. ... Erich Ponto, dem Amte wohlbekannt, ein berühmter Charakterspieler, bekannt auch aus dem ``Dritten Mann''.[8] Wir spielen am Deutschen Theater in Göttingen das Stück ``Nummer 228 wird aufgerufen''. Ein Nachkriegsstück. Nix Bedeutendes. Aber für mich war bedeutend: Erich Ponto und ich haben eine gemeinsame Szene.

Und wie wir die Szene so anlegen, sagt der Ponto: ``Schreiben Sie sich da eine Pause ein.''

Ich hab nur gedacht: Woher will denn der alte Kacker das wissen?

``Da werden die Leute lachen. Und wenn Sie da weitersprechen, ist unsere Szene kaputt.''

Ich hab ihm nicht geglaubt. Ich hab also Pausenzeichen ... in meinem Text gemacht. ...

---

8   Originaltitel: The Third Man, britischer Spielfilm, Handlung in Wien, aus dem Jahr 1949 mit Orson Welles, Joseph Cotton und eben auch Erich Ponto

Am Abend kommt genau diese Stelle. Und die Leute lachen nicht nur an der Stelle, nein, sie applaudieren! Darauf sucht Ponto mein Auge und macht so."

Mit fixierendem Blick nickt Horst bedächtig. „Das war die Lehre von einem Komödianten, der für einen Jüngeren ein Herz hat."

Erich Ponto,[9] deutscher Schauspieler, vielseitiger Charakterschauspieler, ab 1934 auch im Film, Intendant in Dresden und Stuttgart.[10]

„Meine Kollegen haben in meiner Schrulligkeit mich erkannt und richtiggenommen. Da hatte ich das große Glück, in Göttingen war Fritze Eberth, eigentlich der erste Charakterspieler, der spielte den Kurfürsten in Friedrich von Homburg. ...

Der hatte auch die Wahrhaftigkeit, mir zu sagen: ``Wat willst du 'n Hamlet spielen? ... Jemand, der so komisch ist wie du, der muss den Osric spielen.''

Das ist eine ... Nebenbeifigur, aber die gut besetzt sein will. ... Also, ich hatte auch, weißt du, mit so kollegial-freundschaftlicher Begegnung immer Glück. ... Der hat mir die Wahrheit gesagt, und er hat ... also ... für mich sehr viel Brauchbares mir freundschaftlich übermittelt. ... Ich hatte ein Angebot aus Berlin. Gleichzeitig mit dem Angebot vom Reinhardt Seminar in Wien hat mich die Hilde Körber anheuern wollen, an das gleichnamige Institut zu gehen in Berlin. Da erzähl' ich das dem Fritze Eberth.

Da sagt er: ``Wat, bist du verrückt, det is ne Insel, Mensch, da wolln'se alle weg, und du willst da hin? Nee!''

Der hat mich gut beraten und gesagt: ``Reinhardt Seminar: Ja, Berlin: Nein.''

Wien: Ja."

Hilde Körber[11] war Theater- und Filmschauspielerin gewesen und –

---

9   geb. 1884 in Lübeck, gest. 1957 in Stuttgart

10   Bertelsmann Universal Lexikon in 20 Bänden. Band 14. Bertelsmann Lexikon Verlag GmbH. Gütersloh 1992, S. 129 f

11   1906 in Wien geboren, 1969 in Berlin gestorben

Gerhard Doss

nach Max Reinhardt und Heinz Hilpert – von 1951 bis 1969 Leiterin der Berliner Max Reinhardt Theaterschule, die 1965 in die Hochschule für Musik als Abteilung für darstellende Kunst eingegliedert worden war.[12]

„... Ich erinnere mich noch, ... wir spielten ``Vor Sonnenuntergang'',[13] Hilpert spielte den Geheimrat Clausen, und wir treffen uns auf der Hinterbühne, darauf sagt Hilpert: ``Sag mal, ha ick dir beleidigt?''

Sag ich: ``Ne, Heinz, wieso?''

``Naja, ick ... krieg immer wieder Fragen, wie ick zu dir stehe. Positiv, det weeste doch.''

Ich wusste immer noch nicht, was er wollte.

``Da hat ein gewisser Sittner mir geschrieben aus Wien.''

War der Präsident der Akademie für Musik und darstellende Kunst in Wien. Der wollte, um keine Katze im Sack zu kaufen, wissen, wer ist der Coblenzer, den er da engagieren will für die Atem-, Stimm- und Sprecherziehung am Max Reinhardt Seminar.

Und Hilpert ... ein bisschen betreten, ich musste ihn richtig beruhigen: ``Ha´ ick dir schlecht behandelt?''

Ich wusst´ gar nicht, was der wollte.

``Da schreibt ein gewisser Sittner aus Wien, ... wat ick von dir halte. Det weeste doch. Da musst du doch gar nicht nach Wien gehen. Warum willste denn unbedingt weck?''

Ist das herrlich?"

Herzhaft lachend, klopfte mir Horst auf die linke Schulter, und er lehnte sich amüsiert zurück.

Der Pianist Hans Sittner[14] war von 1949 bis 1971 Präsident der Akademie für Musik und darstellende Kunst in Wien, ab 1970 Hochschule, gewesen.[15]

---

12   Bertelsmann Universal Lexikon in 20 Bänden. Band 10. Bertelsmann Lexikon Verlag GmbH. Gütersloh 1992, S. 95

13   Gerhart Hauptmann

14   geboren 1903 in Linz, gestorben 1990 in Wien

15   http://en.wikipedia.org/wiki/Hans_Sittner (24.08.2011)

„... Gerhard, du hast so viel von mir aufgezeichnet. Aber weißt du, das sind Dinge, die kommen alle, wenn man im Gespräch ist. Dann wird das virulent. Ja, dann wird das plötzlich Wahrheit.

Aber man muss immer und immer wieder sagen: Die Jungen sollen nicht leichtfertig sein. Die sollen für das Theater, das die Alten gespielt haben und weitergetragen haben, immerhin übergeben haben, ein offenes Ohr haben und nicht leichtfertig urteilen. Ich denke immer wieder ... ich bin glücklich, dass ich den Ernst Deutsch als Nathan den Weisen[16] erleben durfte, ja, in dieser Scheune, wie Peymann bemerkte, vom Burgtheater. Aber, wer diese Scheune beherrscht, du, der muss, Theater spielend, was auf dem Kasten haben. Des kriegste nich im Vorbeigehen. Ja, und solche Leute, wie der Werner Krauß, die hatten das eben gelernt, ja, und nicht im Vorbeigehen."

Der Schauspieler Ernst Deutsch,[17] auch am Wiener Burgtheater engagiert, war DER Nathan-Darsteller seiner Zeit gewesen.[18]

Der deutsche Theaterregisseur Claus Peymann[19] war Burgtheaterdirektor von 1986 bis 1999.[20]

Der Theater- und Filmstar Werner Krauß[21] gilt als einer der herausragendsten Schauspieler seiner Zeit. Bis 1937 hatte er mit dem jüdischen Regisseur Max Reinhardt gespielt – bei den Salzburger Festspielen war es zur letzten Zusammenarbeit gekommen. Joseph Goebbels und Adolf Hitler hatten Krauß als wichtigen Kultur-Repräsentanten der nationalsozialistischen Ära etabliert.

Max Reinhardt[22] beschreibt Werner Krauß als Schauspieler *mit einer*

---

16 Gotthold Ephraim Lessing

17 geb. 1890 in Prag, gest. 1969 in Berlin

18 Bertelsmann Universal Lexikon in 20 Bänden. Band 4. Bertelsmann Lexikon Verlag GmbH. Gütersloh 1992, S. 209

19 geb. 1937 in Bremen

20 http://de.wikipedia.org/wiki/Claus_Peymann (08.03.2011)

21 geb. 1884 bei Coburg, gest. 1959 in Wien

22 geb. 1873 in Baden bei Wien, gest. 1943 in New York

sich seltsam mitteilenden autosuggestiven Kraft. Man ist festgehalten von einer unsichtbaren Kraft, körperlich berührt. Sein Gesicht füllt das Theater.[23]

Der deutsche Schauspieler Hans Söhnker,[24] welcher während der nationalsozialistischen Ära Juden versteckt haben soll, zum Phänomen Krauß: *Über den einsamen Rang des Künstlers Krauß gibt es keine Diskussion. Nur an dem Menschen scheiden sich die Geister.*[25]

Der jüdisch-österreichische Schauspieler, Film- und Theaterregisseur Fritz Kortner[26] bezeichnete Krauß als einen *Nazi und Schweinehund – und einen großen Schauspieler.*[27]

Der renommierte jüdische Literaturkritiker Marcel Reich-Ranicki[28] schreibt in seiner Autobiographie „Mein Leben" über Werner Krauß: *Aus seinen Blicken und Bewegungen, aus Worten und Wendungen, aus plötzlichen Pausen und unerwarteten Beschleunigungen ergab sich dann auf wunderbare Weise eine so suggestive wie originelle Figur.*[29]

Dem Wiener Schauspieler und Hollywoodstar Oskar Werner,[30] mit bürgerlichem Namen Oskar Josef Bschließmayer, wird nachgesagt, dass er sich seinen Künstlernamen aus Verehrung für seinen Burgtheaterkollegen Werner Krauß zugelegt hätte. Er und Werner Krauß waren befreundet.[31]

---

23   aus den persönlichen Aufzeichnungen von Horst Coblenzer

24   geb. 1903 in Kiel, gest. 1981 in Berlin

25   http://de.wikipedia.org/wiki/Werner_Krau%C3%9F_(Schauspieler) (13.03.2011)

26   geb. 1892 in Wien, gest. 1970 in München

27   Vgl. Dachs, Robert: Oskar Werner. Abgründe eines Giganten. Braumüller. Wien 2010

28   geb. 1920 in Polen

29   Reich-Ranicki, Marcel: Mein Leben. DVA. München 1999.
      http://de.wikipedia.org/wiki/Werner_Krau%C3%9F_(Schauspieler) (13.03.2011)

30   geb. 1922 in Wien-Gumpendorf, gest. 1984 in Marburg an der Lahn

31   Vgl. Dachs, Robert: Oskar Werner. Ein Nachklang. Kremayr & Scheriau, Wien 1988, S. 37

Der deutsche Schriftsteller Carl Zuckmayer[32] beschreibt die Schauspielkunst von Werner Krauß in seiner Autobiographie „Als wär's ein Stück von mir. Horen der Freundschaft": *Dass sich hinter vorgehaltener Maske durch die Sprechweise von Krauß die dazugehörenden Charaktere vollkommen verändert hätten, sei gespenstisch gewesen.*[33]

Carl Zuckmayer und Heinz Hilpert waren befreundet. So erschien am 26. September 1966 im deutschen „Spiegel" von Hilpert eine „Besprechung con amore" von Zuckmayers Lebenserinnerungen.[34] Hilpert war es auch, welcher Horst Coblenzer mit Carl Zuckmayer bekanntmachte.

Dem berühmten Henndorfer Kreis, dem literarischen Treffpunkt in Henndorf am Wallersee bei Salzburg rund um den erbitterten Nazi-Gegner Zuckmayer, gehörte auch der Nazi-Kollaborateur Werner Krauß an.

In seiner „Henndorfer Pastorale", wo er von seiner Wiederbegegnung mit Henndorf im Jahre 1970 erzählt, beschreibt Zuckmayer den oberösterreichischen Vor- und Nachkriegs-Landeshauptmann Heinrich Gleißner,[35] den ich selbst 1968 bei der Eröffnung des 3. Linzer Realgymnasiums als Redner erlebt hatte:

Es schlägt die Stunde der Reden, – vor der man bei Festen oft ein wenig bangt. Ein Redner, mit oder ohne Papier in der Hand, kann ein Freudentöter, ein Stimmungsmörder werden. Auch kann die schon hochwallende Stimmung, die bacchanalische, einen Redner umbringen, – wenn er sie nicht zu bannen und zu bändigen versteht. Das aber kann kein anderer so meisterlich wie Heinrich Gleißner. Er ist zum Volksredner geboren, – weil

---

32   geb. 1896 in Nackenheim, Rheinhessen, gest. 1977 in Visp, Schweiz

33   Vgl.: Zuckmayer, Carl: Als wär's ein Stück von mir. Horen der Freundschaft.
       S. Fischer. Frankfurt am Main 1966

34   Der Spiegel 40/26.09.1966, deutsches Politikmagazin. Aus dem Artikel: Heinz
       Hilpert über Carl Zuckmayer „Als wär's ein Stück von mir". Spiegel-Verlag
       Rudolf Augstein GmbH & Co.KG. Hamburg 1966, S. 148
       Vgl.: Zuckmayer, Carl: Als wär's ein Stück von mir (s.o.)

35   Dr., geb. 1893 in Linz, gest. 1984 ebd., auch Austrofaschismus – Landeshauptmann

er ohne demagogische Ader geboren ist. Er ist das Gegenteil eines Menschen, der den Leuten etwas ein-reden will. Er will überzeugen, aber nicht überreden. Er spricht den Zuhörern aus dem Herzen, weil er sich selbst aus dem Herzen spricht, unverhohlen, freimütig, und mit dem souveränen Humor, in dem sich Wissen und Weisheit vermählen.

Das lärmige Stimmengewirr im Saal legt sich von selbst, wenn er zu sprechen anfängt. Man sieht seine klaren, hellen Augen, hört den vollen Ton seines Worts, und man will wissen, was er sagt. Man lacht mit ihm, und man ist von seinem Ernst bewegt, – ja betroffen. Er spricht aus, was mancher gedacht haben mag: nicht immer hatte Henndorf für seine heutigen Gäste ein so freundliches Gesicht. Es gab andere Zeiten, und es gab andere Menschen. Er klagt nicht an. Er erinnert. In diesem Erinnern ist kein Urteil, aber eine Beschwörung, fast ein Gebet: vergesst nicht, was einmal geschah, und lasst es nie wieder geschehen.[36]

1943/44 hatte der 1939 in die USA emigrierte Carl Zuckmayer für den amerikanischen Geheimdienst Office of Strategie Services (OSS) einen Geheimreport mit etwa 150 Charakterporträts von im 3. Reich begünstigten Schauspielern, Regisseuren, Musikern, Publizisten, Schriftstellern und Verlegern verfasst (wie Peter Suhrkamp, Wilhelm Furtwängler, Gottfried Benn, Heinz Rühmann, Hans Albers, Theo Lingen, Gustaf Gründgens, Werner Krauß).

Dabei schätzte er Krauss als *primitiver, komplizierter, dumpfer, genialischer, weniger weltklug* ein. ... *Für ein solches Schauspieler-Genie gelte: Wie er sich im Einzelnen in der Nazizeit verhalten hat, mag ... vielleicht nicht so wichtig sein.*[37]

Mit Werner Krauß in der Titelrolle war am 5. März 1931 (also während der Henndorfer Ära) am Deutschen Theater Berlin unter der Regie

---

36   Zuckmayer, Carl: Henndorfer Pastortale. Residenz. Salzburg 1972, S. 105 f

37   Offermann, Ernst: Die deutschen Juden und die Spielfilme der NS-Zeit. Peter Lang GmbH. Internationaler Verlag der Wissenschaften. Frankfurt am Main 2008, S. 33

von Heinz Hilpert die Tragikomödie „Der Hauptmann von Köpenick. Ein deutsches Märchen in drei Akten" von Carl Zuckmayer uraufgeführt worden (übrigens war es Fritz Kortner gewesen, welcher Zuckmayer auf den Stoff aufmerksam gemacht hatte). Das Stück war zwar beim Publikum hervorragend angekommen, verständlicherweise aber nicht – wegen des antimilitaristischen Charakters – bei den Nationalsozialisten.[38]

Nun, auch Horst Coblenzer fühlte eine tiefe Bewunderung für die Schauspielkunst eines Werner Krauß: „Seine Dämonie war unverwechselbar für mich." Er studierte dessen charismatische Ausstrahlung akribisch, geleitet von der nicht uneigennützigen Frage: IST CHARISMA ERLERNBAR? Diese Frage sollte Horst Coblenzer nie wieder loslassen und war die besondere Triebkraft bei seinen Nachforschungen über die AAP.

Auf solche Weise konnte die Recklinghauser Begegnung (1950) mit dem Phänomen Werner Krauß ausgeschöpft und fruchtbar werden;[39] sah man doch jetzt zum Greifen nah...: die lückenlose Einheit von Laut und Gebärde, die faszinierende Verschmelzung von Instrumentbeherrschung und schöpferisch spontanem Gestalten, das genießerische Auskosten gekonnter, d. h. reproduzierbarer Übertragungsmittel. ... Ob Wahnsinn oder Kollaps: nahtlose Übergänge waren so mit-reißend für Partner und Zuschauer, dass die Sorge um den herzkranken Krauß nicht mehr zu trennen war vom Mitleid mit dem verfallenden König Lear.[40] Hier wurde sprachlicher Ausdruck in seinem weitesten Sinne persönlichkeitseigen. An guten Schallplatten ist herauszuhören, dass nicht zuletzt ein starker Rhythmus der Atem- und Sprechweise die Krauss-Gestalten so zwingend macht.[41]

Horst Coblenzer: „... Herrliches Erlebnis: Ich hatte meiner Mutter so

---

38   http://de.wikipedia.org/wiki/Carl_Zuckmayer (27.08.2011)

39   Dies war übrigens der erste deutsche Nachkriegsauftritt von Krauß.
      Und Coblenzer war Regieassistent und erlebte so Krauß hautnah.

40   William Shakespeare

41   Coblenzer, Horst: Die Bedeutung des Atemrhythmus für den sprachlichen
      Ausdruck des Schauspielers. Dissertation. Wien 1970, S. 3 und 4

viel erzählt vom Theater, ... da mein Vater Anwalt und Notar war, und ich war also für ihn hoffnungslos verloren gegangen, ja, an das Theater ... Und meine Mutter hörte von mir immer von dem Werner Krauß.

Was macht die? Die sieht in der Premiere von Stroux' ``Die Irre von Chaillot''[42] im Zuschauerraum den Werner Krauß, geht auf den zu: ``Sie sind doch der große Werner Krauß. Ich bin die Mutter von dem kleinen Coblenzer. Ich muss Ihnen was sagen: Mein Mann, und der ist Anwalt und Notar, der will den Jungen absolut zum Notar machen. Aber wenn der doch nur so theaterverrückt ist, da muss man den doch lassen.''

Hat der Krauß gesagt: ``Liebe, gnädige Frau, sagen Sie Ihrem Herrn Gemahl einen herzlichen Gruß von Werner Krauß. Er soll den Jungen nicht hindern, er soll ihn fördern. Schönen Gruß.''

Ist das herrlich? ... Das ist ein Mosaik meines Lebens."

Auch das war 1950. Im Behelfstheater von Recklinghausen. Während der Ruhrfestspiele. Der Schauspieler, Regisseur und Generalintendant des Düsseldorfer Schauspielhauses Karl-Heinz Stroux[43] war der Regisseur dieser Theaterproduktion, bei der die berühmte Berliner Charakterdarstellerin Hermine Körner[44] die Titelrolle spielte.[45]

Die folgende Textpassage, von Hermine Körner interpretiert, habe Horst Coblenzer zutiefst berührt und sei daher für ihn unvergesslich: „O ja, man kann einen Menschen lieben, nur weil man ihn bei den Händen gehalten hat."

Horst stützte nun beide Ellenbogengelenke auf, und die Hände schienen seine Gedanken in die Luft zu zeichnen, bevor er die inneren Handflächen aneinanderdrückte.

„Du, und ich habe immer, weißt du, ich habe immer gedacht, wie kann

---

42   Jean Giraudoux (1882 – 1944)

43   geb. 1908 in Hannover, gest. 1985 in Düsseldorf

44   geb. 1882 in Berlin, gest. 1960 ebd.

45   Bertelsmann Universal Lexikon in 20 Bänden. Band 17, S. 220. Band 10, S. 105. Bertelsmann Lexikon Verlag GmbH. Gütersloh 1992/1993

man das kombinieren, was diese Leute von sich geben?"

Heinz Hilpert: *Der suggestive Schauspieler erzielt absolute Ruhe im Zuschauerraum nicht durch die Substanz des Dargestellten, sondern durch die einfache Tatsache, dass es ihm gelingt, die Zuschauer in den Rhythmus seines Atems hineinzuzwingen.*[46]

Der österreichische Schriftsteller Peter Handke[47] in seiner „Publikumsbeschimpfung" (1966): *... Sie sind eine Zuhörerschaft, die sich im Zuschauerraum befindet. Ihre Gedanken sind frei. Sie machen sich noch Ihre eigenen Gedanken. Sie sehen uns sprechen und Sie hören uns sprechen. Ihre Atemzüge werden einander ähnlich. Ihre Atemzüge passen sich den Atemzügen an, mit denen wir sprechen. Sie atmen, wie wir sprechen. Wir und Sie bilden allmählich eine Einheit. ...*[48]

Die sprechtechnische Betreuung des Ensembles des Deutschen Theaters in Göttingen hatte Bernhard Vollmer über.

Selber Schauspieler, war er gesanglich und sprecherisch durch die besten Schulen gegangen und kannte als früherer Intendant und erfahrener Lehrer das Theater von Grund auf. Seine Begegnung mit Josef Kainz im Jahre 1904 wurde bestimmend. Diesem König der Sprache lauschten die Anfänger in der Gasse und konnten sich nicht sattsehen, woher dieser Hamlet seinen Atem nahm, der nie zu Ende ging, den Kontakt, der auch in Sprechpausen nicht ausließ. Vollmer war dabei und hatte das Glück, einspringen zu dürfen für den erkrankten Laertes. Eines Tages nahm Kainz ihn beiseite: „Freunderl, geh´ her, i werd´ dir a paar Etzes geb´n!" Aus diesen Ratschlägen des Meisters für seinen jungen Kollegen sind die persönlichen Aufzeichnungen Vollmers entstanden.[49] Diese sind heute in Besitz von Horst Coblenzer.

---

46   Nicoletti, Susi, und Mazakarini, Leo: Wege zum Theater. Max Reinhardts
      Schüler. Orac. Wien 1979, S. 121.
      Vgl.: Hilpert, Heinz: Formen des Theaters. Reden und Aufsätze. Wien/Leipzig o.J.
47   geb. 1942 in Kärnten
48   Handke, Peter: Publikumsbeschimpfung und andere Sprechstücke. Suhrkamp.
      Frankfurt am Main 1979, S. 16
49   Coblenzer, Horst: Die Bedeutung des Atemrhythmus für den sprachlichen
      Ausdruck des Schauspielers. Dissertation. Wien 1970, S. 4 und 5

Kainz fing bei den Sprechübungen grundsätzlich mit der tonlosen Ausat-
mung und der Beobachtung der Ruhepause an. Nur auf diesem Wege könne
man zur vollen Lockerheit der Artikulationsorgane, zum sogenannten In-
differenzzustand (wie beim Schlaf) gelangen. Die „Bereitschaftsstellung",
d. h. die richtige Einstellung des Kehlkopfes sowie des ganzen Stimmappa-
rates, also einschließlich Windrohr und Ansatzrohr, würde dann nach der
Pause durch die unwillkürlich erfolgende Einatmung hergestellt (Spannung
und Senkung des Zwerchfells durch den Nervus phrenicus, dadurch Sen-
kung und Weitung des Kehlkopfes). Mit der Einatmung würde gleichzeitig
... die neue Empfindung aufgenommen. ...

... Die Empfindung wird aber nur dann unmittelbar dem Hörer vermit-
telt, wenn sie vom warmen, beseelten Atem getragen wird. ...

... Kainz erhob die Forderung, atmend zu denken und denkend zu atmen
...: Lebendigkeit fließt nur mit dem Atem ... – im Aufnehmen und Senden,
wie in der schöpferischen Pause. Das Beibehalten des Rhythmus von Aus-
atmung – Pause – Einatmung in dynamischer Anpassung von Wort und
Geste ist damit zum Gesetz erhoben.[50]

Horst Coblenzer, der jahrelang bei Bernhard Vollmer assistiert hatte
und schließlich nach dessen Tod 1956 (nach der staatlichen Zulassung
als Lehrer für Schauspiel) seine Nachfolge als Sprachmeister des Deutschen Theaters antrat, hatte so über Vollmer von der Atem-Sprache[51] des
Josef Kainz erfahren. Diese direkte Achse zum großen Schauspieler Josef
Kainz, welcher sein Leben lang nie unterrichtet hatte (eben mit der einzigen Ausnahme bei Bernhard Vollmer) erfüllt Coblenzer heute noch
mit Stolz. Völlig zurecht: In seiner faszinierenden Sprechkultur lebt Josef
Kainz weiter.

„Das Wort von Kainz: ``Jede Umstellung des Empfindens allein mit
dem Atem, nie sprachlich machen.''

Ja, das begreift ja keiner, auf Anhieb versteht man dies überhaupt nicht,

---

50   detto, S. 29 ff.

51   Nach einer mündlichen Überlieferung von Bernhard Vollmer

kann das gar nicht übersetzen."

Josef Kainz,[52] Schauspieler am Deutschen Theater Berlin und dann am Wiener Burgtheater, hatte – vor allem als Hamlet – durch seine besonders virtuose Sprachbeherrschung und die scheinbare Fähigkeit, nie atmen zu müssen, nachhaltig beeindruckt.[53]

„... Ich habe den Werner Krauß beobachtet in dieser Szene,[54] ich hab es immer wieder probiert und wieder probiert und wieder probiert, bis ich meinen Seminaristen im Reinhardt Seminar in Wien es vormachen konnte.

Sagte ich: ``Jetzt passt mal auf, seid bitte ganz kritisch. Ich zeige euch mal, wie Werner Krauß diese Umstellung des Empfindens allein mit dem Atem verstanden wissen wollte. Ich zeige euch das nur sprachlich: *Kein Mensch ist sündig; keiner, sag ich, keiner –. Gebt Götter mir Geduld. Geduld tut not.''...*"

Horst sprach dabei ohne besonderen Körperaufwand, das Zwerchfell blieb unbeteiligt, entsprechend flach und hölzern klang die Stimme.

„... ``Und jetzt zeig ich's euch mit dem Atem, nicht sprachlich: *Kein Mensch ist sündig; keiner, sag ich, keiner –.''...*" An dieser Stelle warf Horst beide Arme in die Höhe, und während er auch seinen Blick hob, ließ er sichtbar seinen angeregten Atem wirken. „ ...``*GEBT GÖTTER MIR GE-DULD! GEDULD TUT NOT!''...*"

Die Stimme, von einer deutlichen Zwerchfelldynamik aufgeschaukelt, also von unübersehbarer, organischer Atmung bewegt, tönte nun emotional und resonant.

„Das ist doch 1000 und 1. Also, was nicht vom Atem getragen ist, hat für den schauspielerischen Ausdruck ... ja ... nur Informationsgehalt. Aus. Nichts weiter."

---

52   geb. 1858 im ungarischen Wieselburg, gest. 1910 in Wien
53   Bertelsmann Universal Lexikon in 20 Bänden. Band 9. Bertelsmann Lexikon Verlag GmbH. Gütersloh 1992, S. 128
54   William Shakespeare: König Lear, 6. Szene vom IV. Akt, 1950 in Recklinghausen

Trotz des großen Körpereinsatzes gelang es Horst, allgemein nicht aufzufallen, in der Gaststube des Heurigenlokals, in der wir beide ja an einem urigen Holztisch beisammen saßen, neben vielen anderen Holztischen, an denen viele andere Menschen ziemlich lautstark miteinander plauderten und lachten. Wie auch während des gesamten Gesprächs der Stimmeinsatz von Horst derart klar fokussiert und kanalisiert war, dass ich trotz des fast schon vordergründigen Stimmengewirrs im Gastraum jedes seiner Worte mühelos verstehen konnte, obwohl er – aus Rücksicht auf die anderen – gar nicht laut redete.

Diese Atem-Sprache (nach Josef Kainz) ist ein essentielles technisches Kriterium der atemrhythmisch angepassten Phonation, also ein wesentliches Fundament für die atemphysiologische Forschungsarbeit von Horst Coblenzer und schließlich auch von Franz Muhar.

Die Atem-Sprache lässt physiologisch auch eindeutig den Zusammenhang von Sprechen und Singen erspüren, das Gemeinsame dieser beiden stimmlichen Ausdrucksmöglichkeiten. Und nicht das Trennende, so wie es sich leider heute im modernen Verständnis darstellt. So ist auch unter Profis oft zu beobachten, dass Sänger wenig Zugang zum Parlando, zur Feinmotorik der sprecherischen Artikulation, zu haben scheinen, und umgekehrt, Schauspieler Mühe mit dem Legato, dem weiten Atem-Bogen des Singens. Auch die stimmklanglichen Vorstellungen driften hier auseinander. Was vor allem Sprechen und Singen miteinander verbindet, ist neben der organischen Stimmproduktion im Kehlkopf und der physiologischen Entlastung des filigranen Stimmapparates durch fundierte Zwerchfellatmung auch der ökonomische Umgang mit der stimmlichen Registermischung und der natürliche Ausdruckswille.

Beim Anhören alter akustischer Aufnahmen von Josef Kainz, zum Beispiel von „Sein oder nicht sein? Das ist hier die Frage!" (Hamlet, Shakespeare), beschleichen uns möglicherweise unangenehme Gefühle: Der singende Atem-Ton wirkt bedrohlich und befremdet. Unweigerlich entsteht eine Assoziation zur Sprechweise eines Adolf Hitler.

Natürlich bedarf es hier einer äußerst differenzierten Reflexion –

auch im Sinne einer möglichen Vergangenheitsbewältigung. Heute vom Stimmklang her so zu sprechen wie vor 100 Jahren, macht selbstverständlich überhaupt keinen Sinn.

Eine pragmatische, vordergründig kognitiv geleitete, informative Sprechweise erscheint aber ebenso sinnlos, wenn sie einhergeht mit einem Mangel an stimmtechnischem Bewusstsein, sodass die Leistungsfähigkeit des Kehlkopfapparates massiv eingeschränkt wird.

Die Zeitlosigkeit einer profunden Atem-, Stimm- und Sprechtechnik zu diagnostizieren, vor allem aber zu ERSPÜREN, ist das Gebot erstklassiger Stimmpädagogik – auch im Hinblick darauf, dass diese Technik sich jedem Stil, jeder Mode, jeder Ausdrucksfacette anpassen lässt.

Das Zwerchfell ist eingespannt in alles,
was wir tun und was uns bewegt.
Coblenzer/Muhar

NEHMEN SIE DEN ALLAG ALS ÜBUNG!

Sie kennen bestimmt die Grenzerfahrung beim
Eintauchen ins heiße Badewasser: vom Fast-Schmerz ins
Wohl-Gefühl. Genau in dieser Phase ist das Zwerchfell
sehr angeregt. Sprechen Sie dazu einen beliebigen Text.

Die Kunst des Sprechens ist erspürbar

Umgangssprache UND Hochlautung

Die Wichtigkeit, WIE Eltern beziehungsweise Erziehungspersonen mit ihren Kindern kommunizieren, ist unbestritten.

Gerhard Roth: *Sprache ist ein außerordentlicher Intelligenzverstärker ... Es gibt nachweislich eine hohe Korrelation zwischen der späteren Intelligenz eines Menschen und dem Maß, in dem Eltern in der frühen Kindheit mit ihm gesprochen haben.*[55]

Natürlich geht es darum, das menschliche Grundbedürfnis, mit Mitmenschen zu sprechen, zu unterstützen und nach den vorhandenen Möglichkeiten zu optimieren. Miteinander sinnvoll zu reden, auch konstruktiv zu streiten, und das vor allem den Kindern und Jugendlichen vorzuleben und mit ihnen gemeinsam zu LEBEN, sollte in jeder Familie selbstverständlich sein. Von Anfang an mit den Kindern in ganzen Sätzen zu sprechen (nicht in Einwortsätzen!), durchaus auch mit schwierigem Vokabular, überfordert diese grundsätzlich nicht, im Gegenteil: Sie werden gefördert. Ideal finde ich, mit den Kindern sowohl im Dialekt als auch in der Hochlautung zu kommunizieren.

Ich sage bewusst nicht Standardsprache oder gar gehobene Mundart. Diese Ausdrücke sind für mich kompromisshaft – äquivalent mit dem Unvermögen, die Kunstsprache Hochdeutsch zu sprechen, die nun unsere Schriftsprache, also unsere Literatursprache, ausmacht. Für den deutschen Journalisten und Schriftsteller Thomas Steinfeld[56] entstand jenes Deutsch, das wir heute pflegen, in der Literatur, die somit anfänglich als Lehrmeisterin der Sprache fungierte, bevor sie diesbezüglich von der Zeitung und schließlich von den elektronischen Medien wie Fernsehen und

---

55   Roth, Gerhard. In: GEOkompakt Nr. 28. Gruner+Jahr. Hamburg Herbst 2011, S. 64
56   Prof. Dr., geb. 1954 in Leverkusen

Internet abgelöst wurde. Der Verflachung der deutschen Sprache könne entgegengewirkt werden durch das Lesen klassischer Literatur, sehr wohl aber auch auswahlsweise zeitgenössischer, wobei Steinfeld Namen nennt wie Herta Müller, Brigitte Kronauer und Wilhelm Genazino.[57]

Der übertriebene Respekt vor dem Hochdeutschen (in Richtung Bühnendeutsch) lässt sich aus einer gewissen Inkonsequenz heraus erklären. Eigentlich wollen wir ja ein hohes sprachliches Niveau. Dem bösen Nachbarn wollen wir die Meinung sagen. Oder dem intrigierenden Kollegen. Oder dem mächtigen Vorgesetzten. Wir wollen in einer klar strukturierten Sprache logisch argumentieren können. Im Rahmen eines internationalen Kongresses oder während einer Betriebsversammlung oder zu Hause im Familienverband. Und wir wollen nicht austauschbar sein. Als irgendeine anonyme Nummer, als Nobody in einem fremdbestimmt funktionierenden Betriebssystem. Wir wollen ein eigendynamisches, sicheres Auftreten. Wir wollen uns ja nicht alles gefallen lassen. Wir wollen aufbegehren.

Und überzeugen. Aber: WIR TRAUEN ES UNS NICHT ZU! Und: Die Hochlautung ist uns fremd. So bleiben wir in unseren sprachlichen Gewohnheiten, in unseren Mustern, in unserem persönlichen Sozialisierungsprogramm, in unserer sprachlichen Reduziertheit und Passivität. In unserem vermeintlichen Unvermögen, Hochdeutsch zu sprechen.

Wenn ich die Teilnehmer in meinen zahlreichen Seminaren frage, ob am Wirtschaftsförderungsinstitut oder bei der Raiffeisenlandesbank oder in der Pädagogischen Hochschule, warum sie den Kurs besuchen, die häufigste Antwort lautet: „Ich will mehr Sicherheit." Dazu benötigen diese lernwilligen Personen einerseits eine Sprache nach klaren Richtlinien. Andererseits müssen sie auch dafür bereit sein, sich auf ein GANZHEITLICHES Training einzulassen, damit ihr Unterbewusstsein

---

57   Steinfeld, Thomas: Der Sprachverführer. Die deutsche Sprache: was sie ist, was sie kann. Carl Hanser. München 2010
      Beispiel: Genazino, Wilhelm: Das Glück in glücksfernen Zeiten. dtv. München 2011

als wesentliche Ressource für die Stärkung des prinzipiell vorhandenen Selbstwertgefühls mobilisiert werden kann.

„Sprich ordentliches, vorbildhaftes Deutsch!", wird beispielsweise Lehrern nahegelegt. Oft von Menschen, welche selbst kein annähernd eindeutiges Hochdeutsch anwenden können.

Die uns allen vertraute typische Politikerdiktion, die weder Mundart noch Hochdeutsch repräsentiert, will ich nicht weiter kommentieren, nur insofern, als auch diese eine durchgängige, uns oft gar nicht bewusste Verlogenheit (besser formuliert: unbewusste Inkonsequenz oder einfach nur gewohnheitsbedingte Solidarität) zum Ausdruck bringt. Die in Politikerkreisen gebräuchliche Sprechmelodie ist uniformiert, stereotyp, wiederholt sich also immer wieder, umgangssprachlich vertraute Klangfarben verbinden sich mit versuchter Hochlautung, die allein wegen der verwaschenen Phonetik keine sein kann; die Prosodie wirkt steril, seriöse Ansprüche, aber auch gezielte Emotionen kommen aufgesetzt-äußerlich. (Bitte tragen Sie mir mein Pauschalieren nicht nach: Vereinzelte Ausnahmeerscheinungen gibt es erfreulicherweise.)

Ursachen für die oftmals uniformierte Politikerdiktion sind zu erahnen (auch hier ersuche ich, mir die eher einseitige, plakathaft-pointierte Beschreibung nachzusehen): Ob es sich um eine Gemeinderats- oder Landtagssitzung oder um eine im Parlament handelt, die Abläufe sind wie bei einem Stierkampf klar geregelt. Wenn nun ein Politiker in seiner ihm zustehenden Redezeit seine Argumente vorträgt, dann wird er von den Mitgliedern seiner Fraktion mehr oder weniger akklamiert und von jenen der anderen Parteien ausgebuht oder ignoriert. Der Austausch wichtiger gesellschaftspolitisch relevanter Themen verkommt nicht selten zu einem Possentheater, in dem die Ernsthaftigkeit von Sachinhalten parteipolitisch neutralisiert wird. Uniformiertes Sprechen mit in der Regel aufgesetzten Emotionen scheint in unmittelbarem Zusammenhang zu stehen mit einer offensichtlich nötigen Elefantenhaut zum Schutz vor Verletzungen, die tief im Inneren sehr weh tun können. So werden Hörner gewetzt, in gewisser Weise ritualisiert, aber, im Gegensatz zum

Stierkampf, überleben die Stiere wenigstens.

Ein ähnliches Phänomen, was Elefantenhaut betrifft, finden wir beispielsweise bei Psychotherapeuten. Im Therapiegespräch versuchen sich manche durch eine möglichst neutrale, emotionslose, leicht reservierte Sprechweise vor den seelischen Abgründen ihrer Patienten zu schützen.

Wir wissen ja, Kinder lernen Sprechen vor allem affektiv, nicht vordergründig kognitiv. Wenn wir Erwachsene ihnen in jenem sozialen Umfeld, in dem sie aufwachsen, die Möglichkeit offerieren, von Anfang an mit uns nicht nur im Dialekt (in der Muttersprache = Vatersprache = Heimatsprache), sondern auch in der Hochlautung zu interagieren, dann ist Hochdeutsch das, was es sein soll: ebenfalls eine gewachsene, gelebte Sprache, die nicht Angst macht, sondern mit einer Selbstverständlichkeit und Leichtigkeit auch im Alltag funktioniert. Die Zugänge zum Lesen werden logischerweise erleichtert, und die Denkspannung, die hinter der Sprache steht, wird erhöht. Dass Rechtlautung im Gegensatz zu Rechtschreibung für die meisten von uns kein Thema ist, erscheint wirklich unglaublich.

Damit ich nicht missinterpretiert werde, die Mundart, unsere Regionalsprache, halte ich auf der Beziehungsebene der Sprache für enorm wichtig, sie gehört entsprechend gepflegt. Für die Erweiterung der Sprechkompetenz benötigen wir aber die Hochlautung.

Aus dem Duden:[58] *Eine einheitliche Ausspracheregelung ist für die gesprochene Form der deutschen Hoch- oder Standardsprache nützlich. Sie unterstützt eine einwandfreie Verständigung im gesamten deutschen Sprachraum und mit Menschen aller Schichten und Berufe, und sie erleichtert Nichtmuttersprachlern, die Deutsch als Fremdsprache lernen, den Zugang zum Deutschen. ... Das Duden-Aussprachewörterbuch ... orientiert sich an der Sprechentwicklung, nicht mehr an der als übersteigert empfundenen Bühnenaussprache. ... Die Standardaussprache gilt für alle Sprech-*

---

58   Dr. Konrad Duden (geb. 1829 in Lackhausen/Wesel, gest. 1911 in Sonnenberg), deutscher Gymnasialdirektor, Philologe, Lexikograf

situationen, in denen nicht Umgangssprache oder Mundart gesprochen werden soll, in jedem Fall, wenn vor einem größeren Zuhörerkreis, aber auch vor Hörern aus allen Teilen des deutschen Sprachraums gesprochen wird, so zum Beispiel in Vortrags- und Diskussionsveranstaltungen, in der Schule und an Universitäten, auf der Bühne oder in Rundfunk und Fernsehen. Sie verhindert, dass eine mundartlich gefärbte oder umgangssprachliche Aussprache zum Nachteil des Sprechenden nicht richtig verstanden wird oder vom eigentlichen Inhalt des Gesagten ablenkt.[59]

Dass Standardsprache oder auch gemäßigte Umgangssprache oder gehobene Mundart den ursprünglichen Begriff Hochlautung verdrängt und ersetzt, hängt mit dem Zeitgeist zusammen, wie schon erwähnt. Aus der Alltagspraxis heraus orientieren wir uns eher an der Sprache der Straße, der auch die Sprache des Fernsehens nahekommt, als an der Sprache der Theaterbühne, die uns zu künstlich, zu abgehoben und daher für uns unerreichbar scheint. Die „ideale" Sprache scheint uns nicht mehr zu interessieren, wir wollen die „natürliche", von der Allgemeinheit verwendete Sprache. So tragen wir also mit dazu bei, dass die hohe Qualität der Sprache nach unten nivelliert wird.

Dass auch das Bühnendeutsch diesem Trend folgt, verschärft die zunehmende Unsicherheit darüber, wie nun Wörter wirklich ausgesprochen werden sollen. Nach welchen phonetischen Richtlinien orientieren wir uns nun?

Siebs[60] unterscheidet zwischen reiner und gemäßigter Hochlautung: *Die Hochlautung umfasst jetzt die „reine Hochlautung", d. h. die Regeln der Siebsschen „Bühnenaussprache", und eine „gemäßigte Hochlautung". Die eine ist eine ideale Höchstnorm, ... die andere eine den Bedürfnissen der*

---

59   Duden – Das Aussprachewörterbuch. Wörterbuch der deutschen Standardsprache. Duden Band 6. Dudenverlag. Bibliographisches Institut & F. A. Brockhaus AG, Mannheim 2000, Vorwort

60   Univ. Prof. Dr. Theodor Siebs (geb. 1862 in Bremen, gest. 1941 in Breslau), deutscher Sprachwissenschafter

Sprecher Rechnung tragende Norm, die dadurch gekennzeichnet ist, dass sie geringere Deutlichkeit verlangt.[61]

Nun stellt sich mir aber eine Grundsatzfrage: Hat deutliches Sprechen nicht etwas mit gegenseitigem Respekt zu tun? Sobald ich jemandem etwas mitteile, ist es mir doch hoffentlich ein Bedürfnis, meinen Zuhörer nicht zu überfordern, er soll mich optimal verstehen und nicht immer nachfragen und sich nicht unnötig anstrengen müssen. Geringere Deutlichkeit beim Sprechen macht also keinen Sinn, sie erschwert bloß die Kommunikation.

Wozu also gemäßigte Hochlautung? Wozu dieser Kompromiss?

Ist es nicht viel einfacher, sich auf eine, nämlich die „reine" Form der Hochlautung zu konzentrieren? Wie gesagt, es handelt sich um eine Kunstsprache, für die es einfachheitshalber eindeutige, überregionale Richtlinien geben sollte. Im Englischen steht dafür Oxford, im Deutschen Hannover. Nun gibt es Bestrebungen mancher Germanisten, neben dem Dialekt auch die Standardsprache zu regionalisieren (Hochdeutsch wird ja vermieden) – das heißt, es gibt kein einheitliches, sondern ein dreiheitliches Deutsch: das Schweiz-Deutsch, das Österreich-Deutsch und das Deutschland-Deutsch. Ich meine, so wird das Umgehen mit der Sprache unnötig verkompliziert. Im Kunstgesang oder im Rezitieren von Goethe- oder Rilketexten kann es nur EIN Hochdeutsch geben. Und eigentlich auch bei einem wissenschaftlichen Vortrag oder einer professionellen Moderation.

Oft wird Hochlautung vordergründig mit Ansprüchen der Ästhetik gleichgestellt, wobei Schön-Sprechen zweifelsfrei eine Berechtigung hat, aber aus dem Blickwinkel qualitätsvoller Interaktion nur dann, wenn dies in Verbindung steht mit innerer Überzeugungskraft, mit seelischem Engagement, mit eindeutigen Intentionen.

Eine schöne Sprache veredelt ein geselliges Miteinander, befriedigt unsere ästhetischen Grundbedürfnisse, unsere Sehnsüchte nach Reinheit

---

61   Siebs - Deutsche Aussprache. VMA-Verlag. Wiesbaden 2000, Vorwort

und Schönheit, und im Konnex mit emotional determinierten Inhalten erhöht sie ungemein die Qualität jeder sprachlichen Beziehung.

Hochdeutsches Sprechen ist von der Historie her eng mit der Theaterbühne verknüpft. Schauspiel verlangte nach Vereinheitlichung der deutschen Sprache. Einerseits, um die Kunst-Sprache ästhetisch zu erhöhen. Andererseits aber auch, und das wird meiner Meinung nach zu wenig thematisiert, aus ganz pragmatischen, ökonomischen Gründen:

- Schauspieler müssen große Theaterräume (auch im Freien) mit ihrer Stimme füllen.
- Sie müssen überall und in jeder Lautstärke – auch im leisesten Ton – verständlich sein.
- Sie dürfen sich stimmlich nicht verausgaben, brauchen also aus professionellen Gründen eine sehr gute Sprechtechnik.

Hinter dem Festlegen einheitlicher Ausspracheregeln für ein Bühnendeutsch steht also auch die Förderung des sprachlichen Ausdrucks der Schauspieler im Hinblick auf die Gesunderhaltung der Stimm-Werkzeuge.

Das Ausgleichen der Vokale in Klangfarbe und Atemdruck, das damit verbundene Harmonisieren und Weiten der Resonanzräume, das Stilisieren der Sprechstimme in Richtung Singstimme, das Definieren von kurzen, „offenen" und langen, „geschlossenen" Vokalen, das Differenzieren von harten und weichen Konsonanten – dabei geht es nicht nur um idealisierende Ästhetik, sondern eben auch und vielleicht vor allem um die Professionalisierung der Sprechweise zur langfristigen Erhaltung deren Qualität.

Der Gebrauch eines Mikrophons beim Sprechen kann durchaus hilfreich sein. Leider wird dieses technische Hilfsmittel in Hör- und Vortragssälen, in Kirchenräumen und auf großen Plätzen grundsätzlich vorausgesetzt und ausschließlich verwendet. Auch dort, wo es bei bewusstem Körpereinsatz selbstverständlich ohne Mikrophon funktionieren würde.

Nicht selten können wir bei Vorträgen erleben, dass Menschen bei Ausfall eines Mikrophons stimmlich versagen. Es passiert aber auch immer wieder, dass trotz Mikrophoneinsatzes die optimale Verständlichkeit keinesfalls gewährleistet ist, da das Mikrophon logischerweise Unzulänglichkeiten verstärkt.

Zu den Unzulänglichkeiten gehört, sich nicht auf die eigenen Befindlichkeiten, auf die der Zuhörer, auf die Raumgröße, auf die akustischen und klimatischen Besonderheiten einzulassen. Meist wird zu leise und zu schnell gesprochen und keine Bedeutung auf die Artikulation gelegt. Die Atmung passiert unkoordiniert, und ein emotionaler Brückenschlag zwischen sich und den anderen wird vermieden. Sehr oft erlebe ich hochintelligente Redner, welche die Bedeutung der Sprache für die Kommunikation punktgenau zu erklären vermögen – mit nur einem Haken: Sie können die beschriebene Theorie selbst nicht praktisch umsetzen. Und das besonders Fatale dabei: Sie sind sich in der Regel dessen gar nicht bewusst, weil es gemeinhin einfach kein Bewusstsein dafür gibt.

Je bewusster und intelligenter Sie nun beim Sprechen und Singen Ihren Körper einsetzen, in Verbindung mit psychischen Dispositionen, desto weniger machen Sie sich von Lautsprecheranlagen abhängig. Sie sind also freier, autonomer, selbstbestimmter, selbstverständlicher ohne technische Hilfsmittel. Und wenn Sie sich dennoch auf ein Mikrophon einlassen, so fällt es Ihnen leichter, damit umzugehen. Weil trainiertes ganzheitliches Körperbewusstsein auch dabei hilft.

In der griechischen Antike trugen die Schauspieler, die eigentlich Hohepriester waren, aus rituellen Gründen Masken, die zur Klangverstärkung der Stimme mit einem Mundstück, einer Art Megaphon, versehen waren. Das Wort Persönlichkeit lässt sich durchaus als Ableitung vom lateinischen „per sonare" sehen, was mit „durch die Maske tönen" übersetzt werden kann. Das lateinische Wort „persona" bedeutet nämlich „Maske, besonders des Schauspielers".[62]

---

62   Wörterbuch für Schule und Studium Latein-Deutsch. PONS GmbH. Stuttgart 2007, S. 668. Vgl.: Waibel 2000, S. 13; Stengel, Strauch 1996, S. 20, zitiert nach Brockhaus 1988

Der Beginn der deutschen Bühnensprache beziehungsweise Hochlautung lässt sich (historisch) nicht klar ausmachen.

Im 16. Jahrhundert konzentrierten sich Schulgelehrte und Sprachgesellschaften in Traktaten und Wörterbüchern zunächst auf den schriftlichen Ausdruck, um langfristig eine Harmonisierung der Orthographie anzustreben.

Eine Vereinheitlichung der deutschen Aussprache *wurde zuerst dort notwendig, wo sich eine gehobene Sprache an einen weiten, gebildeten Hörerkreis wendete, auf der deutschen Bühne der Klassiker. Werke wie Lessings Nathan oder Goethes Iphigenie verlangen ein „reines" Sprechen, das überall als vorbildlich empfunden werden kann und über dem Landschaftlichen steht.*[63]

Die Anfänge der deutschen Hochlautung sind auf alle Fälle, wie bereits angeführt, eng mit der Literatur- und Theatergeschichte verknüpft.

Der deutsche Dichter, Universalgelehrte und Politiker Johann Wolfgang von Goethe,[64] welcher von 1791 bis 1817 das Weimarer Hoftheater leitete, hielt ausdrücklich fest: *Wenn mitten in einer tragischen Rede sich ein Provinzialismus eindrängt, so wird die schönste Dichtung verunstaltet und das Gehör des Zuschauers beleidigt. Daher ist das Erste und Notwendigste für den sich bildenden Schauspieler, dass er sich von allen Fehlern des Dialekts befreie und eine vollständige reine Aussprache zu erlangen suche. Kein Provinzialismus taugt auf der Bühne! Dort herrsche nur die reine deutsche Mundart, wie sie durch Geschmack, Kunst und Wissenschaft ausgebildet und verfeinert worden.*[65]

Die „reine deutsche Mundart" wurde leider auch von der Theaterbühne aus nicht verbindlich eindeutig geregelt. Zwar gaben Theaterleute zur Vereinheitlichung der Theatersprache Ausspracheregeln ab, um auch

---

63   Siebs - Deutsche Aussprache. VMA-Verlag, Wiesbaden 2000, S. 1

64   geb. 1749 in Frankfurt am Main, gest. 1832 in Weimar

65   Goethe, Johann Wolfgang von: Regeln für Schauspieler.
      Weimarer Ausgabe 40. 1803, S. 139

in verschiedenen Regionen Verständlichkeit zu erzielen, die gesprochene Sprache hieß aber bis ins 19. Jahrhundert hinein Dialekt.[66]

Die Entwicklung der Sprachwissenschaft und vor allem der Wissenschaft der Phonetik ermöglichte eine Beschreibung der Lautung. Die Kombination von Sprachwissenschaft und Bühne schuf für den Germanisten Theodor Siebs die Voraussetzung, das Buch „Deutsche Bühnenaussprache" 1898 erstmals zu veröffentlichen.

Trotz des eindeutigen Buchtitels beschrieb Siebs von Anfang an nicht nur die Aussprache der Schauspielenden auf Theaterbühnen, sondern beispielsweise auch die der Redenden in Schulen oder Kirchen.[67]

Der Konflikt *zwischen idealisierender Kodifikation und praktischer Verwendbarkeit*[68] der deutschen Sprache war von Anfang an ein Problem und konnte nie gelöst werden.

Siebs versuchte sich der ständig wandelnden Sprache anzupassen:

*   1898: *Deutsche Bühnenaussprache*
    (gedacht nur für die Theaterbühne)
*   1922: *Hochsprache*
    (gedacht für Wissenschaft, Kunst und Schule)
*   1969: *Hochlautung*
    (als Ersatz für *Hochsprache*, unterteilt in *reine* [für die Bühne]
    und *gemäßigte Hochlautung* [für öffentliche Reden]) und
    Alltagslautung (unter Berücksichtigung österreichischer und
    Schweizer Besonderheiten)[69]

Die Feststellung von Ausspracheregeln für die Hochsprache braucht heute nicht mehr gegen den Einwand verteidigt werden, dass sie die

---

66   König, W.: dtv-Atlas Deutsche Sprache. 16. Auflage. München 1994, S. 59/91

67   Siebs - Deutsche Aussprache. VMA-Verlag. Wiesbaden 2000, S. 2

68   Anders, L. C., Hirschfeld, U., Krech, E. - M. & Stock, E.: Deutsches Aussprache-
      wörterbuch. Walter de Gruyter GmbH & Co. KG. Berlin 2009, S. 11

69   Siebs - Deutsche Aussprache. VMA-Verlag. Wiesbaden 2000, S. 2 - 8

Mundart bedrohe. Im Gegenteil: Hochsprache und Mundart sind als zwei gleichberechtigt nach eigenen Gesetzen nebeneinander bestehende Sprach- und Redeformen anerkannt. Sie beide haben ihre eigene Norm. Die Schärfung des sprachlichen Bewusstseins kann beiden zugute kommen.[70]

Gerade in der Rhetorik kann es besonders reizvoll sein, Hochlautung und Dialekt gezielt zu mischen, also ohne Weiteres nebenher zu gebrauchen, je nach Redesituation hin und her zu schalten. Dies sollte allerdings ganz bewusst passieren und nicht aus Unwissenheit und Unsicherheit heraus.

Ist es nicht grotesk, dass wir uns beim Erlernen einer Fremdsprache selbstverständlich mit Ausspracheregeln befassen, diese aber in unserer eigenen Sprache kein Thema sind?

Wie bereits erwähnt, die Parallelität hochdeutschen und mundartlichen Kommunizierens mit Kleinkindern schon in der ersten Lebensphase wäre ideal. Im Kindergarten und in der Volksschule sollte dies für alle Pädagoginnen und Pädagogen völlig selbstverständlich sein. Es ist nicht wirklich einzusehen, dass Sprechtechnik und, damit verbunden, Phonetik nur an Schauspiel- oder Gesangsschulen gelehrt wird und nicht oder viel zu wenig an Pädagogischen Hochschulen und Universitäten.

Und immer geht es um die Sicherheit des Stimmgebrauchs – sowohl in kommunikativer, sozialer Hinsicht als auch im Sinne der Ökonomie und Gesunderhaltung des Stimmapparates und darüber hinaus der gesamten psycho-physischen Verfassung.

Man kann nur frei sein, wenn es vernünftige Regeln gibt.
Silvana Koch-Mehrin

---

70   Siebs - Deutsche Aussprache. VMA-Verlag. Wiesbaden 2000, S. 5

Die wichtigsten Ausspracheregeln der deutschen Sprache im Überblick

(exemplarisch und vereinfacht dargestellt, gedacht als Voschlag für eine mögliche Orientierungshilfe – wider sprachliche Anarchie)

■ Selbstlaute (Vokale) werden unterschieden:

- Selbstlaute können kurz und „offen" (= dunkler, tiefer) sein:
  satt, flattern, Hass; nett, betten, Fett; schlimm, trimmen, Linz;
  trocken, locken, Bock; bunt, ruckeln, Kuss, Ulm.

- Selbstlaute können lang und „geschlossen" (= heller, höher) sein:
  lahm, zahlen, Tat; nebelig, leben, Fee; nie, siegen, Wien; hohl,
  loben, Floh; zu, fluten, Kuh.

- Dies gilt auch für Umlaute:
  Ärger (kurz und „offen") - Väter (lang und „geschlossen");
  öffnen (kurz und „offen") - trödeln (lang und „geschlossen");
  glücklich (kurz und „offen") - trübe (lang und „geschlossen").

Je höher der höchste Punkt des Zungenrückens liegt, desto höher („geschlossener") klingt der Selbstlaut. Beim tieferen („offenen") Selbstlaut liegt der höchste Punkt des Zungenrückens eben tiefer.[71]

■ Zwielaute (Diphtonge) werden immer kurz gesprochen:

- Bei „ei" und „ai" sprechen Sie „ae", wobei „a" betont wird und „e" unbetont bleibt.

- Bei „eu" und „äu" sprechen Sie „oö", wobei „o" betont wird und „ö" unbetont bleibt.

- Bei „au" sprechen Sie ein „ao", wobei „a" betont wird und „o" unbetont bleibt.

---

71 Duden - Das Aussprachewörterbuch. Wörterbuch der deutschen Standardsprache.
Duden Band 6. Dudenverlag. Bibliographisches Institut & F. A. Brockhaus AG,
Mannheim 2000, S. 28 f

Gerhard Doss

■ Vorsilben sind meistens unbetont, Nachsilben sind immer unbetont:

(das Endsilben – „e" gilt als Schwa[ch]laut)

zer<u>tre</u>ten, er<u>le</u>ben, be<u>grü</u>ßen, ver<u>lie</u>ben.

Beispiele für betonte Vorsilben:

<u>auf</u>treten, <u>vor</u>kommen, <u>zu</u>ordnen, <u>bei</u>legen.

■ „chs" = „ks":

Wachs [waks], Echse [ekse], sechs [seks], Ochs [oks], Fuchs [fuks] ...

Ausnahmen („chs" bleibt „chs"):

• 2. Person: Du sprichst (kommt von sprechen), du brauchst
(brauchen), du fluchst (fluchen) ...

• nächst - nächstens, höchst - höchstens

■ „ig", „igt", „igst" = „ich", „icht", „ichst":

Honig [honich], sonnig [sonnich], selig [selich] ...

gewürdigt [gewürdicht], verewigt [verewicht], beerdigt [beerdicht] ...

sehnsüchtigst [sehnsüchtichst], gütigst [gütichst], freudigst [freudichst] ...

Ausnahmen:

• Auf die Nebensilbe -ig folgt ein Vokal:
Königin [kö:nigin], lustige [lustige], saftige [saftige] ...

• In der nächsten Silbe folgt ein zweites „ch":
wonniglich [wonniglich], Königreich [kö:nigraech],
ewiglich [e:wiglich]

• Bei Apostrophierungen:
sel´ge [se:lge], ew´ge [e:wge]

■ „s" ist immer stimmhaft:

• im Anlaut vor Vokalen:
Sagen, Sinn, siegen, saugen, sehnen, Sorge, summen ...

• im Inlaut zwischen zwei Vokalen (der erste Vokal wird lang
gesprochen): Faserung, lesen, riesig, Rose, Bluse ...

- „s" ist immer stimmlos:
  - vor einem Konsonanten:
    Rost, bestens, Mist, fast, lustig ...
  - am Wortende:
    Los, (sie) las, es ...
  - bei Doppel-s:
    essen, Ross, hassen ...

- „w" ist am Wortanfang immer stimmhaft

- Endkonsonanten (auch vor Nachsilben) werden stimmlos, hart bzw.
  scharf gesprochen:
  Hand, und, Maus, sie lebt, endlich, freundlich, endlos, er raubt ...

- „h" zwischen zwei „e" bleibt stumm und wird zu einem leicht
  angedeuteten „j":
  Wehen [we:en], gehen [ge:en], sehen [se:en] ...

- Vokaleinsätze werden immer weich-elastisch gesprochen
  (also getrennt und nicht verschliffen):
  und/ein, am/Abend, über/all, er/örtern ...

- „r" wird gesprochen:
  - am Wortanfang: Rad, rennen, roh ...
  - nach Konsonanten: Brot, bravo, Grenze, Primus, grunzen ...
  - nach kurzen Vokalen: Harz, stark, Herz, Stern, bergen, würgen,
    borgen, Orden, wird, Wirt ...
  - nach langen Vokalen, wenn eine Nachsilbe („en", „e" ...) folgt:
    verloren, genieren, verwahren, vermehren, vermuren, Ware,
    wehret ...
  - bei Verdoppelung: herrlich, verdorrt, wirr, hurra, ausharren ...

- „r" wird nicht gesprochen (durch einen Schwa[ch]laut ersetzt):

  nach langen Vokalen:

  - im Wortinneren: He(r)de, Gebä(r)de, we(r)den, A(r)zt ...
  - am Wortende: e(r), lee(r), mi(r), de(r), To(r), Spu(r) ...[72] ①②③④

Zungen-R und Sprech-Kunst im Spiegel der Zeit

> Horst Coblenzer und Franz Muhar:
> *Für die Phonation ganz allgemein, besonders aber für den Gesang, muss der Laut zum Schlüssel werden, der den Klang- und Schallraum aufschließt. Dies hat besonders beim r Bedeutung.*[73]

Bis zur Zeit des Nationalsozialismus war es nicht nur für die Gesangskunst, sondern auch für das Schauspiel selbstverständlich, auf der Bühne das Zungen-R und nicht das Gaumen-R zu verwenden. Das war nicht nur eine Stilfrage, sondern eben auch ein Thema der Stimmökonomie. Wichtig für den gesunden Klang der Stimme ist die Weitung des Mundraumes auch nach hinten, was mit dem Gaumen-R nicht möglich ist.

Darum ist es auch heute noch für das Studium des klassischen Gesangs unerlässlich, das Zungen-R zu erlernen, wenn es eben nicht ansozialisiert

72 Vgl.: Baum, Herbert: Skript zu Sprechtechnik. WIFI OÖ GmbH 2009
① Balser-Eberle, Vera: Sprechtechnisches Übungsbuch. öbv et hpt VerlagsgmbH & Co. KG. Wien 1999
② Korcak, Hertha: Deutsch Richtig gesprochen. Eigenverlag Hannes Tropper. Graz 2008
③ Siebs - Deutsche Aussprache. VMA-Verlag. Wiesbaden 2000
④ Duden - Das Aussprachewörterbuch. Wörterbuch der deutschen Standardsprache. Duden Band 6. Dudenverlag. Bibliographisches Institut & F. A. Brockhaus AG, Mannheim 2000
73 Coblenzer, Horst, und Muhar, Franz: Atem und Stimme. Anleitung zum guten Sprechen. Österreichischer Bundesverlag für Unterricht, Wissenschaft und Kunst. Wien 1976, S. 93

ist und folglich nicht zur Verfügung steht. Der optimale Gesangston im Belcanto und darüber hinaus hängt von der Verfügbarkeit aller Resonanzräume im Körper ab. Beim Gaumen-R kommt es unweigerlich zu einer Verengung im Mundraum und daher zu einer Beeinträchtigung des Stimmklanges: Die Stimme verliert den Vordersitz und das volle Stimm-Aroma, indem sie zurückrutscht in Richtung Schlund.

So ist im Kunstgesang das Zungen-R aus stimmphysiologischen Gründen erhalten geblieben. Im Gegensatz zur Schauspielkunst. Was stimmphysiologisch für das Singen gilt, gilt logischerweise auch für das Sprechen. Nur erleben wir das Sprechen eben alltäglicher und weniger elitär als das Singen.

Das markant-rollende Braunauer Zungen-R eines Adolf Hitler brachte ungerechtfertigterweise das Zungen-R insgesamt in Verruf und führte nach dem Zweiten Weltkrieg dazu, dass das Zungen-R auf der Theaterbühne des Schauspiels zunehmend verpönt war. Schauspieler mit Zungen-R mussten sich nun dieses zugunsten des Gaumen-R abgewöhnen. Dies passierte und passiert aber nicht nur im professionellen Sprechmilieu, sondern auch in jenen Regionen, wo das Zungen-R in der Alltagssprache vorherrschend ist, beispielsweise eben im oberösterreichischen Innviertel.

Dies ist für mich eines der unendlich vielen Beispiele sich oberflächlich vollziehender Vergangenheitsbewältigung, die sich eben an der Hautoberfläche orientiert und nicht am Fleisch: Das Zungen-R gab's schon lange vor Adolf Hitler, und die medizinisch-physiologischen Vorteile gegenüber dem Gaumen-R sind unbestreitbar empirisch zu erleben. Übrigens: Auch der Vorname Adolf kann für die menschlichen Verbrechen seines Namensträgers klarerweise nichts.

Die traumatisierenden Kriegs- und Greuelerlebnisse und die effiziente, durch pathetische Gebärdensprache instrumentalisierte Manipulationsrhetorik eines herrschsüchtigen und gnadenlos-blutrünstigen Tyrannen und Massenmörders veränderte auch unser aller Sprechverhalten nachhaltig über viele Jahrzehnte und Generationen. Der Pendelschlag der Geschichte musste auch in der Verbalinteraktion – wie in allen anderen sozialen Bereichen – von einem Extrem ins andere ausschlagen. Es ist leider selbstverständlich, dass auch dahinter immer vorrangig ein wirtschaftliches Kalkül steht.

Der stimmdominante, halb gesungene, rhythmisch-emotional akzentuierte, pathetisch-autoritäre Sprechstil auf der Theaterbühne wurde abgelöst von einer eher leisen, stimmlich verhaltenen, weniger selbstkontrollierten und weniger körperbewussten, durchaus pragmatischen Alltagssprache, einhergehend mit weitaus weniger Dynamik in der nonverbalen Sprache, also im Gestus und in der Mimik.

Unterstützt wurde dieser Prozess durch die technologische Entwicklung: Mikrophone und Lautsprecheranlagen ermöglichten und ermöglichen ein Sprechen und Singen ohne großen körperlichen Aufwand. Sprechvorbilder fanden wir neben dem Rundfunk zunehmend in der Television, die unaufhaltsam Einzug in alle Haushalte hielt. Die Sprache der Straße war nun überall zu hören, eben nicht nur auf der Straße selbst, sondern sukzessive auch im Radio und im Fernsehen und auch im Theater.

Aus vormals einschlägig dafür nach Kriterien der Schauspielkunst ausgebildeten Radio- und Fernsehsprechern wurden in den 1980er-Jahren Redakteure, welche nach einer Schmalspur-Sprechausbildung ihre Beiträge alltagstauglich selbst moderieren. Beim Österreichischen Rundfunk erfolgte diese nachhaltige Umstellung unter dem Schauspieler, Radio- und Fernsehjournalisten Thaddäus Podgorski,[74] ORF-Generalintendant von 1986 bis 1990.[75] Podgorski, Erfinder des Titels „Zeit im Bild" oder des Fernsehmagazins „Seitenblicke", handelte durchaus zeitgeistig, mit der löblichen Absicht, näher an das Fernsehpublikum heranzukommen. Nach dem Motto: Fernsehen braucht kein Burgtheaterdeutsch.

Sprechkunst scheint nicht mehr gefragt – vielleicht noch ansatzweise in der Werbung oder als Off-Stimme in Dokumentationssendungen (die

---

74   geb. 1935 in Wien

75   http://de.wikipedia.org/wiki/Thadd.%C3%A4us_Podgorski (22.02.2011)

schöne Stimme im Hintergrund). Hier sei beispielsweise der österreichische Bühnen-, Film und Fernsehschaupieler Otto Clemens[76] erwähnt, die Stimme der TV-Dokumentationen von „Universum". Diese wenigen Schön-Sprecher gelten im Grunde als Relikte gehobener Sprechkunst, die jenen zahlreichen Sprech-„Experten" gegenüberstehen, welche gar nicht phonetisch korrekt sprechen können/wollen. Sprechvorbilder, die sprachlich erhöhen, gibt es folglich kaum noch. Eine Nivellierung der Sprache nach unten lässt sich nicht aufhalten. Viele Rundfunk- und Fernsehsprecher nuscheln, sprechen viel zu schnell, völlig unrhythmisch, mit schwerfälliger Atmung und oft unökonomischer Stimmfunktion.

Natürlich gibt es nach wie vor unterschiedliche Sprechqualitäten und durchaus positive Repräsentanten. So Otmar Schrott, welcher nach jahrelanger Schauspielerfahrung seit 1997 beim ORF in Linz als Moderator und Redakteur für Radio- und Fernsehsendungen tätig ist.

Am 7. Oktober 2004 interviewte er mich während einer Live-Radiosendung im ORF-Landesstudio Linz („Die Nummer 1") zum Thema Stimme. In den Musik-Pausen stieß er sich mit seinem rollenden Stuhl schwungvoll von der Tischkante ab, um sich im neuerlichen Schwung wieder zurückzulassen. Und auch im Gespräch – also on air – blieb er möglichst in Bewegung, indem er beispielsweise die Arme kreiste.

Freilich versuchte er sich mir gegenüber für dieses doch eher unkonventionelle Verhalten zu rechtfertigen. Dass Körperarbeit Futter für den Stimmklang ist, brauchte er mir aber nicht zu erklären. Wiewohl mir in dieser Situation freilich bewusst war, dass dieser natürliche Umgang mit Körper-Resonanzen unter Sprechern jeder Art leider unüblich ist. Diese erfreuliche Begegnung mit Otmar Schrott war für mich Grund genug, diesen Jahre später für meinen AAP-Hochschullehrgang zu engagieren.

---

76   geb. 1946 in Wien

NEHMEN SIE DEN ALLTAG ALS ÜBUNG:

Wenn Sie alleine telefonieren, gestikulieren Sie während des Telefongesprächs. Sie können dabei ruhig übertreiben: Niemand sieht Sie. Glauben Sie mir, Sie schonen so Ihre Stimmbänder, und Ihre Stimme klingt lebendiger.
Lesen Sie so oft wie möglich literarische Texte, oder auch Zeitungsartikel, im lauten Vortragston.
Spielen Sie in privaten Gesprächen mit dem Wechsel zwischen Mundart und Hochlautung.

Horst Coblenzer im Gespräch
Seine Doktorarbeit

Abb. 2

Zurück zu Horst Coblenzer und unserem „Wirtshausgespräch" vom 17. August 2010.

Horst: „Sieh mal, Gerhard, mich hat das immer fasziniert … Da hab ich mal irgendwo in der Literatur gelesen: Es gibt den psycho-respiratorischen Effekt. Der ist aber wissenschaftlich nur beschrieben für die stotternde Rede. … Wer hat das aufgehellt, diesen psychorespiratorischen Effekt? ICH!"

Unter dem psycho-respiratorischen Effekt wird das Zusammenspiel von Seele und Atem verstanden (griech. Psyche = Lebenskraft, Seele, lat. Respiration = Atmung), beziehungsweise die damit im Verbindung stehende – zumeist unbewusste – Übertragungswirkung von sprechenden Personen auf die Zuhörerschaft. Idealerweise halten Sprecher Zuhörer in Atem.[77]

„Ich hab mich nicht zur Ruhe begeben, ich wollte es wissen und bin zu den Kapazitäten gegangen, und die haben gesagt: ``Was wollen Sie? Sie sind doch Schauspieler, ich kenne Sie doch vom Theater!''

Ich musste mich legitimieren, dass ich als Schauspieler so eine Frage

---

[77]   Bertelsmann Universal Lexikon. Fremdwörter. Gütersloh 1993, S. 586 und 621

stelle: Hat das Zwerchfell Afferenzen?"

Horst griff sich mit der linken Hand an die Stirn und schüttelte den Kopf.

Afferenzen (vom lat. afferent = zuführend, zuleitend) bezeichnen die Nervenbahnen, die von einem Sinnesorgan zum Zentralnervensystem führen. Das Gegenstück sind die Efferenzen, die Nervenimpulse in die entgegengesetzte Richtung leiten. Afferenzen und Efferenzen sind Bestandteil eines Reflexes.[78]

„Aber das wollte ich wissen. Und das war von Anfang an bei mir ... ich bin ja damals in Wien gewesen mit ein paar Diapositiven, die hatte ich in Göttingen gemacht bei einem Neurophysiologen.

Und dieser Schaefer, ein in der Hirnphysiologie bekannter Mann, ein Psychiater, der sehr physiologisch gearbeitet hat, ein humoriger Berliner, ... der mochte mich, und wir konnten miteinander. Und ... dem hab ich so erzählt, was mich bewegt.

Und dann sagte er: ``Weeßte ... det iss sehr interessant. Det ist mit an Sicherheit grenzender Wahrscheinlichkeit richtig, was Sie da sagen. Aber ick würde sagen, wir machen das mal.''

An einem Kathodenstrahloszillographen – ich wusste nicht mal, was das ist – hat der das überprüft, hat bei mir Oberflächenelektroden an meinen sechsten Intercostalraum[79] geklebt und hat gesagt: ``Und jetzt sprich mal.'' ...“

Kathodenstrahloszillograph ist ein Gerät, das elektrische Schwingungen mit Hilfe eines Kathodenstrahls (= ein Strahl, der beim Durchgang von Elektronen durch verdünnte Gase entsteht) auf einem Bildschirm darstellt.[80]

„Ich sprach aus Friedrich Schillers ``Wilhelm Tell'' den Satz von Ar-

---

78   detto, S. 26

79   ICR = der Raum zwischen zwei benachbarten Rippen; den 6. ICR finden wir, indem wir, vom Schlüsselbein ausgehend, den Brustkorb abwärts abtasten.

80   detto, S. 344 und 507

nold von Melchtal: ``Und wenn Ihr Alle, für Eure Hütten bang' und Eure
Herden, Euch dem Tyrannenjoche beugt, die Hirten will ich zusammen-
rufen im Gebirg'.'' Da kamen in der Aufzeichnung der Atemkurve dort
Schwankungen, wo ich im Grunde genommen aber gar nicht sprachlich
was gemacht habe, sondern ich habe nur atemrhythmisch angepasst pho-
niert. Ich wiederholte diesen Satz nach 40 Kniebeugen, um zu sehn, ob
das Phänomen auch nach Belastung so bleibt. Resultat: Das ZWERCH-
FELL (!) hatte die Atemergänzung geschafft, denn am 6. Intercostalraum
war alles unverändert geblieben. Kurt-Peter Schaefer und ich waren begeistert.''

Der junge Berliner Neurophysiologe Dozent Dr. med. Kurt-Peter Schaefer von der EEG-Abteilung der Universitätsnervenklinik in Göttingen
hatte also mit seinem Oszillographen fototechnisch aufgezeichnet, dass
verstärkte körperliche Anstrengung die Zwerchfelltiefatmung im Gegensatz zur Brusthochatmung besonders anregt. Somit war bewiesen, dass
das Diaphragma (= Zwerchfell) auch nach 40 Kniebeugen die Atemergänzung automatisch gewährleisten kann. Auch ohne Brustkorbbeteiligung.
Das waren für Coblenzer die ersten Untersuchungen zum Atemrhythmus
einer gesunden Sprechstimme.

Schaefer gab ihm die anschaulichsten Dias mit – zum Vorzeigen in
Wien. In Göttingen war Coblenzer auch mit dem Ordinarius für Tierme-
dizin All Tolle befreundet. Dieser gab ihm an einem Skelett im Keller die
wichtigsten anatomischen Kenntnisse und auch die Literatur dazu. Heinz
Hilpert, mit welchem All Tolle ebenfalls eng befreundet war, nannte Coblenzer einen „Bohrer". Sein in Bonn begonnenes Germanistik-Studium
hatte Coblenzer an der Universität Göttingen fortgesetzt. Daneben be-
treute er Patienten von Univ. Doz. (HNO) Uffenorde und Univ. Prof. Dr.
med. Franz Heigl stimm- und sprechpädagogisch. Er wurde Mitarbeiter
und später Vorstandsmitglied im Verband der deutschen Atempädagogen
und -therapeuten (AFA) in Freudenstadt/Schwarzwald, dessen Präsident-
schaft Ilse Middendorf innehatte. Im Verbandsorgan „Atem" gab es von
ihm zahlreiche Publikationen zum Thema Atem-Stimme-Sprechen.

1961 kam Horst Coblenzer als Lehrbeauftragter für Sprecherziehung an das Max Reinhardt Seminar der Akademie für Musik und darstellende Kunst in Wien (dann Hochschule, später Universität).

„Und dann bin ich gelandet bei Zenker. Der war Professor der Anatomie in Wien. Beim Antrittsbesuch zeigte ich ihm die Dias von Göttingen.

Und er fragte mich: ``Wissen Sie eigentlich, was Sie da in der Hand haben?''

Das war mein Einstieg in Wien, noch VOR Franz Muhar. Die Story ist einmalig und erregte Skepsis, mit Recht! ... Zenker hat mir ein Buch mitgegeben: ``Zwerchfellpathologie im Röntgenbild'' von Richard Haubrich.[81] Du, mir als Laien! Der Zenker glaubte an mich. Und dann hab ich das studiert, hab ihm Fragen gestellt zu dem Thema. Darüber wurden wir Freunde.

Weil der Zenker merkte, ich bin nicht nur Komödiant, sondern ich geh den Dingen auf den Grund, hat er dann gesagt: ``Wie wär's denn, wenn wir uns mal in der Anatomie treffen und so ein Symposium veranstalten?''

Da bin ich hingegangen, und dann hab ich gesagt: ``So, jetzt passt's auf: Ihr seid's die G'scheiterl, ich bin derjenige, der weiß, wie man's macht. Ich mach's euch vor, und ihr sagt mir dann, was da sich tut, damit ich meinen Seminaristen im Reinhardt Seminar keinen Blödsinn erzähle.'' Also auf Gegenseitigkeit.“

So reflektierte Zenker anhand der von Coblenzer demonstrierten Nackenaufrichtung „über die Veränderung der Stimmlippenspannung durch von außen eingreifende Mechanismen.“

Es sollten viele Symposien folgen. Am Anatomischen Institut der Universität Wien an der Währinger Straße Nähe Schwarzspanierstraße.

1965 entließ Österreich *seinen 107. Hochschullehrer binnen zehn Jahren ins Ausland: Der Wiener Anatomieprofessor Dr. Wolfgang Zenker (40)*

---

81   Haubrich, Richard: Zwerchfellpathologie im Röntgenbild. Springer. Berlin 1956

folgte einem Ruf der neuen Bochumer Universität. Wiens Uni wollte den begabten Wissenschaftler halten. 31 Professoren der Medizinischen Fakultät schlugen Zenker als Ordinarius für die Zweite Anatomie-Lehrkanzel vor. Bundeskanzler, Unterrichts- und Finanzminister (alle ÖVP) stimmten dem parteilosen Kandidaten zu.

SPÖ-Chef Pittermann legte Veto ein. ``Die wissenschaftlichen Qualitäten von Dr. Zenker sollen in keiner Weise bestritten werden'', stellte der zweite Mann der Regierung und zweifache Doktor sogleich das unakademische Motiv seines Einspruchs klar. Aber: Es gebe noch zwei andere Anwärter – den sozialistischen Wiener Gemeinderat Dr. Gisel und den roten Protegé Dr. Krause.

Österreichs überwiegend nichtsozialistische Hochschülerschaft tobte: ``Wir sind empört darüber, dass in unserem Land die Zugehörigkeit zu einer politischen Partei mehr zählt als die wissenschaftliche Anerkennung der Fachvertreter des gesamten In- und Auslandes...''

Zenker beendete den Streit. Er ging.[82]

Wolfgang Zenker ging übrigens doch nicht nach Bochum, in die Geburtsstadt von Horst Coblenzer, mit welchem er auch diesbezüglich telefoniert hatte. Er wurde o. Prof. der Anatomie an der Universität Zürich. Der freundschaftliche Kontakt zwischen ihm und Coblenzer blieb erhalten.

„Du, so hat das alles begonnen. Ich habe nie etwas als bare Münze genommen, sondern ich habe es überprüft, kritisch beleuchtet.

Und dann bin ich ins Seminar gegangen und hab gesagt: ``Das ist mein Sprechunterricht. Aber sagt es nicht laut.''

Denn die haben gelernt: ``ma-me-mi-mo-mu'' - ``ping-peng-pang-pung''. Das ist Sprechunterricht.

Und der Coblenzer hat gesagt: ``Ich bin schon da.''

---

82   Der Spiegel 36/01.09.1965, deutsches Politikmagazin. Aus dem Artikel: Österreichs große Koalition. Modell für Bonn? Kungeln und Rangeln.
      Spiegel-Verlag Rudolf Augstein GmbH & Co. KG. Hamburg 1965, S. 79

``Ja wieso, was heißt das?´´

Sag ich: ``JA, ALS PARTNER, ICH SITZE SCHON HIER, KOMM, DIE SZENE HAT SCHON BEGONNEN.´´

Das war mein Sprechunterricht. Das durfte ich gar nicht laut sagen. Das war gegen die Übung. Gegen die Tradition.“

Kurz schweifte Horsts Blick gedanklich in die Ferne...

> Man muss die Last durch die List zur Lust machen.
>
> Oskar Fitz

Eine maßgebliche Person in Wien war für Horst Coblenzer Oskar Fitz,[83] welcher sich intensiv mit der Sänger- und Bläseratmung beschäftigte. Bei ihm nahm er jahrelang Unterricht – während seiner Lehrtätigkeit am Max Reinhardt Seminar. Gemeinsam mit seinem Sprecher-Kollegen Emmanuel Schmied.[84] Eine wichtige Forderung von Fitz war, Konsonanten immer „auftaktig“ zu sprechen, also mit federnder Plastizität (wird bei den Übungen zur Artikulation thematisiert). Denn: *Schauspiel ist Sprechtanz* (Fritz Kortner). Oder: *Legato gegen Schmierato* (Horst Coblenzer).

1965 wurde Coblenzer mit der Gründung und Leitung des Instituts für Atem- und Stimmerziehung der Akademie für Musik und darstellende Kunst in Wien betraut. „Mit bescheidenem Etat“, wie Horst betonte. Große Unterstützung fand er bei Felix Trojan.

Univ. Prof. Dr. phil. Felix Trojan (1895 – 1968) hat den Zusammen-

---

83   geb. 1897 in Striji/Galizien, gest. 1971 in Wien

84   Fitz, Oskar: Der Atem des Bläsers. Wien o. J. - Die Bedeutung der Körperhaltung und des Körperbaues für das richtige Singen. In: Folia Phoniatrica 8. 1956. - Schach dem Stottern: Die bewegungstherapeutische Ausschaltung der Sprechhemmungen durch Atem und Stimmsicherung. Lambertus. Freiburg/Breisgau 1961

hang zwischen sprecherischem Ausdruck und vegetativem Nervensystem an Stoffwechselgrößen nachgewiesen (u. a. Pupillenveränderung, Adrenalinaussonderung aus dem Nebennierenmark und Blutzuckerausschwemmung aus der Leber) und gewann auf experimentellem Wege Grundlagen für eine Pathognomik der Sprechstimme, womit die Konstanz des Affektausdruckes bei wechselnden Individuen bezeichnet wird.[85] Diese Untersuchungen bestätigen: Durch den willkürlich auslösbaren Sprechakt erhält man einen akustischen Eindruck von der Reaktionslage des Individuums. Ein Ausspruch ist immer sinnlich wahrnehmbare Gestalt, ganzheitlich und in der psychischen Sphäre des Sprechers entworfen.[86] Die bloße Aneinanderreihung von Lauten oder Wörtern gibt vom Sprecher nichts kund und löst beim Hörer folglich nichts aus.[87]

Über Felix Trojan wurde die Verbindung zum atemphysiologischen Laboratorium der II. Chirurgischen Universitätsklinik in Wien hergestellt. Und so kam es zum ersten Treffen zwischen Horst Coblenzer und Dr. med. Franz Muhar, dem leitenden Oberarzt, welcher aufgrund bereits bestehender Arbeitskontakte mit Vertretern der Logopädie für Fragen der Phonationsatmung grundsätzlich aufgeschlossen war.

Diese erste Begegnung verlief aber laut Coblenzer ziemlich verhalten. Franz Muhar empfing Horst Coblenzer eher reserviert, als fühlte er sich etwas belästigt.

Und anschließend soll Muhar in seiner Wienerischen Art zu seiner Frau gesagt haben: „Greterl, host a Momenterl Zeit?"

„Jo, wos is?"

„Setz di her! – Do woa heit wer bei mir aus dem Max Reinhardt Seminar. Heast, des is a Spinner!"

Das war der Beginn einer äußerst fruchtbaren Zusammenarbeit in

---

85   Trojan, Felix: Der Ausdruck der Sprechstimme. Verlag f. Med. Wiss. Wien 1952

86   O.v. Essen: Grundzüge der hochdeutschen Satzintonation. A. Henn. Düsseld. 1956

87   Coblenzer, Horst: Die Bedeutung des Atemrhythmus für den sprachlichen Ausdruck des Schauspielers. Dissertation. Wien 1970, S. 14

Lehre und Forschung über viele, viele Jahre und führte auch zur Erforschung von Kontaktphänomenen gemeinsam mit Dipl. Ing. Dr. Herwig Thoma von der Uni Wien (Was kommt an? Was nicht?). Zahlreiche Einladungen zu Kongressen der Logopädie und Phoniatrie sollten folgen.

Zwischen Coblenzer und Muhar entwickelte sich eine tiefe Freundschaft, die allerdings – wohl auch aus Gründen der Wesensunterschiede der beiden – später einen schmerzlichen Knick erfahren sollte.

Es entstand ihre erste gemeinsame Publikation. Damit war die Wissenschaftlichkeit der AAP etabliert: *Aus dem Max-Reinhardt-Seminar der Akademie für Musik und Darstellende Kunst (Vorstand: Präsident Prof. Dr. H. Sittner) und dem Laboratorium für Klinische Atemphysiologie der II. Chirurgischen Universitätsklinik in Wien (Vorstand: Prof. Dr. H. Kunz)*
„*Die Phonationsatmung*" von *H. Coblenzer und F. Muhar:*
(*Herrn Prof. Dr. F. Trojan zum 70. Geburtstag gewidmet. Mit Unterstützung der Ludwig-Boltzmann-Gesellschaft zur Förderung der wissenschaftlichen Forschung in Österreich*)

... Nach dem Großen Brockhaus ist die Sprache Ausdruck und Darstellung von Gedanken, Gefühlen und Willensäußerungen durch Laute. Nur wo diese nicht möglich sind, treten an ihre Stelle sinnvolle Zeichen. Unter diesem Gesichtspunkt können wir schon die einfachen Lautäußerungen des Neugeborenen als Beginn einer solchen Entwicklung auffassen. Dem Kind werden bei der Geburt die Mechanismen zur Ausführung lebenswichtiger Funktionen mitgegeben. Es besteht auch eine naturgegebene und damit vorbildliche Bewegungseinheit von Atmung und Phonation. Das Zusammenspiel dieser ersten Lebensvorgänge zeichnet sich vor allem durch die ausgewogene und ökonomische Art des Ablaufes ab. Wesentliche Merkmale am Schrei des gesunden Neugeborenen sind die relative Lautstärke, sowie die Beständigkeit ohne adäquate Ermüdung und Heiserkeit. Bei näherem Hinhören gewahren wir darüber hinaus ein rhythmisches Zusammenspiel von Atmung und Stimmtätigkeit. ...[88]

---

88   Wiener klinische Wochenschrift, Sonderabdruck aus 77. Jahrg., Nr. 48, S. 945 - 953. Springer-Verlag. Wien/New York 1965

Diese vorbildliche Koordination von Zwerchfellaktivität und Stimm-funktion bei Neugeborenen wurde nun von den beiden Herren weiter experimentell untersucht, was durch die technischen Voraussetzungen eines modernen Funktionslaboratoriums der klinischen Atemphysio-logie möglich war. Es wurden Zwerchfelldiagramme und schließlich auch Zwerchfell-Röntgenfilme angefertigt und ausgewertet.

Immer ging es bei den Untersuchungen um die beiden Grundfragen:
1.   Wie gehen wir mit der Stimme um, um nicht heiser zu werden?
2.   Wie verbessern wir unsere Ausstrahlung beim Sprechen?

Aus den 1965 begonnenen Einzeluntersuchungen entwickelte sich eine enge und ständige Zusammenarbeit. Zehn Jahre sollte es dauern bis zur Entstehung des gemeinsamen Buches „Atem und Stimme". Bis 1970 wurden an nahezu 1000 Versuchspersonen Untersuchungen und Messungen im Stehen und Sitzen vorgenommen. Anfänglich atmeten die Probanden über ein Mundstück, später, zur Vermeidung der Nasen-klemme, über eine eng anliegende Maske durch den Pneumotachogra-phen. Dieses medizinische Gerät überprüfte die Lungenfunktion und er-mittelte dynamische Atemvolumina. Über die Speiseröhre wurde eine Sonde mit einem Innendurchmesser von 1,3 mm eingeführt bis zu jenem Loch des Zwerchfells, wo die Speiseröhre ins Zwerchfell eintritt („hiatus ösophagicus"); hier wurde die aus Polyäthylen gefertigte Sonde fixiert. Das im unteren Ösophagusdrittel[89] liegende Ende war mit einem Latex-ballon zur Erfassung der intrathorakalen Druckamplitude versehen. 40 cm vor dem Pneumotachographen war ein einfaches Schallleistungs-messgerät fix montiert.

---

89   Ösophagus = Speiseröhre

Horst Coblenzer und Franz Muhar:

Wir haben beispielsweise einen Kontaktmessplatz gebaut, haben jemandem Oberflächenelektroden angelegt und ihn in verschiedene Theater- und Konzertsäle geschickt. Dabei wurde genau registriert: Wie atmet er jetzt, wie ist seine Herztätigkeit? Und wir sind zu erstaunlichen Ergebnissen gekommen, die die Aussagen alter Theaterleute als sehr wahrscheinlich erscheinen lassen.

Es schien sehr naheliegend, *dass es im Erlebnisfeld Bühne – Publikum doch irgendetwas geben muss, woran „man drehen kann". Etwas, das Stanislawski die „Ausstrahlung" und die „Einstrahlung" genannt hat, etwas, was wir als Atmosphäre, als Fluidum, als Aura, als Persönlichkeit bezeichnen. Diesem „Geheimnis" auf die Spur zu kommen, ist nachwievor unser Anliegen.*[90]

Aus dieser Zusammenarbeit ergab sich einerseits eine Neuorientierung für die Stimmausbildung bei Gesunden, andererseits die große Bedeutung der Phonation für Patienten mit Atemstörungen. Außer klinischen Patienten mit Herz- und Lungenerkrankungen verschiedener Genese standen auch vollkommen gesunde Personen zur Verfügung. Von diesen war eine Anzahl stimmberuflich ausgebildet und als Schauspieler, Sänger, Prediger oder Lehrer tätig. Neben der Aufzeichnung der Phonationsatmung wurde bei der Mehrzahl der Probanden auch eine eingehende Lungenfunktionsprüfung durchgeführt. ... Personen mit „normaler" Lungenfunktion zeigten nicht selten Fehlformen der Stimmatmung.[91] *Über die verschiedenen Erscheinungsformen wurde 1965 gemeinsam mit Fr. Muhar berichtet.*[92]

90   Nicoletti, Susi, und Mazakarini, Leo: Wege zum Theater. Max Reinhardts Schüler. Orac. Wien 1979, S. 121 f

91   Coblenzer, Horst: Die Bedeutung des Atemrhythmus für den sprachlichen Ausdruck des Schauspielers. Dissertation. Wien 1970, S. 56

92   In der oben zitierten Veröffentlichung „Die Phonationsatmung"

Damit wurde aufgezeigt, dass eine funktionierende Phonation nicht unbedingt von der Vitalkapazität abhängig ist. Und die Minimalluft-Theorie des Stimmbildners Paul Bruns von 1923 wurde bestätigt, nämlich, dass mit möglichst wenig Luftvolumen eine optimale Klangleistung erzielt werden könne und folglich die vorrangige Arbeit an der Vergrößerung der Lungenkapazität nicht sinnvoll sei: *Nicht die größte Lunge, sondern das beweglichste Zwerchfell ist das Geheimnis, nicht die Menge an Luft, sondern ihre schnelle Bereitstellung für den Ton ist entscheidend.*[93] Dies war bereits 1951 durch die klinischen Untersuchungen von Richard Luchsinger[94] belegt worden.[95]

Das Prinzip des APPOGGIO, der sogenannten TONSTÜTZE, wurde somit nachgewiesen, nämlich dass für die optimale Klangdichte, vom langen Atem getragen, nicht das Atemvolumen, also die Quantität des Atems, ausschlaggebend sei, sondern die Beweglichkeit des Zwerchfells, also die Qualität des Atmens.

Altitalienische Gesangsmeister hatten gefordert: *appoggiarsi in petto* (sich in die Brust lehnen) und *appoggiarsi in testa* (sich in den Kopf lehnen).[96] Das bedeutet: den Klang anlehnen, das ist eine horizontale Bewegung. Somit ist klar, dass sich die sogenannte Atem- und Tonstütze nicht auf einen vertikalen Vorgang beschränken darf (Druck nach unten = sich aufstützen, Druck nach oben = etwas unterstützen).

Horst Coblenzer beschreibt das Phänomen Appoggio im Kapitel *Experimentelle Grundlagen* seiner Dissertation (S. 38 ff). Dabei verweist er auf die besondere Rolle des Zwerchfells auch in Bezug auf die Gemeinsamkeiten des Singens und Sprechens und auf die Sinnhaftigkeit des Zwerchfelltrai-

---

93   Vgl.: Bruns, Paul: Minimalluft und Stütze. Görlitz. Berlin 1929
      Unveröffentlichtes Manuskript von Horst Coblenzer, in meinem Besitz
94   Prof. Dr., 1900 - 1993
95   Vgl.: Luchsinger, Richard: Schalldruck- und Geschwindigkeitsregistrierung
      der Atemluft beim Singen. In: Folia phoniat. 3, 25. Basel 1951
96   Vgl.: Martienssen-Lohmann, Franziska: Der wissende Sänger. Gesangslexikon
      in Skizzen. Schott Music. Zürich; Freiburg i. Br. 1956

nings (S. 39 ff). Das Zwerchfell als größter Einatmungsmuskel entfaltet seine Aktivität abwärtsziehend, also inspiratorisch. Die optimale abwärtsziehende Kraft der Zwerchfellschenkel (auch während der Phonation!) ist daher unerlässlich. DAS IST DIE PHYSIOLOGISCHE BASIS DER AAP. Der italienische Terminus Appoggio vereinigt den vertikalen (appoggiare = unterstützen [Zwerchfell tiefdenken, Gaumendecke hochdenken = Tonsäule])[97] und den horizontalen Vorgang (appoggiare = lehnen, appoggiarsi = sich lehnen [an die Brust, an die Stirn, ans Kreuz = Diagonalspannung]). So werden, da das Zwerchfell dauernder Aktivität fähig ist, während der Exspiration = Phonation Gegenkräfte entwickelt, die dem zu raschen Ausströmen der Luft entgegenwirken. Das funktioniert nur bei eutoner Grundhaltung und permanenter Inspiriertheit. Atemzügelung statt Atemdruck. Krampfhaft tief Luft zu holen, ist also kontraproduktiv.

- *Inhalare la voce* (altitalienische Meister, Belcanto)
- *Einatmungshaltung gegen Ausatmungsfunktion* (Rudolf Schilling)
- *Elastische Spannhalte* (Rudolf Schilling, Oskar Fitz)
- *Inspiratorische Gegenspannung während der Phonation* (Horst Coblenzer)

Die elastische Spannhalte, die inspiratorische Gegenspannung, führt zu einer dosierten Aufwärtsbewegung des Zwerchfells, das in letzter Konsequenz durch akzentuiertes Lösen des Auslautes zusammen mit der übrigen Einatemmuskulatur zu einer reflektorischen Luftergänzung angeregt wird. ...

Nach dem Studium dokumentierter Untersuchungsergebnisse, Rhythmus und Stimmatmung betreffend, so auch der vom Schweizer Phoniater Richard Luchsinger[98] und vom hochkünstlerischen, mit Cob-

---

97   Vgl.: engl. support = unterstützen, befürworten, fördern
98   Luchsinger, Richard: Lehrbuch der Stimm- und Sprachheilkunde. Springer. Wien 1959

lenzer befreundeten deutschen Philologen und Stimm- und Sprachfor-scher Karl Hartlieb,[99] ergibt sich für Horst Coblenzer *die Notwendigkeit, jenes Moment der „Pause" – am Ende der akustischen Gliederung des Tones auf seine „atemrhythmische Qualität" zu untersuchen. Hier scheint der Schlüssel zu liegen für eine schnelle und eigengesetzliche Regeneration der Kräfte sowie ein Im-Rhythmus-Bleiben, also Kontakt-halten-Können! Untersuchungen über eine dem Rhythmus der Atmung angepasste Phonation versprechen Aufschluss zu geben über Ökonomie und Kontakt des guten Schauspielers. … Wenn Atmung und Stimme Ausdruck einer Erlebnisweise werden können und im Theater Medium für Übertragungswirkungen, so gewinnen psychophysiologische Beziehungsanalysen an Bedeutung.*[100]

Coblenzer weist in diesem Zusammenhang auf das ideomotorische Gesetz hin, das besagt, dass durch Beobachtung oder auch durch bloße Vorstellung von Bewegungsabläufen unwillkürlich Nachahmung ausge-löst werden kann. Da der englische Naturwissenschafter William Ben-jamin Carpenter[101] diese psychomotorische Reaktion 1852 zum ersten Mal beschrieben hat, wird sie auch Carpenter-Effekt genannt.[102]

Ergänzend zum „Mitergriffenwerden" wird angeführt, dass wir manchmal gegen unseren Willen und obwohl wir uns dagegen wehren, in eine ähnliche Verfassung geraten, wie diejenige ist, die wir beobachten: Lachlust, Traurigkeit, Langeweile, Andacht, „Mitleid"; … Gähnen „steckt an", … Begeisterung überträgt sich, Angst greift um sich … So zeigt sich, dass die „psychische Ansteckung" rein vom Bewegungsbilde ausgeht, auch ohne dass dessen Ursache mitwirkt. Darum fallen diese Phänomene … unter das „ideomotorische Gesetz".[103]

---

99   Prof. Dr., um 1895 - 1969
      Hartlieb, Karl: Stimmbildung als Wissenschaft. Henschel. Berlin 1960

100   Coblenzer, Horst: Die Bedeutung des Atemrhythmus für den sprachlichen
      Ausdruck des Schauspielers. Dissertation. Wien 1970, S. 45

101   Univ. Prof. Dr., geb. 1813 in Exeter, gest. 1885 in London

102   http://de.wikipedia.org/wiki/Ideomotorisches_Gesetz (29.09.2011)

103   Coblenzer, Horst: Die Bedeutung des Atemrhythmus für den sprachlichen
      Ausdruck des Schauspielers. Dissertation. Wien 1970, S. 46

Dass die Bewegung des Zwerchfells in der federnden Rhythmizität der reflektorischen Luftergänzung, des Abspannens, eine entsprechende Übertragungswirkung auf die Zuhörerschaft hat, erscheint naheliegend – bei Vorträgen, in der Schauspielkunst, gleichwohl im Opern- wie im Rockgesang. Der psychorespiratorische Effekt wurde ja bereits erwähnt.

Die Erforschung von Resonanzphänomenen in der Kommunikation, die intuitive Übertragung von Emotionen und körpersprachlichen Aktivitäten, war ein essentieller Motor für das AAP-Verständnis. Von der *neurobiologischen Resonanz*, der Existenz von Spiegelneuronen *(= Nervenzellen, die im eigenen Körper ein bestimmtes Programm realisieren können, die aber auch dann aktiv werden, wenn man beobachtet oder auf andere Weise miterlebt, wie ein anderes Individuum dieses Programm in die Tat umsetzt)*, wusste Horst Coblenzer damals freilich noch nichts. Diese sollte 1996 vom italienischen Neurophysiologen Giacomo Rizzolatti,[104] Chef des Physiologischen Instituts der Universität Parma, und seinen Mitarbeitern beim Tierversuch mit Makaken entdeckt werden; Ende der 1990er-Jahre sollten diese Forschungsarbeiten, mit denen schon in den 1980er-Jahren begonnen worden war, erfolgreich auch auf Menschen ausgedehnt werden.[105]

Mein deutscher Kollege Uwe Schürmann: Für Horst Coblenzer gewann *neben der physiologischen Ausrichtung der Arbeit ... die Intentionalität einen besonderen Stellenwert. Im Wechselspiel von Außen und Innen, von Stimm- und Sprechtätigkeit einerseits und Intention andererseits gewann Coblenzer die Überzeugung, dass für die praktischen Belange der Theaterausbildung eine somato-psychische Arbeitsrichtung empfehlenswert wäre. Denn Schüler und Klienten ließen sich leichter auf Veränderungen des äußeren Verhaltens ein; sich zuerst mit den korrespondierenden inneren Prozessen zu konfrontieren, weckte oft mehr Vorbehalte. Deshalb*

---

104   Univ. Prof. Dr., geb. 1937 in Kiew

105   Bauer, Joachim: Warum ich fühle, was du fühlst. Intuitive Kommunikation und
        das Geheimnis der Spiegelneurone. Hoffmann und Campe. München 2005, S. 21 - 23

entwickelte er die Faustregel: „von außen nach innen." Und aufgrund dieser Erkenntnisse erklärte Coblenzer das Abspannen zum Schlüssel der AAP.[106]

Franz Muhar war es, welcher Horst Coblenzer anregte, seine in Bonn und Göttingen begonnenen germanistischen Studien in Wien mit dem Hauptfach Theaterwissenschaft fortzusetzen.

Am 22. Dezember 1967 wurde Coblenzer außerordentlicher Hochschulprofessor. Und später Ordinarius für Stimm- und Sprecherziehung.

Am 25. November 1970 promovierte Horst Coblenzer an der philosophischen Fakultät der Universität Wien zum Dr. phil.

Das Thema der Dissertation:

Die Bedeutung des Atemrhythmus für den sprachlichen Ausdruck des Schauspielers, gewidmet meinem lieben Freunde Dr. Franz Muhar

Hier nun weitere exemplarische Auszüge:

... Das Ankommen oder Nichtankommen eines Schauspielers beim Publikum hat der Autor an sich selbst erlebt. ... Nachdenken über Wirkungen der Persönlichkeit ließ die Ursachen aufspüren, zunächst mit wachen Sinnen in der Beobachtung des Bühnenalltags, später mit den Versuchen experimenteller Objektivierung. (Sona war das Mundstück der Maske im Altertum, per-sonare = durchklingen hieß es für die persona, den Schauspieler hinter der Maske.) Der Ursprung unseres Wortes „Persönlichkeit" erklärt die Beschäftigung mit dem sprachlichen Ausdruck des Schauspielers...[...]; die Beherrschung des schauspielerischen Instrumentes verlangt Ökonomie, das Verbindung-halten-Können erfordert Kontakt. Es soll aufgezeigt werden, wie der Atem zur lebendigen Brücke wird zwischen Bühne und Zuschauerraum und welche Bedeutung dabei dem Rhythmus zukommt. (Aus der Einleitung)

Die lateinische Wendung alicuius personam gerere = jemandes Rolle spielen, ihn repräsentieren, beinhaltet Stimme und Bewegung; beides gehört wesentlich zur Gestaltung. (S. 6)

---

106   Schürmann, Uwe: Mit Sprechen bewegen. Stimme und Ausstrahlung verbessern mit atemrhythmisch angepasster Phonation.
          Ernst Reinhardt. München 2007, S. 155

... Die Gebärdensprache bezieht sich auf Bewegungen und Haltungen von Kopf und Extremitäten, die Mimik auf Gesichtsausdruck und Mienenspiel, im erweiterten Rahmen (Pantomimik) auf das Ausdrucksvermögen des ganzen Körpers. Grundlegende Voraussetzung, um diese Ausdrucksbewegungen dem Sprachlichen zuzuordnen, ist die Absicht, einem Partner ein gefühlsbetontes Erlebnis kundzugeben. So gesehen, ist der Schauspieler ein Sprachkünstler, dessen Instrument so wenig teilbar ist, wie Leib und Seele. (S. 8)

Wie Wilhelm von Humboldt die lebendige Wesenheit der Sprache nur in dem Akte ihres eigentlichen Hervorbringens sieht,[107] so unterstreicht Ortega y Gasset, dass ein Wort Bedeuten und Sinnhaben nicht von anderen Wörtern (in vertrockneter Form des Wörterbuchs und der Grammatik) erhalte, sondern von den Menschen, die es gebrauchen und in einer bestimmten Situation aussprechen. Darum gerate der Mensch, wenn er etwas Neues ausdrücken wolle, noch immer mit der fertigen Sprache in Konflikt; es sei dies der fruchtbare Zusammenstoß zwischen dem Sagen und der Sprache![108] Hier ereignet sich Neugeburt und liegt der Zugang, Dichtung lebendig weiterzugeben. Dies aber ist schöpferisches Anliegen des Schauspielers. (S. 9)

Sprache und Bewegung sind nach Claudel gleicherweise bestimmt durch den Atem und seinen Rhythmus.[109] (S. 10)

Quintilian berichtet die apta pronunciato = Angemessenheit des Vortrags als höchstes Ausbildungsziel im Altertum; sie werde zum größten Teil durch die Erregung des Gemütes selbst erzielt. ... „Denn die Nachahmung der Trauer, des Zorns, der Entrüstung wird bisweilen sogar lächerlich erscheinen, wenn wir ihr nur Worte und Miene, nicht aber auch die innere Stimmung anpassen."[110] (S. 13)

---

107   Ges. Ausg. d. Berliner Akad., Bd. 7, 1907, I., S. 44 f

108   Gasset, Ortega y: Der Mensch und die Leute. Dt. Verlags-Anstalt. Stuttgart 1957

109   Landau, Edwin Maria: Paul Claudel. In: Friedrichs Dramatiker des Welttheaters. Bd. 22. Velber. Hannover 1966, S. 165

110   Quintilian: De institutione oratoria, XI, 3, S. 61

Die Atmung hat eine doppelte Funktion, einmal dient sie dem Körper durch Regulation des Gasaustausches, zum anderen dem Geist durch Stimme und Ausdruck.[111] ... Der Atembewegungsablauf ist rhythmisch gegliedert, wie alle Lebenserscheinungen, von der Zelle bis zu den Bewusstseinsfunktionen der höchstgelegenen Hirnteile. ... Wenn also Atem und Rhythmus dem gestaltenden Ich unterstellt werden, so sollen ihre gesetzmäßigen Abläufe nicht von der künstlerischen Intention durchkreuzt, sondern begleitet und weitergeführt werden; etwa so, wie Wogenbewegung und Strömung von dem Ruderer genutzt werden, der sich geschickt anpasst. (S. 15)

Die älteste Rhythmustheorie geht zurück auf Aristoxenos v. Tarent (350 v. Chr.), einen Schüler von Aristoteles, der forderte, Rhythmus und Harmonie sollten die menschliche Seele erfüllen und das ganze Leben durchdringen, weil sie tüchtig zum Reden und Handeln machten. ... Im Rhythmus Erlebtes und Gelebtes ist immer sinnlich wahrnehmbarer Ausdruck inneren Empfindens. ... Die verbindende Funktion des Rhythmus scheint für Kommunikation und Übertragung geradezu unentbehrlich. Wie Karl Jaspers sagt: Das Atmen ist im Ein- und Ausatmen wie ein Symbol des Aufnehmens der Außenwelt und des Verströmens an sie, im bewussten Üben des Atems soll das unbewusste Seelenleben frei werden, sich der Welt anvertrauen.[112] (S. 16 und S. 22 f.)

Unsere Erfahrungen in Stimmbildung und Redekunst reichen zurück bis in die Antike. ... Die ältesten Lehrer für Rhetorik waren Schauspieler, und der Einfluss des Theaters setzte die Maßstäbe für ein allgemein hohes Sprachbewusstsein. ... Berühmte Schauspieler, wie die Tragöden Neoptolemos und Andronikos, waren die Lehrer des Aristoteles und des Demosthenes. ... Im Unterricht bezog sich die Forderung „recte loqui" nicht allein

---

111   Buytendijk, zitiert bei P. Christian: Der gegenwärtige Stand der psychosomatischen Forschung unter besonderer Berücksichtigung von Kreislauf und Atmung. Vorträge des Kongresses d. allgem. ärztl. Ges. f. Physiotherapie in Freudenstadt. April 1956. Hrsg. v. E. Kretschmer 1957

112   Zitiert bei Hans Gebhart: Über die Kunst des Schauspielers. Desch. München 1948

auf die Grammatik, sondern auf eine korrekte Handhabung von Atmung,
Tongebung und Artikulation mit dem Ziel, gesund und schön zu spre-
chen. ... Bei stimmlichen Übertreibern spottete Cicero, sie nähmen im Ge-
fühl ihrer Schwäche zum Schreien ihre Zuflucht, wie der Lahme aufs Pferd
springe. Nach Aristoteles kommt es für die Stimme auf Stärke, musikali-
schen Wohlklang und Rhythmus an. ...

... Häufiges Atemholen darf nicht den Satz zerschneiden, der Atem soll
andererseits nicht so lange hinausgezogen werden, bis er ausgeht. Richtige
Einteilung und willkürliche Beherrschung sind notwendig. Die Stimme soll
bei großen Akzenten vom Atem her entlastet werden, ebenso die Artikulati-
onsorgane, indem der Mittelpunkt der Kraftleistung in das Atmungsorgan
verlegt wird, weil dessen Muskeln – entsprechend trainiert – nicht leicht
ermüden. Dadurch werden Stimme und Artikulationsorgane möglichst ge-
schont. Die Einatmung soll völlig geräuschlos erfolgen ...

Ökonomie und Kontakt gehörten von Anbeginn zum guten Sprecher. (S.
23 ff)

„Den richtigen Augenblick für den Beginn der Einatmung kennt nur
das Blut, ... man kommt sofort an falsche Muskeln und zu falschen Bewe-
gungen, wenn man willkürlich tief einatmet. ... Lassen wir die Stimme in
einem etwas verlängerten Laut, wenn auch nur ganz leise, ertönen, so ver-
hindern wir die Erschlaffung des Zwerchfells und zwingen dieses dazu, sich
langsam abzuspannen."[113] *... Ein solches Prinzip, sich nach dem Austönen*
rückfedern zu lassen auf das Startniveau und mit dem gewonnenen Luft-
quantum wiederum mühelos einen langen Satz zu sprechen, erfordert Trai-
ning. (S. 35)

Sich inspirieren lassen hat noch immer jene tiefere Bedeutung, die über
den Sauerstoffbedarf hinausweist. (S. 36)

So nimmt es nicht wunder, welchen zentralen Platz die Griechen dem
Zwerchfell eingeräumt haben, das ihnen nicht nur als phren theia = leib-
liche Mitte galt, sondern als Sitz des Denkens, Wollens und Fühlens, der

---

113   Schlaffhorst, Andersen: Atmung und Stimme. Möseler. Wolfenbüttel 1993

Leidenschaften, als Sitz des Lebens schlechthin. (S. 37)

Am Schluss seiner Dissertation erläutert Horst Coblenzer die gemeinsam mit Franz Muhar erstellten Untersuchungsergebnisse:

Bei guten Sängern und Sprechern, sowie motorisch-sensorisch instinktsicher gebliebenen Personen war eine dynamische Anpassung der Stimmtätigkeit an den physiologischen Atemrhythmus nachweisbar; d. h. die Elemente der Ruheatmung und ihre Reihenfolge wurden auch während der Phonation beibehalten. Diese Art haben wir daher als ATEMRHYTHMISCH ANGEPASSTE PHONATION bezeichnet. Der hohe Grad an Ökonomie zeigte sich vor allem in geringem Luftverbrauch und schneller Atemergänzung. (S. 57)

Der Angelpunkt für die rhythmische Erneuerung ist im Falle der Ruheatmung die Pause, bei der Phonationsatmung die ABSPANNUNG ... Das mit der Abspannung verbundene Zurückschnellenlassen des Phonationsdruckes auf den normalen negativen intrathorakalen Druck bewirkt ein rasches Einschießen von Luft in die Lungen. Dieser Vorgang trägt alle Merkmale eines Reflexes. Seine graphische Darstellung ist unseres Wissens in der Stimm- und Atemphysiologie bisher nicht durchgeführt worden. Diese Kurvenbilder stellen die mühelose, schnelle und auch geräuschlose, nach unserer Überzeugung die physiologische Luftergänzung bei der Phonation dar. (S. 59)

Das Hervorstechendste an den Kurven ist das unmittelbare Einschießen von Luft nach jeder spezifischen Abspannung. Der Höhepunkt der Luftergänzung ist ... in weniger als 0,2 Sekunden erreicht, gleichgültig, wie viel Zeit aus Gestaltungsgründen bis zu Beginn des nächsten Abschnittes zur Verfügung steht. Die Druckkurve zeigt einen harmonisch abgestimmten Verlauf. Der Wechsel von Phonationsdruck und Abspannung erfolgt sehr rasch. Die Fußpunkte unter der atmosphärischen Nulllinie liegen in etwa gleicher Höhe wie bei der Ruheatmung. Daraus ist zu erkennen, dass sich der Sprecher immer wieder auf die Ausgangsposition seiner Atemmittellage zurückfedern lässt und nie „tief Luft holt". (S. 62 f)

Nach diesen Kurvenbildern haben wir keinen Zweifel, dass bei der atem-
rhythmisch angepassten Phonation im Diaphragma inspiratorische Gegen-
spannung herrscht. ... Das rhythmische Kontinuum ist nicht nur leib-seeli-
sche Voraussetzung, sondern ein Nicht-mehr-Auslassen des Publikums, das
einmal „gepackt" ist. (S. 68)

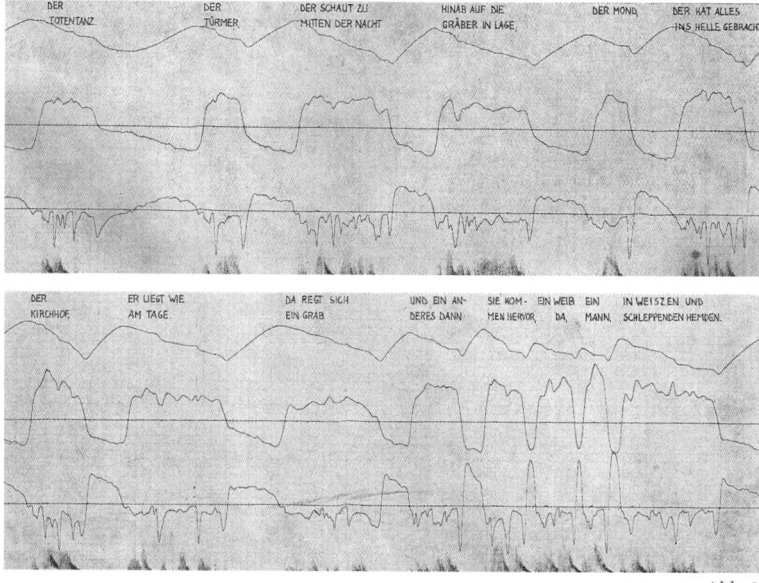

Abb. 3

Diese Arbeit soll erst der Anfang notwendiger Bemühungen sein, damit
sich eine methodisch individuelle Ausbildung der Stimme wenigstens in den
Grundlagen auf eine experimentell gesicherte und allgemein gültige Basis
stützen kann. (S. 69)

In praktischen Belangen der Theaterausbildung gewinnt eine experi-
mentelle Sicherung somato-psychischer Vorgangsweisen große Bedeutung;
dies umso mehr, als in Fragen der Atem- und Stimmerziehung Unsicherheit
herrscht, wo eine allgemein gültige und physiologische Basis fehlt.

So beschäftigt uns nach den ökonomischen Vorzügen der atemrhyth-
misch angepassten Phonation der Nachweis ihrer kontaktfördernden Wir-

kung. Als zukünftige Aufgabe sehen wir Versuche, dieses Phänomen zu objektivieren. Dabei sind wir uns der Problematik bewusst, die Unmittelbarkeit des Ausdrucksgeschehens nicht den Manipulationen einer Versuchsanordnung zu opfern. (S. 75)

Die psycho-physische Beschreibung der schauspielerischen Phonationsleistung im situativen Kontext war für die 1960er- und 1970er-Jahre exklusiv, obwohl der Vorgang des komplexen, atem-beseelten schauspielerischen Sprechausdrucks an und für sich nichts Neues darstellte, wie in mannigfaltiger Literatur aus dieser Zeit dokumentiert. Die synergetische Erklärung dieses uralten Phänomens erstmals auch über Dia- und Röntgenogramme (mit besonderer Berücksichtigung des Ankommens beim Publikum und der Gesunderhaltung des Stimmapparates) und die Konzeptionierung eines diesen empirischen Erkenntnissen entsprechenden ganzheitlichen Übeprogramms – unter Beibeziehung verschiedenster Literatur bis zurück in die Antike: Das war das Pionierhafte der Arbeit von Horst Coblenzer und – im wissenschaftlichen Konnex – von Franz Muhar.

Aus bereits existierenden ganzheitlichen atem- und stimmphysiologischen Erkenntnissen (so wie denen von Clara Schlaffhorst und Hedwig Andersen) wurden Essenzen herausgelöst und einer genauen wissenschaftlichen Überprüfung unterzogen. Dieser Prozess passierte in der idealen Kombination von einem auf möglichst perfekte Sprech-Instrumentalisierung hin ausgerichteten, vorzüglichen Sprechpraktiker und einem renommierten, empirisch geschulten, begeisterungsfähigen Wissenschafter. So wurde eine allgemeingültige, für alle nachvollziehbare physiologische Konzeption entwickelt, die in der Folgezeit die Atem-, Stimm- und Sprecherziehung – auch die Gesangsschule – revolutionieren sollte. Und das über die österreichischen Grenzen hinaus. Alleine der Fachterminus Abspannung ist heute aus dem Stimmunterricht nicht mehr wegzudenken, und nur wenige Pädagogen kennen noch die Urheberschaft.

Unter Sprecherziehung hatte man bis dahin vordergründig das Erlernen eines „Handwerks" verstanden, eben einer Sprechtechnik, die korrekte Artikulation und Phonetik ohne kommunikativen Bezug impliziert. Neu war nun die Darstellung des sprachlichen Ausdrucks im Zusammenhang mit Sprechsituationen, abgeleitet von empirischen Beobachtungen, wonach Sprechen ohne Sozietät weder erlern- noch praktizierbar sei. Für Coblenzer war eine bis dahin übliche Trennung von Sprechtechnik und darstellender Kunst von Anfang an sinnlos – und daher auch ein sprechtechnisches Üben ohne Partner- oder Umweltorientierung.

„Ich sitze schon hier, komm, die Szene hat schon begonnen." (S. 64 und Band 1, S. 148)

Sprechen UND darstellen: *Ich glaube, dass man beides gar nicht trennen kann. Der Sprecherzieher ist nicht Zubringer für den dramatischen Lehrer, kann man grundsätzlich doch nur aus dem situativen Bezug sprechen lernen. Wer spricht, will gehört werden: da haben wir schon die Situation! Ohne Einbeziehung des situativen Hintergrundes lernt niemand sprechen.* (Horst Coblenzer)[114]

Und somit war die Brücke geschlagen vom Schauspiel hin zu jeder beruflichen und privaten Sprechsituation, zum humanistischen Prinzip des Sprechens.

Im Allgemeinen Krankenhaus der Stadt Linz wurde 1966 mit der leitenden Gründungslehrassistentin, der Logopädin Elfriede Öcker (Horst Coblenzer nannte sie die Mutter Courage der österreichischen Logopädie), die schrittmachende österreichische Logopädenschule gegründet, vorerst als einjähriger Ergänzungslehrgang. 1968 wurde die Schule für den logopädisch-audiometrischen Dienst zweijährig geführt, 1992 in die Akademie für den logopädisch-phoniatrisch-audiologischen Dienst umbenannt und ein Jahr später als dreijährige Ausbildung angeboten (von 1985 bis 2003 unter der Leitung der Logopädin Brigitte Ninol).

Von Anfang an war Coblenzer dabei (bis 2000) und beeinflusste so maßgeblich auch die Stimmtherapie nicht nur in Österreich, sondern weit über die Grenzen hinaus, in der Schweiz, in Deutschland, aber auch

---

114   Nicoletti, Susi, und Mazakarini, Leo: Wege zum Theater. Max Reinhardts
       Schüler. Orac. Wien 1979, S. 122

in nichtdeutschen Ländern, wie beispielsweise in Dänemark oder in den Niederlanden.

Er wurde zudem Gastdozent für Wirtschaftsrhetorik an der deutschen Akademie für Führungskräfte der Wirtschaft in Bad Harzburg und war langjähriger Mitarbeiter der Lindauer Psychotherapiewochen.

Neben zahlreichen Publikationen zum Thema Atemrhythmus und Phonation veröffentlichte Horst Coblenzer zwei Bücher: 1976 gemeinsam mit Franz Muhar „Atem und Stimme. Anleitung zum guten Sprechen" und 1987 alleine „Erfolgreich sprechen. Fehler und wie man sie vermeidet".

Ab Beginn der 1970er-Jahre leitete er mit einem von ihm ausgesuchten Mitarbeiterstab die Internationalen Sommerseminare Atem-, Stimm- und Sprechschulung im Seminarzentrum Boldern am Zürichsee in der Schweiz.

NEHMEN SIE DEN ALLTAG ALS ÜBUNG:

Nützen Sie Pausen dazu, Ihre Lippen zu spannen und explosiv einen p-Laut zu lösen oder die Zungenspitze am oberen harten Gaumen zu spannen und explosiv einen t-Laut zu lösen oder den Zungenrücken am oberen weichen Gaumen zu spannen und explosiv einen k-Laut zu lösen. Lassen Sie jeweils immer genussvoll eine Inspiration zu. So pflegen Sie unauffällig Ihre Zwerchfell-Beziehung.

Exemplarisch sechs AAP-prägende Persönlichkeiten

Horst Coblenzer hat bei seinen empirischen Nachforschungen zum Thema Atemrhythmisch Angepasste Phonation, wie mehrfach angeführt, Anleihen bei verschiedenen philosophischen, medizinischen und methodischen Ansätzen genommen, von der Antike bis zur aktuellen Gegenwart.

Als besonders beispielhaft möchte ich noch sechs Persönlichkeiten herausheben – einen Herrn und fünf Damen.

Eugen Victor Herrigel

Der deutsche Philosoph Eugen Victor Herrigel[115] hatte von 1924 bis 1929 eine Gastdozentur an der Kaiserlichen Tohoku-Universität in Japan inne. Bei einem Zen-Meister lernte er in diesen Jahren die Kunst des Bogenschießens. In Deutschland erschien schließlich 1948 sein Buch „Zen in der Kunst des Bogenschießens".

Seit Jahrtausenden wird in Asien die Kunst des Bogenschießens ausgeübt – als Einstieg in die große Lehre des Zen-Buddhismus. Dass der Eutonus, die Intention, die Fähigkeit des Loslassens und insbesondere die Atemführung nicht nur für die Kunst des Bogenschießens, sondern für jegliche Kunst und ganz besonders für die der Lebensführung essentiell bedeutsam sind, war den alten Zen-Meistern wohl von Anfang an bewusst. Der Zen-Meister zu Eugen Herrigel:
Sie spannen sich nicht auf die Erfüllung hin, sondern warten auf Ihr Versagen. ...

---

115   Univ. Prof. Dr., geb. 1884 in Lichtenau, gest. 1955 in Partenkirchen

Von schlaffer Sehne fliegt kein Pfeil.

Es liegt an der „Geistesgegenwart", an der Lebendigkeit und Wachheit, mit der Sie schießen. ...

Der Mensch ist ein denkendes Wesen, aber seine großen Werke werden vollbracht, wenn er nicht rechnet und denkt.

„Kindlichkeit" muss nach langen Jahren der Übung wieder erlangt werden.

Eugen Herrigel: *Ich lernte mich so unbekümmert in die Atmung zu verlieren, dass ich zuweilen das Gefühl hatte, nicht selbst zu atmen, sondern, so seltsam das klingen mag, geatmet zu werden.*[116]

Horst Coblenzer entwickelte daraus „seine" Bogenübung.

Sie benötigen dazu keinen zu starken Sportbogen, der kräftemäßig überfordert, und keinen zu schwachen Spielzeugbogen, der kaum Widerstand bietet, sondern eben einen dazwischen, natürlich eine gut spannbare Sehne sowie keinen Pfeil beziehungsweise einen imaginären.

Die Grundposition ist die sogenannte Schrittstellung, bei der die linke Fußspitze nach vorne zeigt und die rechte Fußspitze nach rechts, also rechtwinkelig dazu und so, dass die rechte Ferse etwa in einem Abstand von 30 bis 40 cm hinter der linken Ferse aufgestellt wird. Für Linkshänder gilt immer das Gegenteil.

Mit der linken Hand umgreifen Sie gut den Griff des Bogens und strecken dabei den linken Arm elastisch lang (nicht durchdrücken!). Den Griff des Bogens halten Sie in Augenhöhe. Mit der rechten Hand fassen Sie in Bogengriff- beziehungsweise Augenhöhe die Sehne, wobei das rechte Ellenbogengelenk leicht nach oben zeigt. Die Brust weist dabei nicht nach vorne, sondern zur Seite, sodass der Oberkörper in Richtung anvisiertem Ziel nur wenig Angriffsfläche bietet.

Nun können Sie die Sehne ziehen.

---

116   Vgl.: Herrigel, Eugen: Zen in der Kunst des Bogenschießens. Der Zen-Weg. Fischer-Taschenbuch-Verlag. Frankfurt 2005

Fragen:

Seite 85   2. Derart inspiriert, ... zupelnd ?

      lösen .... spannen sie den Ton ab ?

       Wie funktioniert das ?

Übungen

Seite: 37, 57, 99, 106

Hiebei gibt es mehrere Möglichkeiten:

1.   Sie können ruckartig und ohne Atembewusstsein ziehen. Das bedeutet quasi bodybuilding und mag die Armmuskulatur trainieren, entspricht aber nicht den anschließend erklärten Zielen der Bogenübung.

2.   Sie können aber auch vor sich ein Ziel, das Sie treffen wollen, anvisieren, und dabei langsam die Sehne spannen. Dies geschieht nicht mehr ausschließlich mit Armeskraft, sondern von der Körpermitte aus mit der Energie des ganzen Körpers. Dabei wird Luft von selbst einfließen – und umso mehr, als Sie möglichst weit nach hinten ziehen, da sich der Brustkorb auf diese Weise optimal entfächert. Derart inspiriert, können Sie nun die Sehne langsam zügelnd lösen und dabei einen bequemen Ton – *ein ooo in mittlerer Stimmlage*[117] – einfließen lassen; in dem Moment, wo Sie schließlich die Sehne ganz loslassen, spannen Sie auch den Ton ab.

3.   Sie sind auch in der Lage, ausatmend die Sehne zu ziehen, wobei Sie folgendes Stimmexperiment durchführen können: Sie formen einen unökonomischen Ton, dieser kann schnarrend, gepresst, luftig oder knödelig sein, und spannen gleichzeitig langsam die Sehne. Je mehr Sie spannen, desto freier wird der Ton klingen.

AAP | Folgende Parameter der AAP werden dabei trainiert:

•   eine eutone, partnerorientierte, zielgerichtete, also intentionale Grundeinstellung und Körperspannung

•   die Fähigkeit der fokussierenden Konzentration

•   die ökonomische Kraftentfaltung körperlichen Tuns

---

117   Coblenzer, Horst, und Muhar, Franz: Atem und Stimme. Anleitung zum guten Sprechen. Österreichischer Bundesverlag für Unterricht, Wissenschaft und Kunst. Wien 1976, S.67

- die Kongruenz von situativer Einstellung, Körperbewegung, Atemführung und Stimmleistung
- eine Optimierung der Resonanzräume im Körper für die Klangbildung
- das natürliche Prinzip des Abspannens
- die inspiratorische Gegenspannung

Horst Coblenzer und Franz Muhar:

Im Falle des Bogenspannens mit Ton werden die Einatmungsmuskeln so kräftig aktiviert, dass sie während der Tongebung dem Verströmen von Luft entgegenwirken. Es besteht demnach eine inspiratorische Gegenspannung während der Phonation, also ein Zügeln der Ausatmungskräfte, wodurch der Ton schwingungsfähig bleibt. Es handelt sich hier um eine Balance zwischen den noch tätigen Einatmungsmuskeln und den schon wirksamen Ausatmungsmuskeln. Der Brustkorb bleibt dabei geweitet, die Lunge gedehnt, und Atemluft steht für die Umwandlung in Klangleistung zur Verfügung. Die Summe aller Kräfte, die dem Ausströmen der Luft während der Phonation entgegenwirken, ergibt das Appoggio. Das Empfinden dafür kann gesteigert werden, wenn der Übende mit der gespannten Bogensehne leicht vor- und zurückfedert. Nach Oskar Fitz[118] und Rudolf Schilling[119] fasst man den Gesamteffekt der daran beteiligten Kräfte als „elastische Spannhalte" zusammen. Dieser Begriff erscheint im Rahmen der Phonation weit funktionsgerechter als das Wort „Tonstütze".[120]

Von schlaffer Sehne fliegt kein Pfeil:
Von müder Stimme wird niemand munter.

Herrigel/Coblenzer

---

118   Fitz, Oskar: Schach dem Stottern. Lambertus. Freiburg im Breisgau 1961

119   Schilling, Rudolf: Das kindliche Sprechvermögen – Seine Entwicklung, seine Störung und seine Pflege im Bereiche der Erziehung. Lambertus. Freiburg 1956

120   Coblenzer, Horst, und Muhar, Franz: Atem und Stimme. Anleitung zum guten Sprechen. Österreichischer Bundesverlag für Unterricht, Wissenschaft und Kunst. Wien 1976, S. 67 f

Clara Schlaffhorst und Hedwig Andersen

Die Sängerin Clara Schlaffhorst (1863 – 1945) und die Pianistin Hedwig Andersen (1866 – 1956), beide aus Memel (Ostpreußen), begründeten eine ganzheitliche Atem-, Stimm- und Sprechschulung. Dahinter stand der Leidensdruck von Clara Schlaffhorst, deren eigene Stimme durch eine falsche Stimmtechnik während ihres Gesangsstudiums in Berlin ruiniert worden war. Die Übersetzung des Buches „Die Kunst des Atmens" von Leo Kofler, einem Deutsch-Amerikaner, gemeinsam mit Hedwig Andersen, vom Englischen ins Deutsche, hatte ihr völlig neue Aspekte der Stimmbildung eröffnet.

An der weltweit einzigen Schule Schlaffhorst-Andersen, die es seit 1984 in Bad Nenndorf gibt, unweit von Hannover, also in Deutschland, werden staatlich geprüfte Atem-, Sprech- und Stimmlehrer ausgebildet.

Ein zentraler Inhalt dieser Schule ist der Kreis der Wechselwirkungen, der in den direkten Beziehungen der Teilbereiche Aufrichtung/Haltung, Bewegung, Artikulation, Atmung, Stimme und Stimmung/Psyche zueinander die Notwendigkeit der Behandlung von Einzelstörungen, also beispielsweise innerhalb eines Teilbereichs, stets im Zusammenhang mit dem ganzen System, ergo mit dem ganzen Menschen versinnbildlicht.

Die Wiederentdeckung der Natur im Menschen zur Gewährleistung der inneren Kraft sowie der physischen und psychischen Gesundheit: Das ist das oberste Ziel.

Ich erinnere an das Schlaffhorst-Andersen - Zitat in Coblenzers Dissertation: *Den richtigen Augenblick für den Beginn der Einatmung kennt nur das Blut, ... man kommt sofort an falsche Muskeln und zu falschen Bewegungen, wenn man willkürlich tief einatmet. ... Lassen wir die Stimme in einem etwas verlängerten Laut, wenn auch nur ganz leise, ertönen, so verhindern wir die Erschlaffung des Zwerchfells und zwingen dieses dazu, sich langsam abzuspannen.* (S. 76)

AAP | Dieses Dranbleiben am Zwerchfell bis zum Ende einer Phrase *in einem etwas verlängerten Laut,* der einer Akzentuierung des Auslautes gleichkommt (-b, -m, -t, -n, -l, -s, -k, -ng, -ch, -a ... = Sie<u>b</u>, Hei<u>m</u>, ro<u>t</u>, fei<u>n</u>, Scha<u>l</u>, Kek<u>s</u>, Lo<u>k</u>, jun<u>g</u>, hor<u>ch</u>, O<u>pa</u> ...) ist ein essentielles Erlebnis der AAP.

Horst Coblenzer nennt daher die Schule Schlaffhorst-Andersen die Wiege der AAP. Er und Franz Muhar pilgerten in den 1960er-Jahren zu dieser Schule, die von 1961 bis 1984 auf Schloss Eldingen bei Celle installiert war (etwa 60, 4 km Luftlinie von Hannover entfernt).

Horst Coblenzer und Franz Muhar:

Aus dem Blickwinkel der Atemfunktion muss es ... darauf ankommen, dass während der phonatorischen Exspiration die Inspiration die Balance hält, ja sogar überwiegt. Je mehr dies erreicht wird, umso besser ist der Ton „gestützt". ... Unter dieser Voraussetzung ist nämlich gewährleistet, dass sich mit dem Aufgeben phonatorischer Aktivität die Inspiration, also eine Luftergänzung, von selbst vollzieht. ...

Je vorteilhafter die inspiratorische Spannung ist, umso schneller vollzieht sich die Luftergänzung. Experimentelle Untersuchungen der Verfasser haben gezeigt, dass eine solche Luftergänzung nur 0,2 Sekunden braucht und alle Merkmale eines Reflexes aufweist. Den Vorgang, der die reflektorische Luftergänzung auslöst, nennen wir „das Abspannen". Rhythmischer Wechsel von phonatorischer Aktivität und Abspannen entspricht beim Sprechen und Singen einer Gliederung in einzelne zeitliche Abschnitte oder Phrasen. Hier muss gesagt werden: Abspannen kann nur, wer Spannung hat.[121]

Das Geheimnis ist nicht die Lunge,
sondern das bewegliche Zwerchfell.

Coblenzer/Muhar

---

121   Coblenzer, Horst, und Muhar, Franz: Atem und Stimme. Anleitung zum guten Sprechen. Österreichischer Bundesverlag für Unterricht, Wissenschaft und Kunst, Wien 1976, S. 69 f

Gerda Alexander

Gerda Alexander[122] ist die „Mutter" der Eutonie, einer besonderen Methode der Körperwahrnehmung. In Wuppertal studierte sie rhythmische Erziehung bei Otto Blensdorf[123] und schloss 1929 in Berlin an der Musikhochschule ihr Rhythmikstudium ab. Von der Reformpädagogik beeinflusst, entwickelte sie ihre Methode mit der Intention, dadurch die spontane Eigenbewegung des Menschen zu fördern und so sein Selbstbewusstsein zu stärken – ganz im Sinne des Reformpädagogen Peter Petersen aus Jena, bei welchem sie ein Praktikum ablegte: Der Ausbau der menschlichen Fähigkeit zu Autonomie und Eigenverantwortung sei oberstes Ziel.

Leopold Jessner,[124] der Leiter des Berliner Staatstheaters, wollte Gerda Alexander 1933 als rhythmische Bewegungslehrerin und Regieassistentin an sein Haus engagieren. Durch den Machtantritt der Nationalsozialisten musste aber der Jude Leopold Jessner das Theater verlassen. Und Gerda Alexander emigrierte nach Dänemark: *Eine Pädagogik, die an die Verantwortung des Individuums appelliert, hat keinen Platz in einem Land, in dem ein Führer alle Verantwortung allein übernimmt.*[125] In Kopenhagen gründete sie 1940 eine Ausbildungsschule für Entspannung und Bewegung, die sie bis 1987 leitete.

Eigene Erkrankungen motivierten sie, den therapeutischen Aspekt ihrer Arbeit weiterzuentwickeln. Im Erforschen natürlicher Gesetzmäßigkeiten von Körperfunktionen erkannte sie die Einheit von Körper und Seele und deren Wechselwirkungen mit der Umwelt.

Durch Seminare und Vorträge erhielt ihre somatopsychische Methode, für die sie 1956 die Bezeichnung Eutonie wählte, international große Bekanntheit.

---

122   geb. 1908 in Bremen, gest. 1994 in Barmen
123   geb. 1871 in Linnich, gest. 1947 in Bad Godesberg
124   geb. 1878 in Königsberg, gest. 1945 in Hollywood
125   http://de.wikipedia.org/wiki/Gerda_Alexander (01.06.2011)

Auf dem internationalen Kongress für Entspannung und Bewegung in Kopenhagen stellte sie 1959 ihre Eutonie vor. Hier kam sie auch mit anderen Methoden zusammen. Und deren Gründern:

- Dr. Moshé Feldenkrais[126] war Physiker und Judolehrer. Im Mittelpunkt seiner Methode stehen Bewegungsmuster des Lebensalltags, die durch größere physische Differenziertheit zum Abbau nachteiliger Bewegungsabläufe modifiziert werden sollen, ausgehend von der menschlichen Fähigkeit zur Selbsterziehung (nicht nach gesellschaftlichen Kriterien, sondern nach individuellen Bedürfnissen und Möglichkeiten).
- Rosalia Chladek[127] war Tänzerin, Choreographin und Tanzpädagogin. Zentrales Anliegen ihrer Methode, des Chladek®-Systems, ist die Körperdurchlässigkeit zum Erlangen eines funktionellen und logischen Bewegungsablaufs im Körper beim Tanz.
- Volkmar Glaser,[128] deutscher Arzt, Atem-Forscher, -Therapeut und -Pädagoge, entwickelte als sensomotorisches Modell der Eutonie die Psychotonik, die Lehre von der Wechselwirkung von Psyche und Tonus.

Gelungene Kommunikation ist körperlich angenehm.
Volkmar Glaser

Auch mit Horst Coblenzer kam Gerda Alexander zusammen. Und daraus entwickelte sich eine langjährige fruchtbare Zusammenarbeit.

Gerda Alexander: *Eutonie ist die geführte mittlere Atemspannung zwischen den beiden Extremen von Krampfheit (= Überspannung) und*

---

126   geb. 1904 in Slawuta, Ukraine, gest. 1984 in Tel Aviv, Israel
127   geb. 1905 in Brünn, gest. 1995 in Wien
128   Prof. Dr., 1912 - 1997

Schlaffheit (= Unterspannung).[129]

Diese Wohl-Spannung (griech. eu = gut, tonos = Spannung) kann erreicht werden durch die Vorstellung der Gegenspannung (Verwurzelung = Erde und Aufrichtung = Himmel), durch Pendelbewegungen um die eigene Mitte, durch Balanceübungen jeder Art – auch mit Hilfsmitteln (zum Beispiel einem großen Ball, einem Kreisel, einem Bambusstock, einem Kegel, einer Schwebebank), durch Psychomotorik (zum Beispiel beim Treppensteigen, beim Werfen oder Rollen eines Tennisballs, beim Schreiben, Zeichnen), durch Spannungsaufbau mit Juteriemen als Partnerübung, durch sensorische Körperwahrnehmung beim Liegen (auf einer Schaumgummiunterlage), Sitzen, Stehen, Gehen (auch mit unterschiedlichen Materialien).

Jenny Windels, Sonderschulpädagogin in Gent, Belgien, eine der vielen Schülerinnen von Gerda Alexander: *Eutonie ist ein westlicher Weg zur Erfahrung der körperlich-geistigen Einheit des Menschen. Durch das bewusste Erleben der eigenen Körperlichkeit werden schöpferische Kräfte im Individuum entfaltet, und zugleich wird die soziale Kontaktfähigkeit aktiviert. Vor allem bei der Erziehung von Kindern ist dies von großer Bedeutung.*[130]

AAP | Die sensorische Körper-Geist-Seele - Wahrnehmung, das Besondere der taktilen Rezeption, das kontaktorientierte Training subtilnuancierender Feinmotorik im Erleben der Körperdurchlässigkeit und eines freien Atems: Das sind entscheidende, persönlichkeitsbildende Parameter der AAP.

Horst Coblenzer und Franz Muhar:
Eine schlaffe Haltung hat viele Nachteile für die Phonation. ... Aufrichten

---

129   Vgl.: Alexander, Gerda: Eutonie. Ein Weg der körperlichen Selbsterfahrung. Kösel. München 1976. 8. Aufl. 1992

130   Windels, Jenny: Eutonie mit Kindern. Kösel. München 1984, Cover, Rückseite

heißt ... keinesfalls, aus der Streckung der Wirbelsäule eine krampfhafte Überdehnung zu machen, sondern auch hier wieder die eutone Haltung zu finden. ... Auf diese Weise wird man auch für die Phonation die eutone Einstellung, nämlich den Zustand mittlerer elastischer muskulärer Spannung, zusammen mit geistiger Wachheit, bereit haben. Bei einem derartigen Federungsprinzip der Muskulatur wird dann ein Mehr an Spannung nicht in Krampf ausarten und ein Weniger nicht zu Schlaffheit entgleisen. Die geistige Wachheit hat erhöhte Bereitschaft zum Aufnehmen und Reagieren zur Folge. Im Gespräch gilt das für Inhalt und Ausführung. Wir sprechen von einer geführten Spannung.[131]

Das Leibspüren kommt vor dem Tonhören.

Horst Coblenzer

Ilse Middendorf

Ilse Middendorf,[132] in Gymnastik, Ernährungslehre und Nervenmassage ausgebildet, begann systematisch, ihren Atem zu erforschen, und entwickelte den Erfahrbaren Atem. An der Hochschule für Musik und darstellende Kunst in Berlin erhielt sie eine Professur. Und sie gründete 1965 das Institut für Atemtherapie und -unterricht, das heute von ihrem Sohn, dem Heilpraktiker und Atemtherapeuten des Erfahrbaren Atems Helge Langguth,[133] als Ilse Middendorf Institut für den Erfahrbaren Atem

---

131   Coblenzer, Horst, und Muhar, Franz: Atem und Stimme. Anleitung zum guten Sprechen. Österreichischer Bundesverlag für Unterricht, Wissenschaft und Kunst. Wien 1976, S. 36

132   Prof., geb. 1910 in Frankenberg, gest. 2009 in Berlin

133   geb. 1941

weitergeführt wird. Neben der Berliner Ausbildungsstätte für Atemtherapeuten des Erfahrbaren Atems gibt es seit 1982 eine zweite in Beerfelden (Odenwald), beide Schulen werden seit 1988 von Helge Langguth geleitet. Eine weitere Ausbildungsmöglichkeit besteht in den USA im Institut von Jürg Roffler.[134]

> *Ich lasse den Atem kommen, lasse ihn gehen und warte,*
> *bis er von selbst wiederkommt.*
> **Ilse Middendorf**

Ein wesentlicher Aspekt des Erfahrbaren Atems ist, den Atem zuzulassen und ihn wahrzunehmen, ohne ihn zu verändern, ergo ihn weder willentlich zu führen noch unbewusst laufen zu lassen. Ilse Middendorf sprach von *sammeln, empfinden, atmen,* und ihre Erkenntnis, dass diese Erfahrungen zusammengehören und einander bedingen, bildet das Fundament für den Erfahrbaren Atem.

Sie unterschied zwischen fünf Atemräumen:
1. dem oberen Atemraum (unterer Brustbeinbereich)
2. dem unteren Atemraum (Becken und Beine)
3. dem mittleren Atemraum
   (Zwerchfell: Ort der Gelassenheit und Lebenskraft)
4. dem Außenraum (Kosmos)
5. dem Innenraum (Zentrum)

Durch viel Übung wird der natürliche, individuelle Atemrhythmus wiederentdeckt und ein ausgeglichener Spannungszustand zwischen Körper, Seele und Geist, eine physische, psychische und mentale Wach-

---

134   http://www.transformationundatem.de/kapitel-2-2.htm (04.06.2011)

heit, hergestellt. Somit hat laut Middendorf der Erfahrbare Atem nicht nur eine harmonisierende, sondern auch eine heilende Wirkung.[135]

Das Zeitalter des Wissens geht seinem Ende entgegen –
das Zeitalter der Erfahrung hat begonnen.
Ilse Middendorf

AAP | Den Atem geschehen lassen, ihn nicht willentlich beeinflussen, auch nicht beim Sprechen und Singen, zuwarten, bis der Atem von selbst kommt, und nicht hastig Luft an sich reißen, also nicht bewusst einatmen, schon gar nicht schnappatmen, der Inspiration gleichermaßen wie auch der Intuition vertrauen; Gelassenheit während bewusster Eigen-Wahrnehmung psycho-somatischer und mentaler Vorgänge zulassen – bei völliger Selbstkontrolle über alle Ausdrucksfacetten auf der Basis der Atemmittellage, eine körperlich-seelisch-geistige Präsenz, eine immerwährende Bereitschaftshaltung: Das sind grundlegende Faktoren der AAP.

Horst Coblenzer und Franz Muhar:
Auf dem Boden nehmen wir Rückenlage ein, lassen die Atmung geschehen und achten ... darauf, was sich dabei im Körper abspielt. Wir schauen sozusagen in Gedanken zu, wie sich die Bauchdecke im Verlaufe der Atmung hebt, senkt und ruht, bis sich der Vorgang neuerlich vollzieht. Wiederum wollen wir die Begleitempfindung registrieren ..., jedoch ohne in den Bewegungsablauf einzugreifen. Diese aufmerksame Zuwendung auf den Vorgang bringt eine Sinnesempfindung, aber nur dann, wenn man sie

---

135   Vgl.: Middendorf, Ilse: Der erfahrbare Atem. Eine Atemlehre. Junfermann. Paderborn 1984

„durchlässt".[136] *... Die meisten müssen sie sich erst erarbeiten. Dem heutigen Menschen fällt nämlich das „Machen" weit leichter als das „Lassen". Bei diesem „Lassen" müssen wir klar unterscheiden lernen zwischen einer Passivität mit totalem Abschalten einerseits und einem Geschehenlassen, das man als Empfindung bewusst erlebt, andererseits.*[137] *Viele Menschen haben Schwierigkeiten, wenn man sie auffordert, die Atmung geschehen zu lassen und gleichzeitig die begleitende Körperempfindung mitzuerleben.*[138]

Du musst atmend denken und denkend atmen.

Aus Coblenzers Zitatenschatz

Hilde Langer-Rühl

Die niederländisch-österreichische Pianistin und Atempädagogin Hilde Langer-Rühl[139] studierte am Konservatorium in Osnabrück Komposition und Klavier, daneben nahm sie privaten Klavierunterricht bei Wilhelm Kempff. Und in Hustedt besuchte sie die Atemschule von Clara Schlaffhorst und Hedwig Andersen als Ausbildungsschülerin.

Mit ihrem Mann, dem Literaturwissenschafter Norbert Langer, floh sie 1945 von Berlin in die Steiermark, wo ihre Kinder Cornelius und Dorothea zur Welt kamen. In Bad Aussee wurde sie Klavierlehrerin an der dortigen Volksmusikschule.

1955 erfolgte ihr Ruf an die Wiener Musikakademie. Zunächst unter-

---

136 Schaarschuch, Alice: Lösungs- und Atemtherapie bei Schlafstörungen. Turm. Bietigheim/Baden-Württemberg 1962

137 Fuchs, Marianne: Funktionelle Entspannung. Hippokrates. Stuttgart 1974

138 Coblenzer, Horst, und Muhar, Franz: Atem und Stimme. Anleitung zum guten Sprechen. Österreichischer Bundesverlag für Unterricht, Wissenschaft und Kunst. Wien 1976, S. 26

139 Prof., geb. 1911 in Overijssel, gest. 1990 in Wien

richtete sie hauptsächlich Klavier im Nebenfach und dann – ab 1960 – das Hauptfach Atem- und Stimmkunde. 1974 gründete Hilde Langer-Rühl den Lehrgang Atem-, Stimm- und Bewegungserziehung für Instrumentalisten. Zwar wurde sie 1976 pensioniert, dennoch setzte sie ihre Lehrtätigkeit an der Hochschule für Musik und darstellende Kunst in Wien bis 1987 fort. Daneben und auch noch in ihren letzten Lebensjahren erteilte sie Privatunterricht entweder in ihrem Wiener Domizil, im Schloss Hetzendorf, oder in ihrem Haus in Bad Aussee.[140]

Freilich unterrichtete Hilde Langer-Rühl schwerpunktmäßig Instrumentalisten. Die Effizienz ihrer Atem-, Stimm- und Körperarbeit sprach sich aber derart herum, dass immer mehr Sänger bei ihr anklopften. Darunter ja auch ich, wie in Band 1 nachzulesen ist.

Für ihre streng strukturierte, körperbetonte Pädagogik gab es vielleicht auch sehr persönliche Beweggründe, die sie mir irgendwann einmal schilderte: Als kleines Mädchen sei sie beim Turnen an einer Teppichstange abgestürzt und auf den Hinterkopf gefallen. Ihre Schmerzen seien von der Umwelt ignoriert worden. Erst viele Jahre später – im Erwachsenenalter – hätten in Berlin getätigte Röntgenaufnahmen eine Deformierung des ersten Wirbels offengelegt. Der Prophezeiung, dass der Hals steif werden könne, trotzte sie erfolgreich durch entsprechende Ausgleichsgymnastik.[141]

Die Schule Schlaffhorst-Andersen prägte Hilde Langer-Rühl. Vieles übernahm sie, und sie konstruierte eigene Körperübungen, wobei sie auch etliche aus dem Yoga-Bereich für die Atem- und Stimmpädagogik modifizierte.

Beim musikalischen, stimmlichen und artikulatorischen Gestalten müssten alle Impulse vom Zwerchfell ausgehen. Ein spezielles Augenmerk legte Langer-Rühl dabei auf die Wirbelsäule insbesondere im Lenden-

---

140   Vgl.: Skopal, Sabine: Hilde Langer-Rühl. Leben und Werk. Re Di Roma. Remscheid 2011, S. 16 ff
141   detto, S. 17

und im Nackenbereich, wobei das Training der Zwerchfellschenkel, also jener Muskelstränge, die das Zwerchfell mit der Halterungsmuskulatur der Lendenwirbelsäule verbinden, ihr ein zentrales Anliegen war.

Die Körperhaltung war für Hilde Langer-Rühl immer Ausdruck der Persönlichkeit. So leitete sie von einem flachen Brustkorb oder einem ausgeprägten Hohlkreuz seelische Zustände ab. *Das Röntgenbild des so gestörten Organismus ist zugleich das Spiegelbild der gestörten menschlichen Seele. Die biologische Krankheit ist eine Störung in seiner Harmonie. ... Der Mensch muss annehmen können, auf sich nehmen, was er ist, um dann daraus werden zu können, was er sein soll.*[142]

In ihren Körperübungen forderte sie achtsam koordinierte Atembewegungen ein, wobei ihre besondere Zuwendung der inspiratorischen Gegenspannung galt. Durch die harmonisierende Stärkung des Zwerchfells wollte sie einerseits körperliche und somit auch seelische Verspannungen lösen, andererseits aber auch dadurch die geistig-musikalischen, also durchaus auch analytischen Zugänge zum Werk und die interpretatorischen und artikulatorischen Intonations- und Phrasierungsmöglichkeiten mit dem jeweiligen Musikinstrument oder mit der menschlichen Stimme verfeinern.

Nur im Einklang mit den physischen Kompetenzen und einer natürlichen Atembewegung – also auch einer reflektorischen Luftergänzung – sei höchster künstlerischer Ausdruck möglich.

An der Hochschule für Musik und darstellende Kunst in Wien kam sie natürlich in Kontakt mit Horst Coblenzer und Franz Muhar. So gab sie 1970 zusammen mit diesen beiden Herren ihren ersten Röntgenfilm heraus: „Zwerchfelldynamik beim Atmen, Singen und Musizieren".[143] Und 1980 gemeinsam mit Franz Muhar über die Musikhochschule

---

142   detto, S. 60, 62

143   Langer-Rühl, Hilde, Muhar, Franz, und Coblenzer, Horst: Zwerchfelldynamik beim Atmen, Singen und Musizieren. Bundesstaatliche Hauptstelle für wissenschaftliche Kinematographie. Wien 1970

ihren zweiten Röntgenfilm: „Atemführung und Körperhaltung beim Musizieren."[144]

Bei diesem zweiten Film wirkte übrigens mein Bruder Peter als Sänger mit beziehungsweise als Schüler von Hilde Langer-Rühl beim Ausführen von Körperübungen, von ihr angeleitet. Hilde Langer-Rühl ist als Lehrerin zu sehen. Leider vermittelt sie jedoch, wohl aufgrund der sterilen Situation einer Filmaufzeichnung, nicht jene menschliche Fürsorglichkeit, also jene stets positiv unterstützende Persönlichkeit, die den großen Erfolg ihrer pädagogischen Arbeit ausmachte, sondern bloß ihre strenge Ausstrahlung, die freilich in Kombination mit der zutiefst menschlichen eine höchst strukturierende Wirkung erzielte. Im Film hinterlässt sie nur den Eindruck, steif und streng zu sein, was sie in ihrem tatsächlichen pädagogischen Tun so isoliert nie war.

2011 wäre sie 100 Jahre alt geworden. Dies nahm Sabine Skopal, Lehrbeauftragte am von Langer-Rühl gegründeten Lehrgang Atem-, Stimm- und Bewegungserziehung für Instrumentalisten, zum Anlass, über Leben und Werk von Hilde Langer-Rühl ihre Magisterarbeit zu schreiben, die sie am 16. Mai 2012 an der Musikuniversität Wien als Buch präsentierte.[145]   Zu dieser Buchpräsentation war auch ich als ehemaliger Langer-Rühl-Schüler eingeladen, wobei ich mich nicht nur mit der Autorin austauschen konnte, sondern auch noch einmal kurz mit dem 91-jährigen Franz Muhar.

> Wenn man nicht ansteckend sein kann mit dem
> Unterrichten, dann soll man's lieber aufgeben.
>
> **Aus Coblenzers Zitatenschatz**

---

144   Langer-Rühl, Hilde, und Muhar, Franz: Atemführung und Körperhaltung beim Musizieren. Bundesstaatliche Hauptstelle für wissenschaftliche Kinematographie. Wien 1980

145   Skopal, Sabine: Hilde Langer-Rühl. Leben und Werk. Re Di Roma. Remscheid 2011

NEHMEN SIE DEN ALLTAG ALS ÜBUNG:

Den ganzen Tag über, bei allem, was Sie tun, während jeder
Aktivität, aber auch in Mußezeiten, spüren Sie sich immer
wieder in Ihren Atem hinein. Und notfalls verlangsamen
Sie ihn. Verfolgen Sie Ihre Exspiration, bleiben Sie weich-
elastisch in der Atemumkehr und lassen Sie die Inspiration
einfach nur zu. Wenn es sich günstig ergibt, dann fügen Sie
Ihre Stimme ein – natürlich in der Ausatmungsphase.

Horst Coblenzer im Gespräch
Dinge für die Ewigkeit

Horst Coblenzer sieht seine Aufgabe so: die Seminarstudenten – mittels eines wohlüberlegten und klaren Systems der Atemtechnik – zu richtig sprechenden, locker und unverkrampft spielenden, sich auch psychisch wohlfühlenden Schauspielern zu erziehen. Seine Methode hat ihn weit über den deutschen Sprachraum hinaus bekannt gemacht. Obwohl er sie in seinem Buch in allen theoretischen Aspekten dargelegt hat, ist Coblenzer Praktiker par excellence geblieben, einer, der sein Handwerk von der Pike auf gelernt hat.[146]

Horst Coblenzer am 17. August 2010:

„... Ich kann nur immer wieder sagen: Wer nicht wagt, der nicht gewinnt. ...

Ich war doch der Verrückte, der die Nicoletti in den Schaukelstuhl gesetzt und gesagt hat: ``Susi, wie fühlst du dich?''

``Wunderbar.''

``Merkst du eigentlich was? Du läufst voll mit Luft, wenn ich dich nach rückwärts hole.''

---

146   Nicoletti, Susi, und Mazakarini, Leo: Wege zum Theater – Max Reinhardts Schüler. Orac. Wien 1979, S. 120

Du, das war ja kreativ, wie man heut zu sagen pflegt. Ich hab es nie, weißt du, ... Literatur bleiben lassen. Ich wollte es immer wissen."

Die Film- und Burgtheaterschauspielerin Susi Nicoletti[147] war Kollegin von Horst Coblenzer am Max Reinhardt Seminar.

„Weißt du, ich erinnere mich genau, weil mich das auch interessiert hat ... Dipl. Ing. Prof. Dr. Helmut Detter, Institutsleiter ... Institut für Feinwerktechnik der Technischen Universität Wien. Ihm bin ich auf die Bude gerückt.

Ich habe gesagt: ``Herr Detter, ich brauche ... Erst einmal müssen Sie Kleist lesen: Über das Marionettentheater.´´ ..."

***

Jede Bewegung, sagte er, hätte einen Schwerpunkt; es wäre genug, diesen, in dem Innern der Figur, zu regieren; die Glieder, welche nichts als Pendel wären, folgten, ohne irgend ein Zutun, auf eine mechanische Weise von selbst.

Er setzte hinzu, dass diese Bewegung sehr einfach wäre; dass jedesmal, wenn der Schwerpunkt in einer GRADEN LINIE bewegt wird, die Glieder schon KURVEN beschrieben; und dass oft, auf eine bloß zufällige Weise erschüttert, das Ganze schon in eine Art von rhythmische Bewegung käme, die dem Tanz ähnlich wäre. ...

Da der Maschinist nun schlechthin, vermittelst des Drahtes oder Fadens, keinen andern Punkt in seiner Gewalt hat, als diesen: so sind alle übrigen Glieder, was sie sein sollen, tot, reine Pendel, und folgen dem bloßen Gesetz der Schwere; eine vortreffliche Eigenschaft, die man vergebens bei dem größesten Teil unsrer Tänzer sucht. ...

Zudem, sprach er, haben diese Puppen den Vorteil, dass sie antigrav sind. Von der Trägheit der Materie, dieser dem Tanze entgegenstrebendsten aller Eigenschaften, wissen sie nichts: weil die Kraft, die sie in die Lüfte erhebt, größer ist, als jene, die sie an der Erde fesselt. ... Die Puppen brauchen

---

147   geb. 1918 in München, gest. 2005 in Wien

den Boden nur, wie die Elfen, um ihn zu STREIFEN, und den Schwung der
Glieder, durch die augenblickliche Hemmung neu zu beleben; wir brauchen
ihn, um darauf zu RUHEN, und uns von der Anstrengung des Tanzes zu
erholen: ein Moment, der offenbar selber kein Tanz ist, und mit dem sich
weiter nichts anfangen lässt, als ihn möglichst verschwinden zu machen.[148]

***

„Und Detter hat das gelesen und sagt nun: ``Hör'n Sie mal, der Kleist,
das ist ja genial. Was der da beschreibt, stimmt hundertprozentig bei
Nachprüfung unserer technischen Möglichkeiten heute.''

Mit Detter wurde ich Freund, weil der sagt: Dem muss ich helfen!

Und als wir in der Akademie damals kein Geld hatten, hab ich den
Sittner überredet: Wir müssen den Schaukelstuhl bauen! Und das durften
wir dann auch, kriegte also die hohe Genehmigung. Und dann haben wir
herumgesucht, um einen Radius zu finden, der sechs Atemzüge pro Mi-
nute zulässt – das ist bei einem normalen Menschen der Atemrhythmus
bei Ruheatmung – , wie man also dem Radius nachkommt. Das heißt:
Wir sollten einen Schaukelstuhl bauen, der möglichst lange schwingt.
Kannst dir nicht vorstellen, was es alles war.

Die Susi Nicoletti, um also mein Projekt zu fördern, hab ich in den
Stuhl gesetzt, rückwärts bewegt." Mit beiden Fäusten zeichnete Horst
eine Rückwärtsbewegung in die Luft.

„...``Susi, merkst du, du läufst voll mit Luft.''

``Natürlich.''

Sag ich: ``Natürlich ist das gar nicht. Aber jetzt pass auf.''..." Eine kindliche Freude im Gesicht von Horst.

„Sagt die Nicoletti: ``So, und jetzt hol die Studenten.''

Sag ich: ``Das tu ich sowieso.''

---

148   Kleist, Heinrich von: Über das Marionettentheater. Aufsätze und Anekdoten.
       Insel. Frankfurt am Main 1980, S. 8, 10 ff

Du, ich hab ja Schritt um Schritt um Schritt diese Dinge erkämpft, wo anfangs mir alle gesagt haben: ``Der ist ein Spinner. Aber irgendwas steckt dahinter.''

Ja, und der Schwarz, der also ein ganz normal regierender Seminarleiter war, der hat immer Leute von auswärts eingeladen, so kamen auch Russen auf Besuch ans Reinhardt Seminar, da kam dann 'ne Gegeneinladung, ich war also auch in Moskau. Attraktion war immer der Schaukelstuhl. Wenn vom ORF etwas Attraktives übers Reinhardt Seminar gemeldet wurde: Schaukelstuhl. Ich war immer in Vorhalte."

Helmut Schwarz[149] war Rektor der Hochschule für Musik und darstellende Kunst in Wien von 1977 bis 1984 und von 1988 bis 1992.

„Aber ich war immer der Sturkopf, der wusste, was er wollte, und DER AUF DER LINIE", der Deutsche Horst Coblenzer imitierte dabei mit einer kreisenden Bewegung seines rechten Zeigefingers auf der Tischplatte ein breites Wienerisch mit markantem Meidlinger-L, „weiter gemacht hat. Ja? Obwohl, ich … war immer so … zwischen: Kann man den noch für voll nehmen … ist es noch spinös oder schon brauchbar? So etwa.

Gerhard, Gott sei Dank. Sonst wär ja nichts geworden. Ja?"

Der unter Horst Coblenzers Anleitung konstruierte Schaukelstuhl verstaubt heute irgendwo. Eigens gebaut mit extralangen Kufen, damit im gemächlichen Vor- und Rückwärtsschwingen die entspannende Frequenz der Ruheatmung körperlich wahrgenommen werden kann – zum tiefgreifenden Erspüren der Atemmittellage in Verbindung mit der Phonationsatmung: in der Vorwärtsbewegung sprechen, in der Rückwärtsbewegung den Atem einfließen lassen.

„Ja, ja, ja, ja, ja, leider, leider, leider, leider … Ich will nicht böse reden, aber es wurde alles gelöscht, vernichtet, aus der Wand gerissen, was ich geliefert habe. Ich glaube gar nicht, aus böser Absicht. Sondern eher nicht wissend, was man tut. Ja? Und damit war also fürs Erste mal Funkstille."

Und nach einer kurzen Pause:

---

149   Univ. Prof. Dr., geb. in Wien 1928, gest. ebd. 2009

„Aber das sind ja Dinge – ich meine, ich will nicht großspurig sein - aber das sind Dinge für die Ewigkeit. Die tritt keiner tot. Die tritt man nicht aus wie eine Zigarettenkippe. Ja? …

``Herr Professor, Sie san a Ideolist.''…"

Diese Begegnung mit Horst Coblenzer energetisierte mich wieder einmal in besonderem Maße. Sie löste etwas in mir aus, was ich erst elf Tage später beim überraschenden Zusammentreffen mit Franz Muhar in Salzburg in Worte fassen konnte: Plötzlich war in mir das drängende Bedürfnis entstanden, über die AAP ein Buch zu schreiben.

Es war für mich, als würde sich ein Kreis schließen, ein Lebenskreis – auch im Zusammenhang mit dem schon lange vorher geplanten Treffen mit Horst Coblenzer und dem zufälligen Zusammenkommen mit Franz Muhar am 28. August 2010 während eines internationalen Stimmsymposiums im Orchester-Probensaal (im Schüttgraben) des Salzburger Festspielhauses. Ich hielt vor Medizinern, Logopäden und Stimmbildnern einen Impulsvortrag über die AAP, und Franz Muhar war unter der Zuhörerschaft. Er reagierte auf meinen Vortrag mit großer Bewegtheit, und er vermittelte mir den Eindruck, ich hätte in ihm das ursprüngliche Feuer für die AAP wieder entfacht.

An Horst Coblenzer war ich jahrzehntelang gewachsen. Franz Muhar hatte ich kaum gekannt, wohl vom Namen her, irgendwann in den 1980er-Jahren hatte ich ihn an der Musikhochschule Wien während eines Workshops mit Studierenden gehört. Das war's gewesen.

Und nun stand er vor mir – er hatte sich nach meinen Power-Point-unterstützten Ausführungen spontan von seinem Stuhl erhoben – und verkündete, an seinem Stock gestützt, dem Auditorium zugewandt, mit gut sitzender, tenoraler Stimme, wie sehr ihn meine Präsentation beeindruckt hätte.

„Gerhard, Zufälle gibt es nicht", hatte Horst am 17. August bemerkt.

Nach unserem Gespräch im Döblinger Heurigenlokal wollte es sich Horst nicht nehmen lassen, mich noch bis zur Bushaltestelle zu begleiten. Sein zügig-forscher Schritt neben mir, der mich im Schritthalten forderte, und seine alterslos-klare, sonore Sprechstimme ließ keinen 83-Jährigen vermuten. Seine feste Umarmung zum Abschied hatte wie immer etwas Verbindliches, Väterliches. Und er winkte immer noch, als der Bus bereits losgefahren war. Seine tiefe Herzlichkeit, seine unerschütterliche Kindlichkeit, rührte in mir.

NEHMEN SIE DEN ALLTAG ALS ÜBUNG

Schenken Sie Menschen, die Sie schätzen oder auch lieben, einen kräftigen Händedruck oder eine herzhafte Umarmung. Halten Sie die Zuwendung so lange wie möglich.

Nur der verdient sich Freiheit wie das Leben,
Der täglich sie erobern muss.

Johann Wolfgang von Goethe

Es ist nicht genug, zu wissen,
man muss auch anwenden;
es ist nicht genug, zu wollen,
man muss auch tun.
Johann Wolfgang von Goethe

Übungen zur AAP

Gutes Sprechen ist kein Luxus und nicht nur für Schau-
spieler von Bedeutung. Es ist für jeden Menschen eine
Frage der Gesunderhaltung der Stimmorgane
und der Schlüssel zum zwischenmenschlichen Kontakt.

Horst Coblenzer

Der „antike Tempel" der AAP

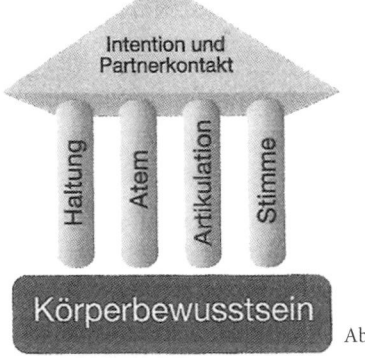

Abb. 5

Im Sinne der für unsere Gegenwartskultur immer noch bedeutsamen antiken Rhetorik lässt sich AAP-orientiertes Kommunizieren wie ein antiker Tempel darstellen, bestehend aus einem Fundament, auf dem vier Säulen aufgestellt sind, die wiederum durch ein Dach zusammengehalten werden.

Das solide Fundament wird durch Ihr KÖRPERBEWUSSTSEIN gebildet. Ihr Körper ist Ihr Musik-Instrument. Und es liegt in Ihrer eigenen Verantwortung, dieses für das Spiel des Lebens bestmöglich zu stimmen. Darauf können Sie die vier Säulen errichten, die in Verbindung mit dem Dach, das ja alles stabilisiert, die lebensnötige Verbindung schaffen zwischen Ihren Eigenarten und den Bedürfnissen Ihrer Mitmenschen.

Jede Säule ist eine tragende, kann also nicht entfernt werden, um nicht das Gesamtgebäude zum Einsturz zu bringen. Jede Säule steht für sich autonom, aber auch in Abhängigkeit von jeder anderen Säule.

Eine Säule ist die HALTUNG, die logischerweise die besonders beziehungsstiftende Körpersprache impliziert.

Die zweite Säule ist die ATMUNG, sowohl die der Ruhe, als auch die der Phonation.

Die dritte Säule ist die ARTIKULATION, die nicht nur sprechtechnisch definiert sein soll.

Und die vierte Säule ist die STIMME, die, resultierend aus der persönlichen Körperresonanz, so einmalig ist wie der Fingerabdruck eines jeden Menschen.

Ohne Dach ist die Stabilität des Hauses nicht gewährleistet. Das Dach ist die INTENTION. Die Absicht, die hinter jeder Kommunikation steht. Das Regulierende des Verstandes. Aber auch das Spontane der Intuition. Die Intensität der Aussage. Und das Zielgerichtete, das Adressierte, die Partner- und Situationsbezogenheit. Der große interpretatorische Spielraum jedes Wortes.

Das Fundament: das Körperbewusstsein

Selbstverständlich gibt es unendlich viele Zugänge zum Erfahren des eigenen Körpers. Etliche habe ich ja bereits angeführt. So die Feldenkrais-Methode. Die Eutonie nach Gerda Alexander. Den Erfahrbaren Atem nach Ilse Middendorf. Bioenergetische Übungen nach Alexander Lowen mit Meditation und Tiefenentspannung, körperbezogener Atem- und Energiearbeit.

Hier nun exemplarisch weitere Möglichkeiten:

- YOGA, tief verwurzelt in der indischen Philosophie, umfasst geistige und körperliche Übungen.

- TAI-CHI (oder chinesisches Schattenboxen) ist ursprünglich eine im Kaiserreich China entwickelte Kampfkunst. In den langsamen und fließenden Bewegungen wird immer häufiger das Prinzip der seelisch-körperlichen Gesundheit und der Persönlichkeitsbildung in den Vordergrund gestellt.

- Auch unter dem chinesischen CHIGONG verstehen wir Kampfkunst-Übungen, aber auch solche der Meditation, Konzentration und Bewegung zur Harmonisierung von Körper, Geist und Seele (Chi = Atem, Energie, Fluidum, Vitalität) und – vor allem seit den 1950er-Jahren – als Teilbereich der chinesischen Medizin.[150]

- In der ALEXANDER-TECHNIK, benannt nach ihrem Begründer Frederick Matthias Alexander,[151] einem australischen Rezitator und Schauspieler, werden physische Übungen mental achtsam begleitet, basierend auf der Überzeugung, dass im menschlichen Organismus körperliche, seelische und geistige Prozesse untrennbar miteinander verbunden sind.[152]

- Bei der PILATES-METHODE nach dem Körpertrainer Joseph Hubert Pilates[153] handelt es sich ebenfalls um ein mental gesteuertes Ganzkörpertraining zur Kräftigung der Muskulatur, insbesondere der Beckenboden-, Bauch- und Rückenmuskulatur.

- Auch bei der PROGRESSIVEN MUSKELENTSPANNUNG nach dem amerikanischen Arzt und Physiologen Edmund Jacobson[154] geht es um die Einheit von Körper und Seele und demzufolge darum, durch Lockerung der Muskulatur einen angenehmen

---

150   Vgl.: http://de.wikipedia.org/wiki/Qigong (23.06.2011)

151   geb. 1869 in Wynyard, Tasmanien, gest. 1955 in London

152   Vgl.: http://de.wikipedia.org/wiki/Frederick_Matthias_Alexander (23.06.2011)

153   geb. 1883 in Mönchengladbach, gest. 1967 in New York

154   Dr., geb. 1888 in Chicago, gest. 1983 ebd.

Entspannungszustand herzustellen, der auch psychische Konsequenzen hat.

- In der FUNKTIONELLEN ENTSPANNUNG (FE), entwickelt von der deutschen Gymnastiklehrerin Marianne Fuchs[155] und weiterentwickelt vom Neurologen und Psychotherapeuten Viktor Freiherr von Weizsäcker,[156] sollen durch ganz spezielle Minimalbewegungen einzelner Gelenke, kombiniert mit bewussten Atemvorgängen, auf der körperlichen Ebene Prozesse ausgelöst werden, die sich ebenfalls auf die Psyche auswirken, die Selbstwahrnehmung verfeinern und innere Blockaden lösen.

- Die LINKLATER-METHODE nach der schottischen Schauspielerin, Stimmbildnerin und Regisseurin Kristin Linklater[157] geht von der ursprünglichen Freiheit und natürlichen Ausdruckskraft der menschlichen Stimme aus und will über gezielte Körperübungen, die Wirbelsäule und die Atemmuskulatur betreffend, aber auch die Resonatoren und Artikulatoren, den unmittelbaren Sprechausdruck stärken.

- Der ganzheitliche Ansatz ist überall erkennbar. So auch bei der dänischen AKZENTMETHODE nach Svend Smith[158] und Kirsten Thyme-Frøkjær, die über klare bewegungsrhythmische Vorgaben Stimme und Artikulation verbessern will.

Eine Auswahl an Körper- und Atemübungen nach Hilde Langer-Rühl
Geprägt und inspiriert von der Schule Schlaffhorst-Andersen, handelt es sich hier großteils um modifizierte Yoga-Übungen, die die direkte Beziehung zur Stimme herstellen sollen.

---

155   geb. 1908 in Bopfingen, gest 2010 in Düsseldorf
156   Dr., geb. 1886 in Stuttgart, gest. 1957 in Heidelberg
157   Prof., geb. 1936 in Orkney
158   Prof., 1907 – 1985

Für alle Übungen gilt grundsätzlich:

- Schenken Sie sich viel Zeit.
- Günstig ist eine Bodenmatte, eine ganz normale Gymnastikmatte. Natürlich geht auch ein Teppichboden. Jedenfalls sollte die Unterlage nicht zu weich sein.
- Viele Übungen hastig durchzuexerzieren, bringt weniger, als sich bewusst auf eine Übung zu konzentrieren.
- Konstantes Training Tag für Tag ist effizienter als gelegentliches, beispielsweise nur an Wochenenden. Auch hier gilt: Besser jeden Tag eine kurze Übung (und die intensiv!), als am Wochenende ein Paket an Übungen (was freilich trotzdem immer noch besser ist, als gar nichts zu tun).
- Es ist effektiver, kurz und intensiv zu üben, als lang und halbherzig-oberflächlich. Qualität steht vor Quantität.
- Wichtig ist, den Atem ruhig und bewegungskoordiniert (von selbst) fließen zu lassen und nach jeder Ausatmung auf den natürlichen Einatmungsimpuls warten zu lernen.
- Blockieren Sie nicht die Inspirationstendenz.
- Die Bewegungen passen sich dem eigenen Atem-Rhythmus an. So bewirken eine sorgsam geführte Inspiration und eine gezügelte Ausatmung sorgsam geführte und gezügelte Bewegungen.
- Trotz der uns vertrauten Formel Tätigkeit = Ausatmung wird bei vielen Übungen paradoxerweise Aktivität mit Inspiration koordiniert. Hier wird die Verbesserung des Inspirationsvermögens angestrebt und der Abbau der gewohnheitsbedingten Schnapp-Atmung (= Brust-Hoch-Atmung) zur Erreichung der inspiratorischen Gegenspannung (= Appoggio). Zudem sensibilisiert die Inspiration die körperliche Eigenwahrnehmung mehr, als die Exspiration, die wiederum im Sinne eines langen, ruhigen Atems von der Inspirationsqualität enorm profitieren kann. Das Ziel ist der natürliche lange Atem.
- Jedes Erspüren ist umsonst gewesen, wenn die Körperübung ab-

rupt beendet wird.

- Gönnen Sie sich nach jeder Übung etwa so lange, wie die Übung gedauert hat, eine Phase des bewussten Nachspürens der angeregten Körperpartien und des angeregten Atems. Das kognitive Drübergehen hilft dem Körper, nachhaltig die Atemerfahrungen zu speichern und somit langfristig zu lernen. Diese Atem-Spürsamkeit wird vom Unterbewusstsein verarbeitet und in Alltagsaktivitäten umgesetzt.

- Wenn Sie sich aus der Rücken- oder Bauchlage wieder aufrichten zum Stand, achten Sie darauf, dass dies nicht mit dem Kopf voran geschieht und mit der damit verbundenen Anspannung im Nackenbereich. Richten Sie spürsam, vom Kreuz ausgehend, die Wirbelsäule auf (nachdem Sie sich aus der Rückenlage zur Seite gedreht haben) und lassen Sie dabei den Nacken locker, erst ganz am Schluss heben Sie den Kopf.

- Bei jeder Übung geht es um die zentrierende Wirkung des Zwerchfellerspürens. Das Zwerchfell trennt den Bauch- und Brustraum und ist ins Skelett eingehängt. Vorne ist es muskulär mit den unteren Rippenbögen der Brust verbunden, hinten über Muskelstränge, die wir Zwerchfellschenkel nennen, mit der Lendenwirbelsäule. Folglich sind Übungen der Wirbelsäulenaufrichtung, der Weitung des Brustraumes und der Kräftigung der Zwerchfellschenkel von besonderer Bedeutung.

- Das Ziel ist die atemrhythmisch angepasste Phonation, die die Voraussetzung dafür schafft, dass Sie Ihr körperlich-seelisch-geistiges Wohlbefinden verbessern, Ihre allgemeine Leistungsfähigkeit steigern und darüber hinaus erreichen, Ihre Zuhörer permanent in Atem halten zu können, weil Sie selbst nie außer Atem kommen.

1. Übung: ✓

Rückenlage: Beide Füße sind aufgestellt, damit ein guter Kontakt zwischen Lendenwirbelsäule und Boden ermöglicht wird. Eine Hand ruht auf dem Bauchnabel. Bei der Inspiration hebt sich die Bauchdecke, bei der Exspiration senkt sie sich. Immer wieder warten Sie darauf, dass sich die Einatmung von selbst einstellt (Ruheatmung).

2. Übung:

Rückenlage: Beide Füße sind aufgestellt. Die Arme sind locker neben dem Oberkörper abgelegt. Mit dem Einatmungsimpuls heben Sie das Becken an, und – getragen von der Inspiration – rollen Sie langsam und bedacht Rückenwirbel für Rückenwirbel ab, bis Sie auf Füßen und Schultern stehen. In der Pause atmen Sie aus, um dann mit der nächsten Inspiration wieder so langsam wie möglich vom Nacken aus Wirbel für Wirbel zurückzurollen. Achten Sie darauf, dass Sie keinen Wirbel überspringen. Erst am Schluss dieser Bewegung, wenn die ganze Wirbelsäule wieder aufliegt, atmen Sie aus.

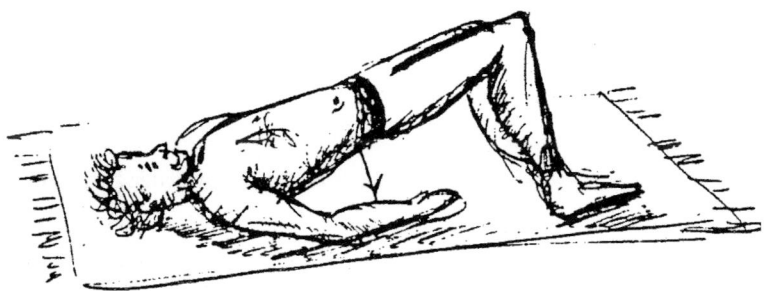

Abb. 6

3. Übung:

Rückenlage: Beide Füße sind aufgestellt. Die Arme sind locker neben dem Oberkörper abgelegt. Stellen Sie sich immer den Nacken samt Kopf als natürliche Verlängerung der Wirbelsäule vor. In Achse drehen Sie also nun gegen den Widerstand des Bodens den Kopf nach rechts; stellen Sie sich dabei vor, dass die Nase führt und der Kopf einfach mitgeht. Bewe-

gung = Inspiration. Pause = Exspiration. Mit dem nächsten Einatmungsimpuls drehen Sie den Kopf in Achse wieder zur Ausgangsposition zurück. Anschließend bewegen Sie den Kopf nach links, und so fort.

4. Übung:

Rückenlage: Füße, Beine und Becken sind hochgehoben („Kerze"), die
Ellenbogengelenke sind auf dem Boden aufgestützt, die Hände halten
das Becken im Bereich der Lendenwirbelsäule. Nun bewegen Sie die Füße
samt langgestreckten Beinen über den Kopf zurück, sodass im Idealfall
am Schluss die Zehen hinter dem Kopf den Boden berühren, was aber
nicht sein muss („Pflug"). Atmen Sie dabei in Ihre Hände.

ACHTUNG: Wenn Sie bei dieser Übung im Halsbereich anspannen
und den Atem anhalten, also einen Atem- und im Kopf einen Blutstau ris-
kieren, dann ist diese Übung schädlich.

5. Übung:

Rückenlage: Beide Füße sind aufgestellt. Die Arme sind locker neben
dem Oberkörper abgelegt. Nun gehen Sie mit Ihren Füßen ganz langsam
weg, abwechselnd linker Fuß, rechter Fuß, Schritt für Schritt, bis am Ende
die Beine langgestreckt sind. Achten Sie darauf, dass der gute Bodenkontakt der Lendenwirbelsäule erhalten bleibt, ohne irgendwo anspannen zu
müssen. Spüren Sie, dass die untere Rückenmuskulatur für Sie arbeitet.

6. Übung:

Rückenlage: Die Knie sind in Richtung Brust gezogen, die Hände umfassen die Kniekehlen, der Kopf ist „rund" angehoben. Wiegen Sie Ihren
Körper behutsam vor und zurück – auf der kleinen Spur der Lendenwirbelsäule.

7. Übung:

Rückenlage: Beide Füße sind aufgestellt. Die Arme sind locker neben
dem Oberkörper abgelegt. Führen Sie inspiratorisch das rechte Knie sehr

langsam zur Brust und anschließend exspiratorisch genauso langsam wieder zurück – mit dem Reibelaut „fff", den Sie exakt in dem Moment lösen, ergo abspannen, wo Sie den rechten Fuß wieder auf dem Boden aufsetzen. Mit der nachfolgenden, sich von selbst einstellenden Inspiration übernimmt das linke Knie die Aktivität.

8. Übung:

Rückenlage: Die Knie sind in Richtung Brust gezogen, die rechte Hand umfasst von oben das rechte Knie, die linke Hand genauso das linke Knie. Kreisen Sie Ihre Knie parallel zueinander. In Richtung Kopf lassen Sie die Inspiration zu, weg vom Kopf atmen Sie mit dem Reibelaut „pff" aus.

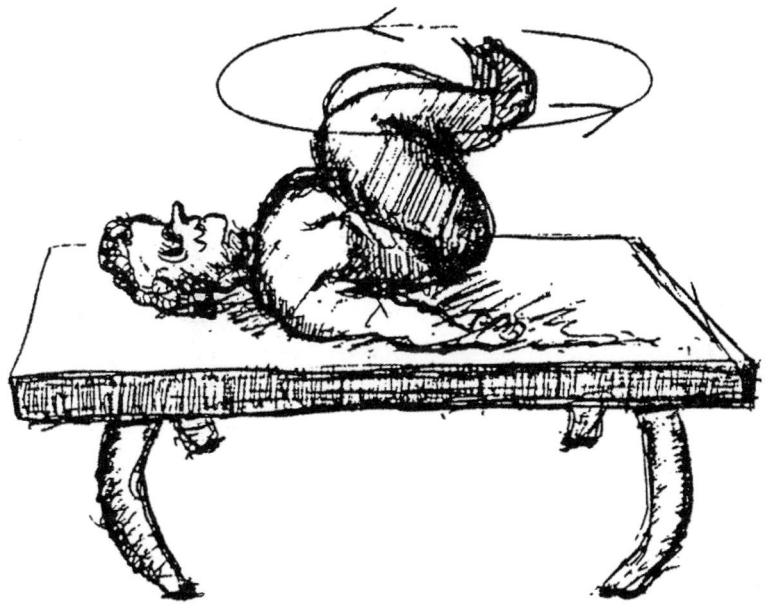

Abb. 7

(Variation)

9. Übung:

Rückenlage: Beide Füße sind aufgestellt. Ober- und Unterarme sind rechtwinkelig zueinander neben dem Kopf auf dem Boden zurückgelegt (Babystellung). Legen Sie den linken Handballen auf die rechte Schulter und führen Sie dann den rechten Unterarm im behutsam-langsamen Tempo inspiratorisch nach vor (dem Heben der Schulter bieten Sie mit der Hand Widerstand), bis die innere Handfläche der rechten Hand auf dem Boden aufliegt. Dann erst atmen Sie wieder aus. (Das rechte Ellenbogengelenk bleibt ständig in Bodenkontakt, Ober- und Unterarm bleiben immer rechtwinkelig zueinander.) Mit der nachfolgenden Inspiration führen Sie den rechten Unterarm wieder zur Ausgangsposition zurück. Anschließend bedienen Sie die linke Körperseite.

10. Übung:

Rückenlage: Die Beine sind Richtung Brust angewinkelt, die Arme locker neben dem Oberkörper abgelegt. Dehnen Sie nun spürsam inspiratorisch die rechte Ferse (dann die linke) zur Decke hin und führen Sie diese anschließend wieder langsam zurück.

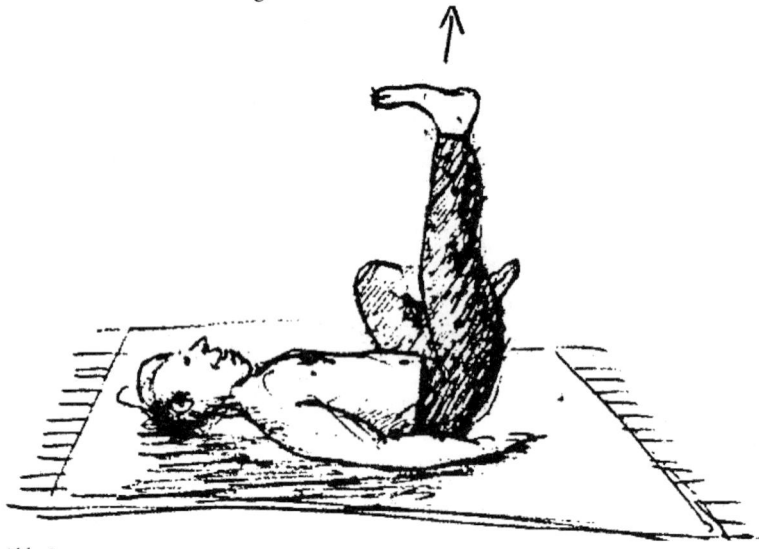

Abb. 8

11. Übung:

Rückenlage: Mit den rechten Fingern sind die rechten Zehen umfasst, mit den linken Fingern die linken Zehen. Die Beine sind nicht durchgestreckt, und der Hinterkopf liegt entspannt auf dem Boden auf. Beim Einsetzen der unwillkürlichen Inspiration strecken Sie die Beine kurz in Richtung Decke und lassen sie bei der Exspiration (zum Beispiel mit „pfff") wieder hinunter.

12. Übung:

Rückenlage: Beide Füße sind aufgestellt. Die Arme sind locker neben dem Oberkörper abgelegt. Das rechte Bein (später das linke) hebt sich mit dem Einatmungsimpuls. Mit diesem Bein schreiben Sie dann in feinen, geführten Bewegungen eine liegende Acht in die Luft, wobei Sie rhythmisch, das heißt: bewegungskoordiniert auf einem stimmlosen „puh" federnd ausatmen und die Achten immer tiefer schreiben, bis das Bein wieder auf dem Boden aufliegt. Das Kreuz bleibt dabei immer liegen.

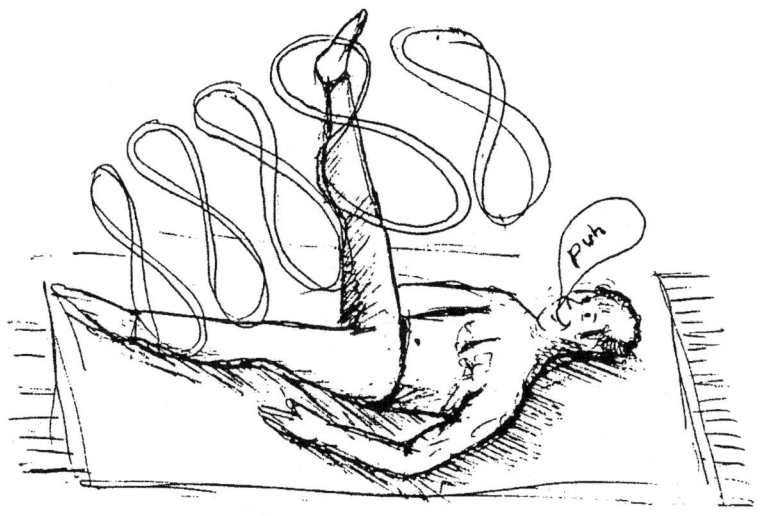

Abb. 9

(Variation)

13. Übung:

Rückenlage: Beine und Arme sind langgestreckt – in entgegengesetzter Richtung. Heben Sie langsam und inspiratorisch den linken Arm (später den rechten) und das rechte Bein (später das linke) zu einem Drittel an (also nicht ganz nach oben), und drehen Sie gleichzeitig den Kopf sorgsam nach links (später rechts).

14. Übung:

Rückenlage: Die Füße sind aufgestellt. Legen Sie das rechte Bein auf den linken Oberschenkel. Mit der rechten Hand umfassen Sie das rechte Knie. Dann heben Sie inspiratorisch das Becken hoch und drücken dabei das Knie nach links. Anschließend wechseln Sie zur anderen Seite.

15. Übung:

Rückenlage: Beide Füße sind aufgestellt. Die Arme sind nach hinten langgestreckt, wobei die äußeren Handflächen den Boden berühren. Diese führen Sie inspiratorisch (die Arme bleiben langgestreckt) auf dem Boden Richtung Hüften, wobei sie natürlicherweise gegengleiche Halbkreise beschreiben (die äußeren Handflächen bleiben in Bodenkontakt). In der Pause atmen Sie wieder aus. Mit der nachfolgenden Inspiration bringen Sie die äußeren Handflächen wieder in die Ausgangsposition.

16. Übung:

Bauchlage: Die rechte Hand umfasst die rechte, die linke Hand die linke Fußfessel. Strecken Sie während der Inspiration die Beine zurück. Der Oberkörper richtet sich damit auf, der Brustkorb weitet sich. Mit einer geführten Ausatmung gehen Sie dann wieder in die Ausgangsposition zurück.

17. Übung:

Bauchlage: Das Kinn ist auf dem Boden aufgestützt. Die Hände sind auf dem Rücken gefaltet. Mit der Inspiration führen Sie zuerst die Schulterblätter zusammen und ziehen dann die Arme nach hinten, sodass Kopf und Oberkörper mitgehen. Mit gezügelter Ausatmung finden Sie wieder zur Ausgangsposition zurück.

18. Übung:

Bauchlage: Das Kinn ist auf dem Boden aufgestützt. Die Arme sind nach vorne ausgestreckt, die Beine nach hinten. Inspiratorisch dehnen Sie sich nun nach vorne bis in die Fingerspitzen und gleichzeitig nach hinten bis in die Zehenspitzen, sodass sich die Arme, die Beine und auch der Oberkörper samt Kopf von selbst heben. Mit geführter Ausatmung lassen Sie sich wieder zurück.

19. Übung:

Bauchlage: Das Kinn ist auf dem Boden aufgestützt. Die Arme sind nach vorne ausgestreckt, die Beine nach hinten. Heben Sie mit der Inspiration gleichzeitig den rechten Arm und das linke Bein (als Variation können Sie zusätzlich dabei den Kopf nach rechts drehen und das linke Ohr auflegen), und mit gezügelter Ausatmung senken Sie sie wieder (beziehungsweise führen fakultativ ergänzend den Kopf zurück in die Kinnlage). Dann wechseln Sie die Diagonale.

20. Übung:

Bauchlage: Die Arme sind seitlich geknickt, das heißt, die Hände sind auf dem Boden aufgestützt. Inspiratorisch richten Sie den Oberkörper auf – mit der Aktivität im Kreuzbereich. In der Pause atmen Sie aus. Mit dem Einatmungsimpuls führen Sie den Oberkörper wieder zum Boden zurück – mit der Aktivität im Brustbereich.

21. Übung:

Fersensitz (das heißt: Gesäß auf den Fersen, Zehen nicht aufgestellt): Kopf und Oberkörper sind aufgerichtet, Arme hängen. Beugen Sie sich inspiratorisch von der Brust aus vornüber, ohne den Kopf aus der

Achse zu nehmen (= Kopf als natürliche Verlängerung der Wirbelsäule). Am Schluss der Inspiration legen Sie die Stirn auf den Boden. Nun erst atmen Sie aus. Mit dem folgenden Einatmungsimpuls nehmen Sie zuerst den Kopf wieder in die Achse und richten sofort darauf vom Kreuz aus den Oberkörper wieder auf und führen ihn zurück, wobei Sie hinten die Hände aufstützen und den Kopf immer noch in Achse halten. In der Pause atmen Sie aus. Wenn sich die Inspiration wieder von selbst einstellt, können Sie den Oberkörper möglichst langsam nach vorne bewegen, bis die Stirn wieder auf dem Boden aufliegt.

Abb. 10

Bei dieser Übung gilt insbesondere: Je langsamer die Inspirationsbewegung, desto effektiver die Atemqualität – einerseits im Hinblick auf

Zwerchfelltiefatmung und langen Atem (nach dem Motto: Was die Inspiration bewerkstelligt, kann auch die Exspiration), andererseits auch in Bezug auf Selbstberuhigung (= konstruktiver Umgang mit Lampenfieber).

22. Übung:

Fersensitz: Die Hände sind vor den Knien auf dem Boden aufgestützt. Mit dem Einatmungsimpuls kommen Sie mit dem Becken hoch und setzen sich nach rechts auf den Boden. Hier atmen Sie aus. Mit der folgenden Inspiration finden Sie wieder mühelos zur Ausgangsposition zurück. In dieser atmen Sie aus und setzen sich anschließend inspiratorisch auf die linke Seite. Die Hände bleiben immer auf dem Boden.

23. Übung:

Tischposition (oder Bankposition: Hände, Knie und Füße auf dem Boden, Zehen aufgestellt, Kreuz nach oben gerichtet, nicht durchhängend): Den Blick nach vorne gewandt, strecken Sie inspiratorisch gleichzeitig den rechten Arm und das linke Bein bis in die Finger- respektive Zehenspitzen (Diagonalzug). Exspiratorisch lösen Sie die Spannung langsam wieder und setzen die Finger- und Fußspitzen mit dem Atmungsschluss (= Abspannen) gleichzeitig auf. Dann wechseln Sie die Diagonalseite.

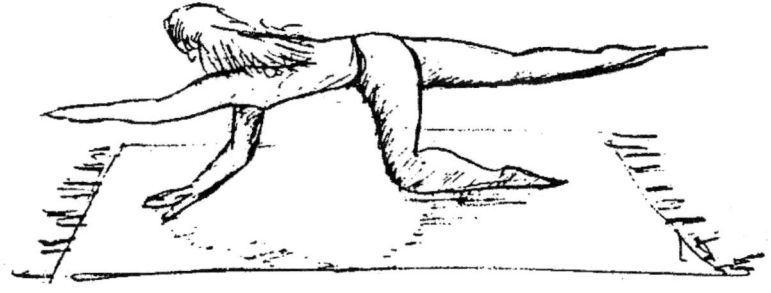

Abb. 11

(Variation Nr. 1)

Variation Nr. 2: Sie heben den rechten (linken) Arm und das rechte (linke) Bein (Gleichgewicht!).

Variation Nr. 3: Nur die Hände und die Füße sind auf dem Boden (also keine Tischposition). Das fordert Sie, wenn Sie den rechten Arm und das linke Bein strecken, noch mehr, das Gleichgewicht zu halten.

Abb. 12

(Variation Nr. 4)

24. Übung:

Tischposition: Stellen Sie sich vor, jemand sitzt auf Ihrer Lendenwirbelsäule. Vielleicht sitzt auch tatsächlich jemand darauf, mit, sagen wir, 85 kg. ACHTUNG: Auf keinen Fall ein Hohlkreuz zulassen! Versuchen Sie, den Reiter abzuwerfen, und phonieren Sie mit diesem Kreuzgefühl ein „hüh". Die Knie und die Füße bleiben dabei auf dem Boden.

Abb. 13

(Variation)

25. Übung:

Tischposition: Mit der Inspiration strecken Sie, den Blick nach vorne gerichtet, die Beine lang und gehen mit den Füßen, während Sie sich ins Kreuz hinein spüren, zu den Händen. Erst in der Pause atmen Sie aus und lockern dabei den angespannten Nacken, indem Sie den Kopf hängen lassen. Wenn sich die Inspiration wieder von selbst einstellt, schauen Sie wieder nach vorne (spannen also bewusst wieder die Nackenmuskulatur an) und wandern mit den Füßen zur Ausgangsposition zurück, indem Sie am Schluss die Knie wieder aufsetzen. Während der Exspiration lockern Sie bewusst die Nackenmuskulatur.

Variation: Sie gehen mit den Händen zu den Füßen.

26. Übung:

Schneidersitz (= Unterschenkel herangezogen, Füße ineinander verschränkt): Der Rücken ist schlaff aufgerichtet, der Kopf hängt. Mit der Inspiration richten Sie Kreuz, Rücken und Kopf von innen her auf.

27. Übung:

Schneidersitz: Der euton aufgerichtete Oberkörper balanciert, kreist, während der Kopf in Achse bleibt. Der Atem fließt organisch mit. Sie können mit dem Oberkörper um die Achse einen Kreis beschreiben, wobei die Brust führt.

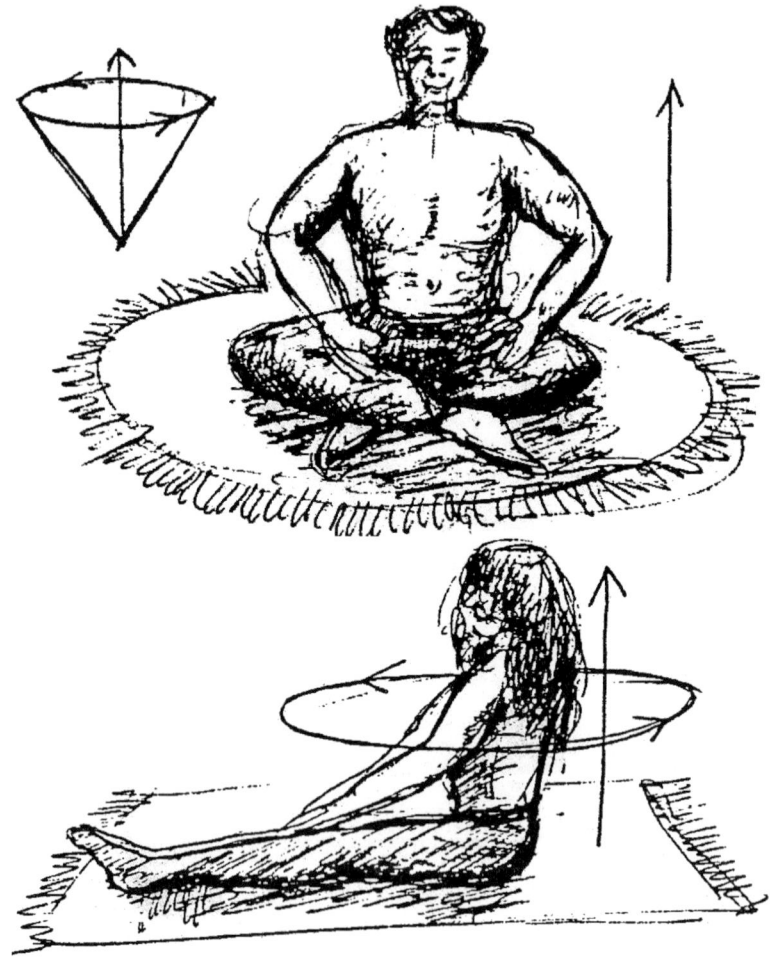

Abb. 14

Variation: Sitzen mit ausgestreckten, leicht gegrätschten Beinen (= Langsitz).

28. Übung:

Langsitz: Mit der rechten Hand umfassen Sie die rechten Zehen. Inspiratorisch strecken Sie das rechte Bein, exspiratorisch lösen Sie es wieder. Das bitte auch auf der anderen Seite.

29. Übung:

Langsitz: Mit der rechten Hand umfassen Sie die rechten Zehen, mit der linken Hand die linken. Sie vollführen nun mit den leicht angewinkelten Beinen in der Luft eine gegengleiche Kreisbewegung, wobei Sie in der Abwärtsbewegung mit einem stimmlosen „ph" federnd ausatmen.

Variation: Sie umfassen nur die rechten Zehen. Und anschließend die linken.

30. Übung:

Langsitz: Der Oberkörper ist euton aufgerichtet, die Arme hängen locker. Mit der Inspiration führen Sie den Oberkörper in Achse Richtung linken Oberschenkel. In der Pause exspirieren Sie und kehren dann wieder inspiratorisch zur Ausgangsposition zurück. Anschließend wenden Sie sich dem rechten Oberschenkel zu.

31. Übung:

Langsitz: Der rechte Fuß überkreuzt das linke, langgestreckte Bein und ist links von diesem Bein aufgestellt. Die rechte Hand ist hinten aufgestützt. Setzen Sie das linke Ellenbogengelenk rechts am aufgestellten Knie an und schauen Sie rechts zurück und hinauf, mit der Inspiration drücken Sie das Knie nach links. Exspiratorisch lösen Sie die Spannung wieder. Dasselbe tun Sie später spiegelverkehrt, wenn der linke Fuß das rechte, langgestreckte Bein überkreuzt.

32. Übung:

Stehen in leichter Grätsche: Ausschließlich die linke Hand soll nun aktiv sein, alles andere relativ passiv. Kreisen Sie die linke Hand inspira-

torisch nach hinten, nach oben und nach vorne bis hin zur rechten Fußspitze, achten Sie dabei darauf, dass der rechte Arm locker hängen bleibt.
Wenn die linken Finger die rechten Zehen berühren, atmen Sie aus. Dabei
bleiben in der Regel der rechte Arm angewinkelt und der Nacken ange-
spannt: Entspannen Sie bewusst den Arm, und lassen Sie den Kopf völlig
hängen.

Das sensibilisiert die grundsätzliche Bereitschaft, dort loszulassen, wo
ökonomischerweise keine Aktivität notwendig ist.

33. Übung:

Stehen in leichter Grätsche: Die Hände sind möglichst nahe vor den
Füßen auf dem Boden aufgestellt. Während Sie nach vorne blicken, gehen
Sie inspiratorisch mit den Händen so weit vor wie möglich, der Körper
ist nun langgestreckt, das Kreuz soll nicht durchhängen. In der Pause lockern Sie exspiratorisch die Nackenmuskulatur, indem Sie den Kopf fallenlassen. Mit der nächsten Inspiration heben Sie den Kopf wieder und
wandern mit den Händen zurück zu den Füßen. Nach der Ausatmung,
bei der Sie den angespannten Nacken wieder gelöst haben, richten Sie,
während der Atem einfließt, langsam die Wirbelsäule auf und ganz am
Schluss auch den Kopf.

34. Übung:

Stehen in leichter Grätsche: Die Arme hängen locker. Mit dem Einatmungsimpuls ziehen Sie die Schulterblätter zusammen, und Sie bewegen
die Hände nach hinten, dann seitlich nach oben (Weitung des Brustraumes) und nach vorne bis vor die Fußspitzen. Nun erst atmen Sie aus,
der Kopf hängt. Mit dem nächsten Einatmungsimpuls richten Sie den
Oberkörper langsam wieder auf (erst am Schluss auch den Kopf) und
lassen dabei die Arme locker hängen.

35. Übung:

Stehen in leichter Grätsche: Die Hände sind am Rücken gefaltet. Mit der Inspiration strecken Sie gleichzeitig die Arme nach oben und legen den Kopf zurück.

36. Übung:

Stehen in leichter Grätsche: Die Arme hängen locker. Inspiratorisch überkreuzen Sie mit dem rechten Fuß den linken. Sie exspirieren in der Pause und kommen inspiratorisch wieder in die Ausgangsposition zurück. Dann überkreuzen Sie mit dem linken Fuß.

37. Übung:

Stehen in leichter Grätsche: Die Hände sind am Rücken gefaltet. Mit der Inspiration ziehen Sie die Schulterblätter zusammen, strecken dabei die Arme nach oben und bewegen den Oberkörper zum rechten (und dann linken) Knie, wobei der Kopf in Achse bleibt. In der Pause atmen Sie aus. Mit der nachfolgenden Inspiration kommen Sie wieder hoch in die Ausgangsposition.

38. Übung:

Stehen in leichter Grätsche: Die Arme sind nach oben gestreckt, die Fingerkuppen berühren einander. Gekoppelt mit einer Rumpfdrehung, bewegen Sie die Hände inspiratorisch nach rechts und exspiratorisch seitlich abwärts und nach vorne. Am Schluss lassen Sie die Arme und den Kopf locker hängen. Mit der folgenden Inspiration geben Sie vor dem Körper die Fingerkuppen wieder zusammen und führen die Hände – wieder rumpfdrehend – nach links, seitlich nach oben, bis Sie schließlich wieder nach vorne schauen. Mit einer geführten Ausatmung breiten Sie langsam über Ihrem Kopf die Arme aus und senken diese.

Die erste Säule: die Haltung

Das humanitäre Ziel:
ein Mensch, der aufrecht und ausgeglichen ist.
Die innere und die äußere Haltung bedingen einander.

Haltungsfehler sind leider schon bei Jugendlichen augenfällig:
- eingeknickter Nacken
- verkrampfte oder erschlaffte Schultergürtelmuskulatur
- verspannter Unterkiefer
- eingesunkener Brustkorb
- Rundrücken
- Hohlkreuz
- durchgedrückte Knie
- zu wenig Körperspannung insgesamt

Haltungsübungen sollen von Unter- und Überspannungen wegführen –
– hin zu Ihrem naturgemäßen Eingespanntsein zwischen den beiden
Polen von Erde (die Schwerkraft zieht Sie hinunter) und Himmel (die natürliche Aufrichtung zieht Sie hinauf),
– hin zu Ihrer körperlich-seelisch-geistigen Mitte: zur eigendynami-
schen Beweglichkeit des Zwerchfells (als Atem- und Emotionsmuskel),
zum Potential der Lendenwirbelsäule (mit den Zwerchfellschenkeln ein
wesentlicher Faktor für die Kraft der Stimme) und zur Wärme des Bau-
ches (Sonnengeflecht = Solarplexus, ein autonomes Geflecht sympathi-
scher und parasympathischer Nervenfasern mit Sitz unter dem Brustbein, das in den ganzen Bauchraum ausstrahlt, das Darmhirn),
– hin schließlich zur Eutonie (nach Gerda Alexander): zu einer Wohl-
Spannung, einer geführten, mittleren Atem-Spannung, einer Atem-Ba-
lance, die weder ein Verkrampfen noch ein Erschlaffen der Muskulatur
zulässt und Ihnen eine Standfestigkeit ermöglicht, bei der Sie niemand
und nichts aus dem Gleichgewicht werfen kann.

Horst Coblenzer und Franz Muhar:

Die Bedeutung der Haltung in Form einer geistig-psychisch-muskulären Einheit für die Qualität der Stimme wurde schon mehrfach hervorgehoben. Daher muss an der Verbesserung dieser Haltung immer wieder gearbeitet werden. Wir verfolgen nicht eine statische Fixiertheit, sondern zielen auf die mehrfach unterstrichene, ausgewogene Haltung ab. Sie lässt sich am leichtesten aus der Bewegung heraus gewinnen. ... Durch Schlaf und Wachsein hindurch werden wir rhythmisch bewegt. Was wir HALTUNG nennen, kann also nur ein Ausgleich der Bewegungen sein, ein BALANCEAKT IM SPIEL DER MUSKELN.[159]

39. Übung:

Präsenz beim Sitzen auf einem Stuhl: Lehnen Sie sich nirgendwo an, und setzen Sie sich auf das vordere Drittel der Sitzfläche. Die Füße stellen Sie möglichst parallel auf dem Boden auf (Ober- und Unterschenkel bilden etwa einen rechten Winkel), und pressen Sie die Knie nicht aneinander. Richten Sie den Oberkörper und den Nacken auf, und heben Sie leicht das Kinn (ohne im Nacken einzuknicken). Ziehen Sie dabei nicht die Schultern hoch, lassen Sie den Brustkorb nicht einfallen, und vermeiden Sie Hohlkreuz und Rundrücken.

40. Übung:

Richten Sie sich im Sitzen auf (dabei passiert Inspiration), und lassen Sie sich wieder zusammenfallen (wobei automatisch Atemluft entweicht). Dieses extreme Hin- und Herschwanken zwischen Über- und Unterspannung ist auf Dauer höchst anstrengend. Daher ist es schlussendlich physiologischer, aufgerichtet zu bleiben.

---

159   Coblenzer, Horst, und Muhar, Franz: Atem und Stimme. Anleitung zum guten Sprechen. Österreichischer Bundesverlag für Unterricht, Wissenschaft und Kunst, Wien 1976, S. 38, 26

41. Übung:

Legen Sie im Sitzen auf dem Stuhl den linken Unterarm überkreu-
zend auf den linken Oberschenkel, den rechten Unterarm auf den rechten
Oberschenkel (Kutscherposition), und lassen Sie dabei den Kopf nach vor
fallen, entspannen Sie also die Nackenmuskulatur. Spüren Sie sich in die
Lendenwirbelsäule hinein, aus der heraus Sie sich wieder aufrichten (ohne
die Kreuzempfindung zu verlieren).

42. Übung:

Umfassen Sie mit beiden Händen Ihre rechte (oder auch linke) Knie-
kehle, heben Sie das (schwere) Bein hoch, und schütteln Sie es ein wenig.
Lassen Sie den Fuß zu Boden plumpsen. Und wechseln Sie dann zum anderen Bein. Spüren Sie die Schwere der Füße. Erden Sie sich.

43. Übung:

Präsenz beim Stehen: Stehen Sie in leichter Grätsche. Richten Sie den
Oberkörper und den Nacken auf, und heben Sie leicht das Kinn (ohne im
Nacken einzuknicken). Ziehen Sie nicht die Schultern hoch. Lassen Sie
den Brustkorb nicht einfallen. Drücken Sie nicht die Knie durch, sondern lockern Sie sie. Vermeiden Sie überhaupt Durchstrecken jeder Art.
Lehnen Sie sich folglich nicht an die Kniekehlen (auch wenn Sie dies gewöhnt sind), sondern an das Kreuz. So wirken Sie möglichen Tendenzen
in Richtung Hohlkreuz oder auch Rundrücken entgegen.

44. Übung:

Eutonisieren: Sie stehen aufrecht in leichter Grätsche (zur Verbesserung der Standfestigkeit empfiehlt sich ein kleiner Ausfallschritt nach
vorne: Fechterposition). Stellen Sie sich vor, Sie schlagen eine Wurzel hinunter in den Boden (als wären Sie ein Baum) und balancieren gleichzeitig auf der Schädeldecke ein Buch (was zur Nackenaufrichtung führt).
Die Knie sind reagibel locker (also nicht durchgedrückt). Der Brustkorb
ist weit (also nicht eingefallen). Das Becken steht gerade (das heißt: nicht

bauch-, sondern rückenorientiert), Sie lassen kein Hohlkreuz zu.

Variation: Sie bitten jemanden, dass er mit seiner inneren Handfläche gegen Ihre rechte oder linke Schulter stößt (nicht schiebt!). Mit den Füßen bleiben Sie dabei standhaft, der Oberkörper gibt aber mit Hilfe der lockeren Knie nach und schwingt wieder in die Ausgangsposition zurück.

45. Übung:

Pendeln: Aufbauend auf der 39. Übung, bewegen Sie sich wie ein stehendes Pendel nach vor und zurück – linear und kreisförmig. In der Vorwärtsbewegung atmen Sie aus, in der Rückwärtsbewegung lassen Sie – ohne muskuläres Dazutun – den Atem einströmen.

46. Übung:

Sinnliches Wahrnehmen: Verbinden Sie Übung 39 und 40 mit dem Aktivieren aller Sinnesorgane: Sie hören eine Uhr, sehen eine Menschengruppe, riechen eine Blumenwiese, schmecken köstliches Obst, ertasten eine kunstvolle Skulptur – und sprechen dazu irgendeinen Text. So erleben Sie eine ganzheitliche Präsenz, die im Alltag selbstverständlich sein sollte.

47. Übung:

Situatives Aufrichten: Sie sitzen auf einem Stuhl. Stehen Sie einmal gymnastisch auf und das andere Mal mit einer bestimmten Vorstellung (beispielsweise mit der Vorstellung der Wiedersehensfreude, da plötzlich ein geliebter Mensch, den Sie jahrelang nicht gesehen haben, vor Ihnen auftaucht). Wechseln Sie das gymnastische und das situative Aufstehen immer wieder ab, und vergleichen Sie die unterschiedliche Körperwahrnehmung: Das situative Aufstehen sollte müheloser vonstattengehen, da es vom Zwerchfell (= von der Emotion) getragen wird.

48. Übung:

Schreiten: Versuchen Sie, auf dem Weg zur Arbeit zu schreiten – mit entsprechend ruhigen Bewegungen und leichten, aristokratischen Verbeugungen. Natürlich können Sie dies auch im geschützten Raum ihrer Wohnung zelebrieren.

49. Übung:
Vortragshaltung: Halten Sie Ihren Vortrag an keinem Pult, an keinem Tisch, an keinem Klavier. Stehen Sie völlig frei, halten Sie sich also nirgendwo fest. Nehmen Sie Kontakt auf mit dem (während der Übung imaginären) Publikum, und halten Sie diesen Kontakt bis zum Schluss.

50. Übung:
Körpersprache: Seien Sie sich all Ihrer Körperbereiche bewusst. Bis in den rechten kleinen Finger oder die linke große Zehe hinein. Üben Sie trotz aller Adressiertheit nach außen unentwegte Selbstkontrolle. Lassen Sie Ihre Hände sprechen (Mut zum Gestus) und Ihre Augen (Mut zur Mimik). Lockern Sie immer wieder Ihren Unterkiefer.

51. Übung:
Sängerhaltung: Stellen Sie sich vor, Sie stehen auf der Bühne einer Staatsoper oder eines großen Konzertsaals und singen eine Opernarie oder ein klassisches Lied. Also keinen Rock- oder Musicalsong. Selbstverständlich ohne Mikrophon. Spüren Sie die Verbindung der äußeren mit der inneren Weite, völlig unabhängig davon, ob Ihnen dieses Musikgenre gefällt oder nicht. Sie werden an Souveränität beim Referieren gewinnen.

52. Übung:
Bewegen Sie ruhig und fließend vor Ihnen Ihre Hände und somit auch Arme (in Kreisen, Spiralen, liegenden Achtern, geschwungenen Linien …), und verfolgen Sie mit Ihrem Blick die Fingerspitzen (durch die leichte Kopfdrehung entspannt sich auch die Nackenmuskulatur).

53. Übung:

Verbeugen Sie sich mit langsamer, großer, theatralischer Gebärdung, und bewegen Sie sich dabei aus dem Kreuz.

Die zweite Säule: die Atmung

Das humanitäre Ziel:
ein Mensch, der bewegt, flexibel, gelassen und gelöst ist und in Atem hält. Den Atem sich selbst überlassen, ist Vertrauenssache.

Diese Säule ist für die AAP so essentiell, dass ich mich mit ihr besonders eingehend befassen möchte. Zur Phonationsatmung gibt es unterschiedliche Interpretationsansätze. Im Sinne von Coblenzer/Muhar beobachten wir ausschließlich die Atemfunktion aller Säugetiere, Säuglinge und instinktsicher gebliebenen Menschen.

Leider sind Atemfehler durchaus salonfähig. Sie werden uns schonungslos vorgelebt, auch im Rundfunk und im Fernsehen:
- Brust-Hochatmung = Schnappatmung
  (hörbares Luftholen vor der Phonation)
- Kurzatmigkeit
- zu viel in einem Atem sprechen
- den Atem anhalten während der Pausen
- unkontrolliertes Atemverhalten
- keine rhythmische Atemdynamik

Es geht darum, die eigene Atemkapazität und vor allem den persönlichen Atemrhythmus zu erfahren, um auf den Atem – und nicht gegen den Atem! – sprechen und singen zu lernen: Das Ziel ist die atemrhythmisch angepasste Phonation.

Das Zwerchfell (= Diaphragma) als Hauptatemmuskel ist eine breite, kuppelförmige Muskelfläche, die am Schwertfortsatz des Brustbeins, an den unteren Rippenbögen und an der Lendenwirbelsäule durch Sehnenstränge (= Zwerchfellschenkel) befestigt ist und den Bauch- vom Brustraum trennt. Oberhalb der Zwerchfellkuppe liegt das Herz, das bei natürlich intensiver Zwerchfellatmung massiert und gestärkt wird. Unterhalb der sehnigen Zwerchfellplatte sind die Leber, die Milz und der Magen mit dem Magen-Darm-Trakt eingelagert.

Bei der Inspiration flacht sich das Zwerchfell nach unten ab und schafft Platz der sich ausdehnenden Lunge, die den größten Teil des Brustraumes ausmacht.

Ein voller Magen nach reichlicher Mahlzeit behindert die Abwärtsbewegung des Zwerchfells und somit jede ökonomische Phonation – und fördert eine Hohlkreuztendenz.

Die durch die Luftröhre einströmende Luft wird vom schwammartigen Lungengewebe aufgesaugt. In den unzähligen Lungenbläschen = Alveolen (etwa 70 bis 75 Millionen an der Zahl) geschieht der lebensnotwendige Gasaustausch: Der eingeatmete Sauerstoff wird an das Blut weitergeleitet, und an die Ausatmungsluft wird Kohlendioxid als Stoffwechselendprodukt abgegeben. Bei der Exspiration wölbt sich das Zwerchfell in die Ausgangslage nach oben zurück.

Wenn uns etwas bewegt, dann geschieht dies durch das Zwerchfell: Hier entsteht spontanes Lachen, von hier aus steigen Tränen in die Augen. Das Zwerchfell schaukelt Gefühle als Emotionen hoch (emovere = herausbewegen). Wie bereits erwähnt, bei den antiken Griechen galt das Zwerchfell als Sitz der Seele. Tote haben ihre Seele ausgehaucht, das Zwerchfell ist hochgestellt.

Erwähnenswert ist, dass die Speiseröhre, die muskulär mit der Luftröhre und somit auch mit dem Kehlkopf verbunden ist, durch das Zwerchfell in den Magen führt, sodass mit dem Senken des Zwerchfells bei der Inspiration gleichzeitig die Speiseröhre, die Luftröhre und eben auch der Kehlkopf abwärts gezogen werden. Dabei öffnet sich auch die Stimmritze

Gerhard Doss

(= Glottis). Die Luft findet also beim gesunden Organismus ein weit geöffnetes Einlassventil, und die reflektorische Einatmung geschieht demnach geräuschlos. Wenn nun bei diesem Vorgang die Stimmbänder weniger auseinanderweichen, ergo die Stimmritze weniger geöffnet ist, dann erfolgt die Einatmung geräuschvoll und folglich unphysiologisch, weil mit einer gestörten Eigendynamik des Zwerchfells.

Übrigens führt ein Zusammenkneifen der Gesäßbacken auch zu einem Zusammenpressen der Stimmritze respektive das Öffnen der Glottis zur Weitung des Afterschließmuskels. Diese Durchlässigkeit des Körpers eröffnet auch im Zusammenhang mit dem relativ jungen Wissen um die Existenz eines zweiten Hirns einladende Denkoptionen. Interessant, dass mir dabei augenblicklich das berühmte „Götz-Zitat" in den Sinn kommt (vgl. S. 234).

Im Zwerchfell atmet die Stimme: Das Zwerchfell als großer, belastbarer Atemmuskel entlastet somit die kleine, knorpelig-filigrane Kehlkopfmuskulatur.

Unsere Atmung wird vom zentralen beziehungsweise vegetativen Nervensystem gesteuert und passiert darum reflektorisch. Wir atmen nicht. Es atmet uns. Sonst wären wir nach jedem Schlaf tot. Aber wir können eben auch unsere Atmung zentral beeinflussen.

Durch die unselige Kognitivforderung, vor dem Sprechen, Singen und Musizieren tief Luft zu holen, gewöhnen wir uns an eine Fehlatmung, die häufig einer Brust-Hochatmung entspricht.

Noch immer wird uns im Schulunterricht suggeriert, grammatikalisch-syntaktisch zu sprechen, also nach Punkt und Komma. Da ist die Rede vom Zum-Punkt-hin-Sprechen und vom Schlusstonfall: Stimme senken. Punkt.

Erst kürzlich las ich in einem Frauenmagazin:

Gerade wir Frauen neigen dazu, am Satzende mit der Stimme nach oben zu gehen. Mit unserer Stimme setzen wir damit keinen Punkt, sondern ein Fragezeichen. Dumm gelaufen, so machen wir unbewusst aus jeder Aussage eine Frage.

Fragt sich nur: Wen wollen wir damit überzeugen? Niemanden. Daher: den Punkt am Ende des Satzes bildlich vorstellen und bewusst mit der Stimme nach unten gehen.

Auch: Wer jeden Satz wie eine Frage ausspricht, hat keine Gelegenheit, Luft zu holen, geschweige denn zu überlegen, was er eigentlich sagen möchte. So hetzen wir von einem Satz zum nächsten. Darum: nach jedem dritten Satz bewusst eine kurze Pause machen.[160]

Da wird einiges vermischt. Ich komme darauf zurück.

Jedenfalls läuft der sprachliche Motor beim Schreiben und beim Sprechen unterschiedlich. Schreiben ist eindeutig kognitiver, erfordert ein höheres grammatikalisches Bewusstsein für syntaktische Zusammenhänge. Sprechen hingegen passiert (hoffentlich) viel intuitiver, affektiver, situativer, spontaner, dialogischer, kommunikativer.

Freilich dürfen wir nie vergessen, wie wir alle unsere eigene Sprache gelernt haben. Kein Kind eignet sich die Sprache grammatikalisch an, sondern ausschließlich imitatorisch, intuitiv, affektiv, situativ, spontan, dialogisch, kommunikativ. Äußerst lustbetont. Äußerst offen. Äußerst neugierig.

Die Kenntnisse der Grammatik kommen später dazu. Sie sollen der kognitiven Orientierung und der nachhaltigen Vertiefung des intellektuell-sprachlichen Bewusstseins dienen. Auf keinen Fall aber sollten sie das kreative Potential der emotional gesteuerten Sprechleistung überlagern.

Doch gerade das passiert leider sehr häufig und hat fatale Folgen:

* Die verbale Kommunikation verliert an Lebendigkeit.
  Sie geschieht vordergründig formenbewusst. In der schlimmsten Konsequenz gibt es keine befriedigende zwischenmenschliche Beziehung.

---

160   Schön, Friederike: Jetzt rede ich! In: petra. Deutsches Frauenmagazin. Jahreszeiten. Hamburg Juli 2011, S. 116

- Der natürliche Atemrhythmus verkommt zu einer künstlichen, organisch anstrengenden und folglich belastenden Ersatzhandlung.
- Der natürliche Körper-Klang der emotionalen Stimme verliert sich in einer mehr oder weniger pathologischen, weil kehlkopflastigen Intellektuellenstimme. Die dabei auftretenden krank machenden Stimmphänomene des Knödelns, Schnarrens oder Lüftelns im alltäglichen Sprechgebrauch sind in unserer Gesellschaft so selbstverständlich, dass wir sie subjektiv als natürlich und normal empfinden und nicht – obwohl objektiv messbar – als unnatürlich und anormal und vor allem ungesund.

Das ist durchaus mit dem Musizieren vergleichbar. Musiktheoretisches Grundwissen ist für die elementare und weiterführende Orientierung, für das analytische Bewusstsein und auch für die verschiedenen Musiziertechniken notwendig. Sozusagen für die Professionalisierung der Musizierpraxis. Sobald wir aber wirklich musizieren, spüren wir nur mehr die intuitive Energie der Emotionen, die Musiktheorie ist quasi nur noch im Hinterkopf.

In einem Lehrbuch für Deutsch auf der 5. Schulstufe (also für Zehnjährige) sind unter dem Kapitel *Vortragstraining* folgende Übungsanleitungen zu erfahren (für mich eine kommunikative Katastrophe):

Bei Erzählsätzen setzt die Stimme unten an, schwingt sich im Verlauf des Satzes in die Höhe und fällt am Ende wieder in den Ausgangston zurück. Dann folgt eine kurze Pause.

NATALIE IST EIN FRANZÖSISCHER NAME.

Wer diesen Schlusstonfall und die Kunst der Pause beherrscht, der ist gut verständlich, dem hört man gerne zu. ...

NEULICH PASSIERTE AUF DER KREUZUNG FOLGEN-DES.

In diesem Satz liegt der Betonungsschwerpunkt auf dem letzten Wort. Die Stimme muss sich bis zu diesem Wort ständig steigern. Die letzte Silbe des Wortes fällt dann plötzlich ab. Auf ihr vollzieht sich der Schlusstonfall.

...

WENN MAN DEN SPECK FRESSEN WILL, KLAPPS!, FÄLLT DER ZIEGEL UM UND SCHLÄGT DEN NÄSCHER TOT.

Der Text enthält viele Beistriche. Diese müssen hörbar werden durch den Stauton.

Die Stimme steigt bis zum Beistrich und staut sich beim letzten Wort in der Höhe. Sie setzt neu an, staut sich beim nächsten Beistrich wieder in der Höhe, setzt wieder an und staut sich nochmals vor dem UND. Erst jetzt fällt sie beim Sprechen zurück zum Ausgangston (Schlusstonfall).[161]

Wer so spricht, hat ein massives Beziehungsproblem! Wir kennen die grammatikalische Unterscheidung in Aussage-, Frage-, Ausrufe- und Befehlssätze. Und vielleicht wissen wir noch vom Schulunterricht her, dass sich diese Sätze graphisch, also in Satzfiguren, darstellen lassen.

Beim Aussagesatz beschreibt die Satzfigur einen Bogen, der sich hinauf und am Ende wieder hinunter schwingt und auf derselben Ebene, wo der Bogen angesetzt worden ist, mit einem Punkt endet. Die Satzfigur des Aussagesatzes gleicht interessanterweise der Graphik eines musikalischen Phrasierungsbogens.

Beim Fragesatz wird die Satzfigur von unten hinauf geführt und bleibt oben – mit dem Abschluss eines Fragezeichens.

Beim Ausrufe- und Befehlssatz verhält es sich ebenso – mit dem Abschluss eines Rufzeichens.

Das bedeutet: Das finale Stimmsenken beim Aussagesatz und das finale Stimmheben beim Frage-, Ausrufe- und Befehlssatz entsprechen grammatikalischen Forderungen.

Vor allem beim sprachlichen Umgang mit Aussagesätzen – also Sätzen mit AUSSAGE – scheint es einen eklatanten Widerspruch zu geben zwischen der Theorie der Grammatik und der Praxis der Interaktion. Kom-

---

161 Söllinger, Peter, Söllinger-Letzbor, Rotraud, Konecny, Silvia, und Mateja, Alfred: Erlebte Sprache 1. Hölder-Pichler-Tempsky. Wien/Graz 1985, S. 7, 9, 15

Gerhard Doss

munikative und adäquat atemphysiologische Naturgesetze scheinen mit den sprachwissenschaftlichen Lehrsätzen nicht unbedingt kompatibel zu sein. Satzzeichen wie Punkt und Komma und damit verbundene Melodievorstellungen sind keine Orientierungshilfen für sinnhaftes, partnerorientiertes Sprechen.

Wenn wir uns Mitmenschen gegenüber mit großem Mitteilungsbedürfnis äußern, wenn uns das, was wir zu sagen haben (oder auch zu singen oder zu musizieren), persönlich wichtig ist, wenn wir kognitiv und emotional hinter dem stehen, was wir mitteilsam von uns geben, wenn wir beim Sprechen (Singen, Musizieren) dialogisch eingestellt sind, wenn wir als Sender aufgrund unserer kommunikativen Bedürfnisse und Fähigkeiten am Echo der Empfänger interessiert sind, öffnen wir uns durchgehend. Im wahrsten Sinn des Wortes. Die Spannung der Stimme bleibt oben (jedes Absenken – zum Beispiel beim erwähnten Schlusstonfall vor dem Punkt – führt zum Kontaktverlust. Und zu Stimmproblemen, weil eine eingeschränkte Zwerchfelldynamik kompensationsbedingt den Atemdruck auf die Stimmbänder verstärkt).

Verhalten wir uns also kommunikativ, so geben wir her. Unser Mund schließt sich dabei nicht wirklich, nur manchmal kurz und vorübergehend aus artikulatorischen Gründen. Nicht nur beim Phonieren (= Exspirieren) ist der Mund geöffnet, sondern auch in den Phonationspausen, zumindest so, dass die Lippen nicht zusammengepresst sind. Aufgrund unserer Echoorientiertheit sind wir in einer ständigen Inspirationsspannung. Wir nehmen auf, während wir abgeben.

Sie erinnern sich: Horst Coblenzer nennt dieses Phänomen inspiratorische Gegenspannung. Das bedeutet: Der Mund verschließt sich nie, weil aufgrund unserer dialogischen Offenheit Aus- und Einatmung einander immer die Waage halten. Entgegen einer durchaus gängigen Meinung, dass die ideale Phonationsatmung ausschließlich eine Nasenatmung sei, muss hier festgehalten werden, dass die physiologisch natürliche Sprech- und Singatmung nur eine kombinierte Mund- und Nasenatmung sein kann.

Kommunikation funktioniert nicht auf einer Einbahnstraße. Gutes Kommunizieren passiert auf vielen völlig unterschiedlichen Wegen, Pfaden, Straßen – geraden, kurvigen, steilen, ebenen, breiten, schmalen, wobei sich Richtungen völlig überraschend ändern können. Gute Kommunikation ist höchst lebendig, nie festgefahren.

> Es gibt nur orthographische Punkte, aber keine Erlebnispunkte.
> **Horst Coblenzer**

Probieren wir gemeinsam einen kleinen Test (54. Übung):

Sie wollen einer interessierten Zuhörerschaft eine spannende Geschichte erzählen und verwenden dabei folgende Sätze – in drei Durchgängen:

„Wir hatten ausgezeichnet geschlafen. Nach einem etwas spartanischen Frühstück schwangen wir uns auf die Fahrräder, und wir setzten unsere Tour fort. Es war ziemlich schwül. Schon am Morgen. Der Radweg war asphaltiert. Wir kamen rasch voran. Doch dann passierte etwas Ungeheuerliches."

Bis auf den zweiten Satz, der aus einer Hauptsatzreihe besteht (mit „und" verbunden), sind durchwegs kurze Aussagesätze aneinandergereiht.

1. Stellen Sie sich nun die interessierte Zuhörerschaft vor, und sprechen Sie den Text, indem Sie jeden Satz (auch vor dem „und") mit einem Schlusstonfall (also mit einer Zäsur) beenden:

„Wir hatten ausgezeichnet geschlafen.↓ Nach einem etwas spartanischen Frühstück schwangen wir uns auf die Fahrräder↓, und wir setzten unsere Tour fort. ↓   Es war ziemlich schwül.↓ Schon am Morgen.↓   Der Radweg war asphaltiert.↓ Wir kamen rasch voran.↓ Doch dann passierte etwas Ungeheuerliches."↓

Wie fühlen Sie sich dabei? Wie ist Ihre Körperwahrnehmung – auch in Bezug auf Ihre Atmung?

2. Rezitieren Sie diesen Text noch einmal. Diesmal mit lauter Fragesätzen und der Interjektion „oder":

„Wir hatten ausgezeichnet geschlafen, oder?↑ Nach einem etwas spartanischen Frühstück schwangen wir uns auf die Fahrräder, oder?↑, und wir setzten unsere Tour fort, oder?↑ Es war ziemlich schwül, oder?↑ Schon am Morgen, oder?↑ Der Radweg war asphaltiert, oder?↑ Wir kamen rasch voran, oder?↑ Doch dann passierte etwas Ungeheuerliches, oder?↑"

Wie empfinden Sie nun Ihre Begleitwahrnehmung? Ist die Atemqualität gleich geblieben?

3. Wenn Sie jetzt noch einmal den Text gestalten, behalten Sie die durchgängige Frageintention bei, lassen aber sowohl die Interjektion „oder" als auch das Fragezeichen weg und gönnen sich dafür eine längere Pause:

„Wir hatten ausgezeichnet geschlafen ↗   Nach einem etwas spartanischen Frühstück schwangen wir uns auf die Fahrräder ↗ und wir setzten unsere Tour fort ↗ Es war ziemlich schwül ↗   Schon am Morgen↗ Der Radweg war asphaltiert ↗ Wir kamen rasch voran ↗ Doch dann passierte etwas Ungeheuerliches ↗"

Im ersten Durchgang waren Sie unkommunikativ, da Sie mit jeder

Zäsur den Kontakt zur Zuhörerschaft unterbrachen. Dies wirkte sich auch nachteilig auf die Atmung aus, da sie ständig abgeblockt wurde.

Wenn wir Fragen stellen, sind wir in Erwartung möglicher Antworten offen. So verhielten Sie sich im zweiten Durchgang eindeutig kommunikativer, was auch Ihre Atmung günstig beeinflusste, weil durch die mit der Frageeinstellung gekoppelte Echo-Orientiertheit die Inspirationstendenz erhöht war. Aber natürlich haben Sie recht: Permanent jede getätigte Aussage in Frage zu stellen, macht nicht wirklich Sinn. Es macht aber Sinn, bei aller Überzeugung einer klar gesetzten Meinungsäußerung sich darum zu bemühen, die Frageintention beizubehalten. Indem wir uns permanent hinterfragen (bei aller Klarheit der Aussage), signalisieren wir geistige Beweglichkeit und wirken sympathisch, auf keinen Fall unsicher und wankelmütig.

Kommunikation geht – wie wir wissen – in viele Richtungen. Und ein wesentliches Qualitätskriterium stellt eine umfassende Dialogfähigkeit dar. Das ist auch das Prinzip der Dialektik: Jede These fordert eine Antithese. Aber auch die Synthese ist hinterfragbar. Unser ganzes Leben ist hinterfragbar. Wenn wir unsere eigenen Meinungen nach außen hin zementieren, wenn wir nicht mehr bereit sind, Meinungen anderer, die sich zu unseren völlig konträr verhalten, dialektisch zu verarbeiten, dann haben wir unsere Dialogfähigkeit eingebüßt: Wir verhalten uns nicht mehr kommunikativ.

Wo wir fragen, zeigen wir keine Schwäche. Im Gegenteil: Wir zeigen Interesse und Offenheit. Und wir sorgen für eine dialogische Spannung. Wenn die Stimme in Schwebe bleibt, bleibt auch die Spannung in Schwebe. Unsere inspiratorische Gegenspannung harmonisiert unsere eigene Atemdynamik und hält auch alle anderen in Atem.

So haben Sie im dritten Durchgang folgende Kriterien erfüllt:

- Sie haben die Geschichte wirklich spannend erzählt. Das heißt: Sie haben die Spannung, die alle Sinnteile miteinander verbindet, nie unterbrochen.

- Durch Ihre Bereitschaft, fragend offen zu bleiben, und die damit einhergehende Inspirationstendenz hat sich Ihr Atem ganz von selbst organisiert, indem er sich Ihrer Phonation rhythmisch angepasst hat, sozusagen reflexartig.

- Die dadurch entstandenen Pausen haben, weil sie ja immer inspiratorisch gefüllt gewesen sind, die durchgängige Spannung nie unterbrochen (was sofort passiert wäre, hätten Sie den Atem angehalten).

Wie absurd ist daher die bereits zitierte Aussage: *Wer jeden Satz wie eine Frage ausspricht, hat keine Gelegenheit, Luft zu holen, geschweige denn zu überlegen, was er eigentlich sagen möchte. So hetzen wir von einem Satz zum nächsten. Darum: nach jedem dritten Satz bewusst eine kurze Pause machen.*

Auch die Wiener Sprechtrainerin Ingrid Amon hatte 2003 in ihrem Buch „Macht der Stimme" geschrieben: *Gute Sprecher machen das Ende eines Gedankens für den Zuhörer deutlich hörbar. Sie setzen so viele Punkte wie möglich. ... Punkt setzen ist Wertschätzung. Sie geben dem Zuhörer Zeit, das Gesprochene auf sich wirken zu lassen und zu verarbeiten. Sie selbst haben außerdem eine Verschnaufpause.*[162]

Ingrid Amon hatte es eben auch so gelernt. Ich rechne es ihr sehr hoch an, dass sie durch den Besuch von AAP-Seminaren in der Schweiz diesbezüglich bei sich eine Korrektur ansetzte und obige Textpassage bei den folgenden Auflagen ihres sehr erfolgreichen Buches „Macht der Stimme" völlig herausnahm.

Die grundsätzliche Frageintention bei jeder Aussage signalisiert also nach außen hin Offenheit und somit Respekt gegenüber der Befindlichkeit des Gegenübers. Damit sorgen Sie für eine Beziehungsebene, die in jeder Gesprächssituation selbstverständlich sein sollte. Und so ganz ne-

---

162   Amon, Ingrid: Die Macht der Stimme. Persönlichkeit durch Klang, Volumen und Dynamik. Ueberreuter. Frankfurt/Wien 2003, S. 105 f

benbei und eigentlich unbewusst organisieren Sie Ihre Atmung, worauf ich etwas später noch genauer eingehen möchte.

Neben der ständigen Bereitschaft, beim Sprechen, Singen, Musizieren dialogisch offen zu bleiben, erhöht sich im eutonen Sinne die Körperspannung auch dadurch, dass Sie die verbalisierten Texte visualisieren: Sie sehen, was Sie sagen. Noch mehr: Sie hören, riechen, schmecken, tasten. Sie sprechen, singen, musizieren mit all Ihren Sinnesorganen, erzeugen Bilder und Vorstellungen jeder Art in sich selbst und projizieren sie so auf die Zuhörer, Gesprächspartner, Mitmusizierende. Kommunikatives Phonieren ist also ein derart komplexes Ereignis, dass es schon aus ökonomischen Gründen keinen Sinn macht, bewusst einzuatmen, wo doch dieser Vorgang bei dynamisch-reagibler Körperspannung, die sich bei konsequenter Partnerorientiertheit einstellt, vegetativ reflexartig geschieht.

Diese Atembalance erreichen Sie nur durch eutone, emotionale, also intentionale Einstellung. So entsteht jede spontane Stimme, die bei Tieren, Urmenschen und Babys als naturgegeben und selbstverständlich zu hören ist. Es gibt keinen Hund, der vor dem Bellen nach Luft schnappt. Instinktsichere Menschen nennen wir Urviecher. Und schreiende Säuglinge, die ständig nach Luft ringen, brauchen dringend einen Arzt.

Wenn Sie intentional aufgerichtet sind, mimisch, geistig-seelisch, gesamtkörperlich präsent, bereit für eigene und fremde Emotionen, eingestellt auf die entsprechende Situation (kleiner oder großer Raum, wenig oder viele Menschen …), dann verfügen Sie spontan über jene Luftmenge, die für die nun folgende Phonationsphase völlig ausreicht. Sie sind inspiriert, und jedes bewusste Einatmen ist nicht nur völlig unnötig, sondern im höchsten Grade auch unökonomisch.

Wie mehrmals erwähnt, bleibt diese Inspirationstendenz auch während des Stimmgebrauchs bestehen. Die Luft entweicht dabei gezügelt, also „gestützt". Sie erinnern sich: Wir nennen dies Appoggio.

Der Körper bleibt in elastischer Spannung, die Sie am Ende der Phonationsphase akzentuiert lösen. Wie eine gespannte Bogensehne, wenn Sie den Pfeil abschießen. Indem Sie den Auslaut betont loslassen, lösen Sie die Ventilspannung der jeweiligen Artikulationsstelle (Ober- und Unterlippe: „p", Zungenspitze und oberer harter Gaumen: „t", Zungenrücken und oberer weicher Gaumen: „k", Rachenwand und Zungengrund: „ch", Kehlkopf und Mundraum: „a̲h̲", „i̲j̲"). Auf diese Weise wird das Zwerchfell ruckartig nach unten bewegt, und, bedingt durch die bestehende Inspirationstendenz, durch das gleichzeitige Öffnen der Stimmritze die soeben verbrauchte Luft wieder voll ersetzt – unwillkürlich und geräuschlos und im Idealfall in 0,2 Sekunden.

Diese reflektorische Atemergänzung nennen wir ABSPANNEN – nach dem natürlichen Prinzip des permanenten Spannens und Lösens, das sehr einfach durch eine Gummihupe aus der Frühzeit des Automobils verbildlicht werden kann: Lassen wir den eingedrückten Gummiballon los, so hört der Hupton auf, und der Ballon füllt sich augenblicklich wieder mit Luft.[163]

Wie ja schon erwähnt, folgt das Abspannen einem elementaren Kommunikationsbedürfnis: Nach jeder Aussage bleiben wir fragend offen für eine mögliche Antwort: Je echobewusster wir sprechen, singen oder musizieren, desto selbstverständlicher spannen wir ab.

Abspannübungen dienen also einerseits der kommunikationsbedingten mühelosen Luftergänzung, andererseits aber auch der Steigerung des persönlichen Ausdrucks: Die Spannung wird intentional durchgehalten – über jeden Punkt hinaus. Und mit jedem Abspannakzent werden Emotionen aufgeschaukelt. Das besondere Ziel dieser Atemübungen ist es somit, ein spontan bewegliches und flexibles Zwerchfell im Zusammenhang mit einem lebendigen Sprech-, Sing- und Musizierausdruck wiederzuentdecken, dabei den Atem in seiner Eigendynamik sich selbst zu überlassen, eine Gelassenheit zu erreichen im gesunden Wechsel von Gespannt- und Entspanntsein.

---

163   Vgl.: Coblenzer, Horst, und Muhar, Franz: Atem und Stimme. Wien 1976

Somit stellt atemrhythmisch angepasstes Phonieren auch einen ganz wesentlichen Gesundheitsfaktor dar:

- Die Stimmbänder werden entlastet, somit wird möglichen Stimmerkrankungen vorgebeugt.
- Der Herzbeutel, der auf dem Zwerchfell aufliegt, wird bei kräftiger Zwerchfellbewegung massiert und somit gestärkt, und die Darmtätigkeit wird angeregt.
- Das rhythmische Spannen und Lösen harmonisiert Körper, Geist und Seele. Aktivität und Pause stehen in ständiger Balance zueinander, sodass die Stimmbänder nicht ermüden.
  Im Gegenteil: Es kommt zu einer Energetisierung.

Dies entspricht dem Naturgesetz, dass Arbeits- und Erholungsphasen einander bedingen. Regenerierung baut Erschöpfung vor. Wenn wir während der Phonation konsequent abspannen, regenerieren wir in der anschließenden Pause, die mit Inspiration gefüllt ist. Diese trägt die durchgehende Sprechspannung weiter. Der Atem, der einfließt, richtet uns auf und gleichzeitig auch unsere Zuhörerschaft, die wir so in Atem halten. Wir lassen es geschehen, helfen nur insofern mit, dass wir dieses Wunder der Natur nicht behindern. Es ist damit vergleichbar, dass wir an einem lauen Sommerabend, genüsslich auf dem Liegestuhl ruhend, dem Zirpen der Grillen lauschen oder uns während eines Konzerts angeregt dem Musikgenuss hingeben. In rhythmisch-periodischen Abständen lassen wir Pausen zu, die in ihrer regenerierenden Wirkung die nachfolgenden Aktivitäten positiv energetisieren.

Wer nie pausiert, wird krank.
Sepp Porta

Der Grazer Stressforscher Sepp Porta:[164]

Die Menschen machen viel zu wenig Pausen. Doch keine Anstrengung kann längerfristig ohne Pause durchgeführt werden, weil der Mensch seine Energiereserven immer nur durch Unterbrechungen mobilisieren kann. ... Menschen, die zu wenig Pausen machen, sind schnell erschöpft. Vor allem deshalb, weil wir die Reserven, die in uns stecken, nur portionsweise mobilisieren können. ... Pausen machen, bevor man erschöpft ist. Pausen sind Erschöpfungsverhinderer und Zukunftsbauer. ... Wichtig sind die Regelmäßigkeit und die Pünktlichkeit der Pause, weil unser Körper eine genaue Uhr hat und sich schnell drauf einstellt. ...

Ein Burnout ist eine mentale und körperliche Erschöpfung. Beide Dinge gehen Hand in Hand. In einer medizinisch definierten Schocksituation schaltet der Körper alles nicht mehr Lebenswichtige ab und betreibt nur noch Notaggregate wie Herz, Lunge, Leber und Niere. So auch beim Burnout. Freundschaften, Beziehungen, Familie, Arbeit und Freizeitinteressen werden abgekoppelt, weil die Energie gerade noch zum Überleben reicht.[165]

Dies alles lässt sich eins zu eins auf die Phonationsleistung übertragen.

Kleine Portionen sprechen, nie zu viel in einem Atem, den Atempausenrhythmus beibehalten, immerwährendes Spannen und Lösen: Das sind Grundvoraussetzungen für ein gesundes Sprechen.

Der Stimmbildner Hannes Tropper und der HNO-Arzt Josef Schlömicher-Thier:

Jede neunte Lehrperson hat ständig Probleme mit dem Hals oder der Stimme, weitere 61 % geben an, zeitweise unter diesen Beschwerden zu leiden. Das bedeutet, fast drei Viertel der LehrerInnen verspüren in dieser Hinsicht Beschwerden. Das am weitesten verbreitete Gesundheitsproblem der LehrerInnen geht nach Meinung der Befragten zum größten Teil auf

---

164   Univ. Prof., Dr., geb. 1945 in Klagenfurt

165   Porta, Sepp. In: Oberösterreichische Nachrichten. Leben heute. Verlag 4010. Linz 07.07.2011, S. 22

den Lehrberuf zurück.[166]

Die in Österreich bislang unbeachtete volkswirtschaftliche Dimension von Stimmproblemen hat inzwischen international beträchtliche Ausmaße erreicht. Man spricht von einem teuren Massenproblem. In Großbritannien sind rund fünf Millionen ArbeitnehmerInnen von regelmäßigem Stimmverlust betroffen. In den USA betragen die Folgekosten von Stimm- und Sprechstörungen bereits 2,5 % bis 3 % des BIP.[167] *Auch Österreich ist davon betroffen.*[168]

Ende der 1990er-Jahre wurde in der Steiermark, angeregt vom Austrian Voice Institut unter der Leitung des Salzburger HNO-Arztes Josef Schlömicher-Thier in Zusammenarbeit mit der Beamtenversicherung und der Kur- und Thermen-AG ein Stimmkurmodell für Pädagogen entwickelt und durchgeführt.

Unabhängig davon nahm sich auch in Oberösterreich die Lehrerkranken- und Unfallfürsorge (LKUF) in Zusammenarbeit mit Landesschulinspektor Herbert Saxinger, Diplomlogopädin Ulrike Pramendorfer und mit mir dieses Themas bereits 1999 an.

Der damalige Generaldirektor der oberösterreichischen MERKUR-Gesundenversicherung, Werner Reimelt, meinte damals dazu Folgendes: *Dies ist eine großartige Konzeption ... und ich gratuliere der LKUF zu dieser Initiative! Und das hat einen guten Grund: Bis zu 70 Prozent aller Krankheiten hängen vom Lebensstil des Einzelnen ab. Wir von der MERKUR wollen den „gesunden Egoisten" fördern, der auf sich schaut und Krankheiten vermeiden hilft. Und gerade Lehrer und Leute in anderen Kommu-*

---

166   Vgl. LehrerIn 2000: Arbeitszeit, Zufriedenheit, Beanspruchungen und
       Gesundheit der LehrerInnen in Österreich.
       Studie im Auftrag vom Bundesministerium für Bildung. Wien 2000

167   Vgl. Medical Tribune: Berufsdysphonie. Die Stimme ist trainierbar.
       40. Jahrgang, Nr. 15. 09.04.2008, S. 16.
       http://extranet.medical-tribune.de/volltext/PDF/2008/MT
       Oesterreich/15 mtoe/MTA 15 S16.pdf. (17.02.2011)

168   Tropper, Hannes, und Schlömicher-Thier, Josef: Die Berufsstimme am
       Stimmarbeitsplatz Schule. In: ph.script. Ausgabe 04. Salzburg 2011, S. 42

nikationsberufen können ihre Leistung besonders schwer an andere delegieren. Sie stehen für ihre Leistung ... mit ihrer ganzen Persönlichkeit.[169]

Das rhythmische Spannen und Lösen des Atemdrucks beim Sprechen und Singen betrifft die ganze Persönlichkeit. Ich zitiere noch einmal:

> Horst Coblenzer und Franz Muhar:
>
> *Je vorteilhafter die inspiratorische Spannung ist, umso schneller vollzieht sich die Luftergänzung. Experimentelle Untersuchungen der Verfasser haben gezeigt, dass eine solche Luftergänzung nur 0,2 Sekunden braucht und alle Merkmale eines Reflexes aufweist. Den Vorgang, der die reflektorische Luftergänzung auslöst, nennen wir „das Abspannen". Rhythmischer Wechsel von phonatorischer Aktivität und Abspannen entspricht beim Sprechen und Singen einer Gliederung in einzelne zeitliche Abschnitte oder Phrasen. Hier muss gesagt werden: Abspannen kann nur, wer Spannung hat. Es ist kaum zu erwarten, dass der Anfänger schon beim ersten Üben die ideale Arbeitsspannung erreicht.*[170]

Im Zusammenhang mit dem uns geläufigen Atemzeichen, dem hochgestellten v, zitieren Coblenzer und Muhar den großen Wiener Schauspieler Josef Kainz, welcher 1904 seinem Schüler (und späteren Lehrer von Coblenzer) Bernhard Vollmer Folgendes diktiert hat: *Dieses Atemzeichen (v) bedeutet ... nicht, wie die meisten Schauspieler und Sänger zu glauben scheinen, eine Aufforderung zum schnellen, willkürlichen Einatmen, zum LuftHOLEN, sondern zum Atem- und EmpfindungsABGEBEN und dann sofort anschließenden Atem- und EmpfindungsEMPFANGEN.*[171]

---

169   Aus einem Prospekt des Atem&Stimme-Programms der LKUF 1999

170   Coblenzer, Horst, und Muhar, Franz: Atem und Stimme. Wien 1976, S. 69 f

171   Vollmer, Bernhard: Erinnerungen an Josef Kainz (1904/05). Mitschrift aus persönlichem Nachlass. 1952
       In Privatbesitz von Horst Coblenzer.
       Coblenzer, Horst, und Muhar, Franz: Atem und Stimme. Wien 1976, S. 74

Für Coblenzer und Muhar eine unzweifelhafte *Aufforderung zum Abspannen mit reflektorischer Inspiration.*

55. Übung:

- Holen Sie bewusst tief Luft, bevor Sie phonieren.
- Im Vergleich dazu richten Sie sich innerlich und äußerlich auf (die Luft kommt dabei von selbst), und phonieren Sie wieder.
- Und nun vergleichen Sie: Was war angenehmer?

56. Übung:

Legen Sie eine Hand auf die untere Bauchdecke, und stellen Sie sich vor, Sie schlafen. Die Bauchdecke senkt sich dabei langsam (Exspiration), und nach einer scheinbaren Ruhepause (ist nicht gleich Atemstillstand!) hebt sich die Bauchdecke wieder (Inspiration).

Versuchen Sie, diese Ruheatmung nicht zu stören und im Prinzip auch dann nicht zu verändern, wenn Sie möglichst nahtlos in die Phonationsatmung übergehen (mit Lauten, Texten oder Skalen).

ACHTUNG: Die Einatmung erfolgt IMMER von selbst (Inspiration)!

57. Übung:

Im Stehen oder Sitzen legen Sie die Innenseite einer Hand auf den Brustkorb, und bewusst atmen Sie gegen diese Hand, wobei sich die Brust weitet (= Brusthochatmung). Dann legen Sie die Innenseite der anderen Hand auf die Lendenwirbelsäule, und wieder atmen Sie gegen diese Hand, und auch die Lendenwirbelsäule weitet sich (= Zwerchfelltiefatmung). Schließlich atmen Sie gleichzeitig gegen die Hand auf der Brust und gegen jene auf der Lendenwirbelsäule, so entsteht eine Diagonalspannung (= Vollatmung).

58. Übung:

Sie heben langsam eine Hand (oder auch beide), dabei fließt Atem ein. Dann schütteln Sie diese Hand rhythmisch aus – mit bewusstem Akzent nach unten. Diese akzentuierte Abwärtsbewegung koordinieren Sie mit einsilbigen Wörtern, wobei Sie die Auslaute wie lästigen Schlamm über die Fingerspitzen hinaus abschütteln: „Pop!" (v) „Mut!" (v) „Blick!" (v) „Rock!" (v) „Oh!" (v) „Sie(j)!" (v) ... Wenn Sie sich dabei spielerisch dem Rhythmus und dem Ausschütteln überlassen, kommen Sie immer wieder automatisch zu Luft, während sich die Hand reflektorisch hochbewegt. Sozusagen mit dem Trampolineffekt.

ACHTUNG: Der Akzent passiert direkt beim Auslaut, nicht am Vokal! Also: nicht „Mut", sondern „Mut". (v)

59. Übung:

Vorstellungshilfe: Nach dem Abspannen von zum Beispiel „gut" blüht in Ihnen der Atem wie eine Blume auf, und Sie reichen – natürlich inspiratorisch – diese Blume in großem Bogen hinüber zu einem (imaginären) Mitmenschen.

60. Übung:

Vor Ihnen hängt ein gedachtes Gummiband (wie ein Haltegriff in der Straßenbahn). Dieses ziehen Sie, während Sie einen Zischlaut bilden („schschsch"), nach unten, wobei logischerweise die Spannung zunimmt. Mit dem plötzlichen Lösen des Gummibandes lösen Sie auch die Ventilspannung des Auslautes, und Sie schauen neugierig dem wieder hochschnellenden Gummiband nach (dabei geschieht Inspiration), um dann beherzt wieder zuzugreifen.

61. Übung:

Mit einem (imaginären) Partner führen Sie einen „Seilkampf" durch. Während Sie am Seil ziehen, zieht der andere in die entgegengesetzte Richtung. Dabei bilden Sie den Reibelaut „ffff". Wenn Sie diesen federnd lösen, lassen Sie auch elastisch das Seil los, um dann wieder beherzt zuzupacken.

62. Übung:

Sie sitzen in einem „Ruderboot". Während Sie die Ruder betätigen (gegen den Widerstand des Wassers), sagen Sie ein „Hau-ruck" (wobei Sie beide Silben etwas dehnen). Mit dem Lösen des k-Lautes lassen Sie auch die Ruder los. Diese schnellen von selbst nach vorne, und Sie greifen beherzt nach. Nach anfangs langsamem Tempo wird zunehmend beschleunigt. Bei korrekter Durchführung dieser Übung können Sie auch im raschen Tempo nicht außer Atem kommen.

63. Übung:

Sie stehen im Abstand von vielleicht fünf Metern einer Partnerperson gegenüber. Mit der rechten (oder linken) Hand umfassen Sie einen Tennisball (real oder imaginär). Während Sie partnergerichtet weit ausholen, fließt der Atem automatisch ein. Sie werfen den Tennisball so zur Partnerperson, dass der Ball zwischen Ihnen beiden auf dem Boden aufprallt (dabei lösen Sie das „t" von „fort"). Nun fliegt der Ball zur Partnerperson, und Sie lassen den Atem wieder einfließen: Sie bleiben am Ball.

64. Übung:

Über sich denken Sie sich einen weiten Sternenhimmel. Mit dem ausgestreckten Zeigefinger suchen Sie die schönsten Sterne, während Sie diese zählen: „eins" (v) „zwei(j)" (v) „drei(j)" (v) ... Wenn Sie fortwährend suchend bleiben, spannen Sie immer automatisch ab.

65. Übung:

Vor Ihnen auf dem Boden liegt ein langausgestrecktes Seil. Sie steigen vorsichtig mit Ihren Füßen darauf und gehen balancierend zu Ihrer Partnerperson, die vom anderen Seilende auf Sie zukommt. Sie beide rufen sich dialogisch abwechselnd einsilbige Wörter zu, zum Beispiel: „Sepp!" (v) „Doch!" (v) „Eins!" (v) „Zwei(j)!" (v) ... Balancieren fördert die elastische Eigendynamik des Zwerchfells.

66. Übung:

Sie sprechen einen Text, und nach jedem Abspannen schaukeln Sie sich emotional auf. Das bedeutet: Die Stimme wird von Mal zu Mal lauter, aber nicht durch Atemdruck im Kehlkopf, sondern durch das sukzessive Intensivieren der Inspiration:

Der gute Sep̱p̱ (v)

hat sich verletẕt (v)

an diesem Tag̱ (v)

in diesem Loc̱h (v)

am großen Zeh(j). (v)

67. Übung:

Sie sitzen seitlich auf einem Stuhl, der keine Seitenlehnen hat, sodass Sie sowohl vor als auch zurück einen ausreichenden Schaukelradius vorfinden. Mit beiden Händen umfassen Sie ein Knie, das somit angezogen ist, da Ihr Oberkörper euton aufgerichtet ist (und bleibt!). Mit dem Fuß, der auf dem Boden aufgestellt ist, können Sie sich einen Impuls geben und so ins Schaukeln kommen. In der Vorwärtsbewegung atmen Sie aus, in der Rückwärtsbewegung fließt der Atem ein. Wenn Sie dabei phonieren, spannen Sie exakt in der vorderen Umkehrbewegung ab:

Wer einmal lüg̱t, (v)

dem glaubt man nicḫt. (v)

Und wenn er auc̱h (v)

die Wahrheit spricḫt. (v)

Wenn Sie genau in den Schaukelrhythmus hinein sprechen, entspannt sich Ihre Stimme, die gleichzeitig an meditativer Suggestivkraft gewinnt.

68. Übung:

Es bereitet eindeutig mehr Spaß, einen Betrunkenen zu spielen, als tatsächlich betrunken zu sein. Betrunkene atmen notgedrungen instinktiver, sie spannen ab. Sie heben ein Glas und lallen schwankend (oder auch schunkelnd):

Wer(j) (v)

soll da<u>s</u> (v)

bezahle<u>n</u>? (v)

Wer ha<u>t</u> (v)

so vie<u>l</u> (v)

Gel<u>d</u>? (v)

Wer hat so vie<u>l</u> (v)

Pinke-Pinke(j)? (v)

Wer hat das bestel<u>lt</u>? (v)

69. Übung:

Hecheln Sie wie ein Hund, allerdings in Zeitlupe (nur ein Ausatemakzent, dann inspiratorische Pause): zuerst stimmlos, dann mit Spontanlauten.

70. Übung:

Stehend balancieren Sie auf dem rechten Mittelfinger einen etwa 90 cm langen Holz- oder Bambusstock (zum Beispiel einen Besenstiel). Dazu sprechen Sie irgendeinen Text.

1.   Sie halten Blickkontakt zum Stock.

2.   Dann zum „Publikum".

3.   Die Körperwahrnehmung des zweiten Durchganges
     behalten Sie möglichst bei (also mit Blickkontakt zum
     Publikum).
     Sie werden selbstverständlicher abspannen und mit viel mehr
     Ausdruck und Stimmdynamik sprechen.[172]

---

172   Vgl. Coblenzer, Horst: Erfolgreich sprechen. Fehler und wie man sie vermeidet.
      Österreichischer Bundesverlag. Wien 1987

Die dritte Säule: die Artikulation

Das humanitäre Ziel:
ein Mensch, der in seiner Klarheit Zungen- und Fingerspitzengefühl
aufzeigt.

Unter Artikulation verstehen wir in erster Linie Textverständlichkeit,
also eine klare Aussprache. Dass Artikulieren aber auch ein Stimmungs-
barometer sein kann, mag vielleicht etwas überraschen.

Üben können wir die Plastizität der Konsonanten, die Präzision der
Vokaleinsätze und die Richtlinien der Phonetik. Letztendlich geht es um
den guten Ton, was immer wir uns darunter vorstellen mögen.

Eine wichtige Rolle spielen dabei unsere Sinnesorgane, wobei dem
Tastsinn eine explizite Bedeutung zukommt. Wenn wir beim Phonieren
beobachten, lauschen, riechen, schmecken, spüren, verlangsamt sich von
selbst unser Sprechtempo – bei gleichzeitiger Zunahme der Intensität.

In der Regel sprechen wir im Alltag zu schnell, zu hastig, zu wenig
spürsam, oft werden Nachsilben verschluckt, manchmal nuscheln wir.
Fakt ist, meist sprechen wir völlig unkontrolliert, eben so, wie uns der
Schnabel gewachsen ist, also affektiv in unserer Mundart.

Wenn wir uns nun in Richtung Hochlautung bemühen sollen, dann
haben wir das irritierende Gefühl, uns sprachlich unnatürlich, völlig
künstlich, affektiert zu verhalten. Wie ja schon erwähnt, dies wäre kein
Thema, hätten wir bereits in frühester Kindheit die Chance gehabt, neben
unserem Dialekt auch Hochdeutsch zu sprechen. Nicht nur unser sprachliches Bewusstsein würde dadurch gestärkt werden, sondern auch unser
kommunikatives. Das selbstverständliche Nebeneinander von unserer
Regionalsprache, die beziehungsstiftend ist, und der Kunstsprache der Literatur, die den sprachlichen und gedanklichen Horizont ungeheuer er-
weitert (und von den Emotionen der Mundart gefüttert werden will), fördert unsere geistige Beweglichkeit, unser differenzierendes Denken und
schließlich auch unsere soziale Kompetenz. Für mich ist die Pflege der

Sprache der erste Bildungsauftrag an alle schulischen Einrichtungen.

Dazu Gedanken des Schweizer Germanisten Peter von Matt:[173]

Nun hat sich aber in diesem Lande seit einiger Zeit der Wahn ausgebreitet, der Schweizer Dialekt sei die Muttersprache der Schweizer und das Hochdeutsche die erste Fremdsprache. Das ist Unsinn, führt aber zu einer chronischen Einschüchterung der Deutschen in der Schweiz, denen man unterstellt, dass sie „unsere Sprache" nicht beherrschten. In Wahrheit ist in der Schweiz der Dialekt nur für Analphabeten die ausschließliche Muttersprache.

Unsere Muttersprache ist Deutsch in zwei Gestalten: Dialekt und Hochdeutsch, und zwar so selbstverständlich und von früher Kindheit an, wie das Fahrrad zwei Räder hat. Wir wachsen mit beiden Gestalten unserer Muttersprache auf, erfahren und erweitern unsere Welt in beiden Gestalten ein Leben lang, und unsere Autorinnen und Autoren schreiben, wenn sie etwas taugen, ein Hochdeutsch, das dem Ausdrucksreichtum keines deutschen oder österreichischen Autors nachsteht. Ist es doch ihre Muttersprache voll und ganz.[174]

Nur wenn wir die Gelegenheit ergreifen, Hochdeutsch (mit korrekter Grammatik und Orthographie) zu schreiben UND (mit korrekter Phonetik) zu sprechen, eröffnet sich uns die Chance, das Hochdeutsche als wichtigen Teil unserer Heimatsprache zu verinnerlichen und so als völlig natürlich zu erleben. Neben dem Dialekt.

Kinder entwickeln ihre persönliche Sprache intuitiv aus jener Beziehungsqualität, die ihnen zugestanden wird. Sie hören das Vokabular und die Lautbildung in irgendwelchen emotionalen und dynamischen und modulatorischen Nuancen und ahmen unreflektiert und programmatisch das nach, was ihnen zu Ohren kommt.

Da das Lernen der Kinder aus einer äußerst komplexen Sinneswahr-

---

173   Univ. Prof. Dr., geb. 1937 in Luzern

174   http://www.tagesanzeiger.ch/kultur/diverses/Der-Dialekt-als-Sprache-des-Herzens-Pardon-das-ist-Kitsch-/story/12552220 (12.07.2011)

nehmung heraus funktioniert, erleben sie die Entwicklung ihrer eigenen Sprache mit allen Sinnesorganen: Sie sehen, riechen, schmecken und tasten. Babys stecken daher alles, was sie in die Finger bekommen, in den Mund, um über die sensiblen Nerven in der Zunge und den Lippen Gegenstände riechend und schmeckend erforschen zu können. Aber auch die Fingerkuppen weisen ähnlich sensible Nerven auf, so scheint beim kindlichen Erlernen der eigenen Sprache ab dem neunten Lebensmonat der Tastsinn zunehmend eine ganz besonders große Rolle zu spielen: Kinder fassen an, was sie benennen wollen. Somit erfahren sie ihre Umwelt mit einem stark ausgeprägten taktilen Empfinden, mit viel Fingerspitzengefühl. Allmählich ertasten und begreifen sie also die Welt um sich herum – mit einer Spontaneität, die aus einer natürlichen, instinktsicheren Neugier erwächst.[175]

So fällt auf, dass Babys und Kleinkinder ihre Laute an den vorderen Artikulationsstellen bilden – an den Lippen und der Zunge: „Da-da" – „Ma-ma" – „Pa-pa". … Die Konsonanten werden dabei ganz fein akzentuiert, und die Vokale bleiben im Wesentlichen unbetont. Die Stimmen der Kleinkinder klingen frisch und völlig unbelastet. Manchmal passiert dies auch uns Erwachsenen, nämlich dann, wenn wir Spontanlaute von uns geben, wie beispielsweise: „Pah!" – „Na!" – „Geh" – „A'so?"

> Das Wort ist ein begreifbarer Bissen.
> **Paul Claudel**

Diese Begriffslaute lassen in der Plastizität des Ausdrucks eben jene Spontaneität mitschwingen, die fragenden, nicht wissenden Menschen zueigen ist. Das ist eine gesamtkörperlich-geistig-seelische Grundspan-

---

175   Die sprachliche Entwicklung meiner Tochter Angelika ist videotechnisch fast lückenlos dokumentiert.

nung eines jeden Menschen, der spontan auf unerwartete, ihn überraschende Ereignisse reagiert: Im freud- oder angstvollen Wiedererkennen, in Situationen des Erstaunens, Erschreckens, der Wut und der steigenden Erregung, der Freude und der plötzlichen Trauer sind wir unmittelbar emotional bewegt – das Zwerchfell reagiert direkt und unkontrolliert. Diese Direktheit lässt uns lautgriffiger konsonantieren. Nur die spannungsgeladene Explosivkraft katapultierfähiger Konsonanten vermittelt der Stimme die gewünschte Durchschlagskraft. Nicht die stimmermüdende Vokaldominanz!

Leider erleben wir sehr oft, dass Vortragende (trotz Mikrophons) nur mangelhaft verständlich sind. Die Aufforderung von Zuhörern „Bitte lauter!" ist nachvollziehbar, aber – genaugenommen – meist nicht realistisch. Es müsste sinnigerweise eher heißen: „Bitte deutlicher!" Also: präziser in der Konsonantierung und in den Vokaleinsätzen. Das ist das Geheimnis großartiger Schauspieler, die auch im leisesten Pianissimo auf einer großen Bühne in der allerletzten Sitzreihe vom Publikum ausgezeichnet verstanden werden.

Mit zunehmendem Alter verlieren Kinder sehr häufig dieses Fingerspitzengefühl, und so gehen auch die damit im Einklang stehende feine Lippenbeweglichkeit und das subtile Spiel der Zungenspitze abhanden. Die Artikulation verlagert sich immer mehr von der Konsonantierung hin zur Vokalisierung, die Stimme rutscht von der lebendigen Mimik des Suchenden, Erfahrenden, Begreifenden (in der Stimmbildung steht dafür der Terminus Stimm-Maske) zurück und hinunter in den vielfach lustlosen Schlund des Nicht-mehr-Suchenden, Alles-Wissenden, Erfahrenen, Nur-noch-Routinierten. Die Stimme verliert also den Vordersitz, die natürliche Beweglichkeit, Klarheit und Helligkeit, sie wird dumpf, stumpf, abgedunkelt, verfremdet. Im Gleichschritt mit der Reduzierung der Artikulationsschärfe.

Ursprünglich sehr deutlich vorhandene affektive Bereitschaften werden immer mehr überlagert und können scheinbar verkümmern. Das einseitig kognitiv ausgerichtete Bildungssystem unserer Gesellschaftsform (ich wiederhole mich) trägt wesentlich dazu bei: Durch zunehmende Kopflastigkeit verlernen pubertierend Erwachsende die natürliche Balance von Gefühl und Verstand, sie werden zwerchfell-, herz- und somit mundfaul. Der elementare Mut zum Ausdruck schwindet: „Es ist uncool."

Weitere Ursachen dafür können selbstverständlich, wie ich ja schon vielfach angeführt habe, alle Faktoren sein, die zu ungesundem Stress führen. Und die sind von Geburt an möglich. Zum Beispiel belasten massive elterliche Konflikte Kleinkinder sehr und nachhaltig.

Dies belegt auch eine aktuelle britische Studie der Universität Rochester, durchgeführt an 201 Zweijährigen aus vergleichbaren, eher problematischen sozialen Verhältnissen und publiziert im Fachmagazin „Development and Psychopathology" vom 11. Juli 2011. Dabei weist Studienleiter Patrick Davies[176] auf den Zusammenhang von Verhaltensmustern und chemischen Reaktionen hin. In für die Kinder ungewohnten Situationen reagierten manche schüchtern, andere wiederum eher forsch. Dabei zeigte es sich, dass bei Ängstlichen die Werte des Stresshormons Cortisol im Blut deutlich erhöht waren, während die Mutigen eindeutig weniger Cortisol ausschütteten.

Davies und seine Kollegen resümieren daraus, dass eine hohe Cortisol-Konzentration zwar das Angstrisiko erhöhe, parallel aber die Aufmerksamkeit steigere, während ein niedriger Pegel des Stresshormons wohl die Angst verringere, gleichzeitig aber auch die Aufmerksamkeit.[177]

Vielleicht ist Ihnen vom Biologieunterricht her noch das Hormon Oxytocin in Erinnerung, das ebenfalls die soziale Interaktion beeinflusst. Beim Orgasmus wird es massenhaft ausgeschüttet und sorgt dafür, dass wir danach müde und zufrieden sind. Laut Biochemiker blockt Oxytocin

---

176   Univ. Prof.

177   Vgl.: Oberösterreichische Nachrichten. Gesundheit: Was Kinder schüchtern macht. Verlag 4010. Linz 13.07.2011, S. 4
       http://de.sott.net/articles/show/2411-Stresshormon-beeinflusst-Kinderpersönlichkeit (13.07.2011)

das Stresshormon Cortisol.[178]

Alles Leben ist Chemie.

Erhöhte Aufmerksamkeit, das wissen wir, kann die Qualität des Artikulierens sehr positiv beeinflussen – offensichtlich bei gleichzeitiger Bereitschaft zum Risiko. Da passieren zweifellos chemische Vorgänge und psychosomatische.

Auch hier gilt (wie bei allen AAP-Übungen), dass bewusst erlebte Körper-Wahrnehmungen Seelisches freilegen können.

Ich halte fest: Grundsätzliche affektive Bereitschaften scheinen nur durch von Menschen verursachte Irritationen und kognitive Überfütterung überlagert. Und in ganz besonderen Momenten artikulieren wir emotional und intellektuell ausgeglichen, beispielsweise in solchen:

- der Freude über die Wiederbegegnung mit einem geliebten Menschen
- der Trauer über den Verlust eines lebenswichtigen Partners
- der Erkenntnis absoluter Klarheit komplexer Zusammenhänge
- des Stolzes über eine einmalig erbrachte Leistung
- der Gewissheit, die eigene Überzeugung mit anderen teilen zu wollen

In diesen besonderen Momenten artikulieren wir in der emotionalen Direktheit spontan-neugieriger Kleinkinder. Wenn jemand einer bestimmten Person gegenüber eine Liebeserklärung äußert und dabei den Vokalklang dominieren lässt, dann wird die Ansprechperson nicht wirklich berührt sein können: Nur Konsonanten regen das Zwerchfell an und somit die physiologische Komponente der Emotionen. Wir verhalten uns taktlos, wenn wir in ganz besonderen Situationen vokaldominant spre-

---

178   Vgl.: Oberösterreichische Nachrichten. Wochenende: Buttingers Burleske. Verlag 4010. Linz 20.08.2011, S. 9
http://de.sott.net/articles/show/2411-Stress-hormon-beeinflusst-Kinderpersönlichkeit (13.07.2011)

chen (zum Beispiel, wenn wir Trauernden kondolieren oder Orientierungslosen Mut zusprechen und eben dabei die Vokale betonen).

Der Konsonant als konturierender Faktor sorgt also nicht nur für Textverständlichkeit, sondern auch für die Substanz der Beziehung. Er dynamisiert das Zwerchfell und sorgt über die vorderen Artikulationsstellen (Lippen, Zunge, Gaumen), an denen er entsteht, für den Vordersitz (die Maske) der Stimme.

> Der Konsonant ist die Lokomotive,
> die den ganzen Satz hinter sich herzieht.
>
> **Richard Strauss**

Der deutsche Komponist, Dirigent und Co-Leiter der Wiener Staatsoper Richard Strauss[179] schrieb im Vorwort des Klavierauszuges seiner Oper „Intermezzo": *Der Sänger im besonderen sei daran erinnert, dass nur der regelrecht gebildete Konsonant jedes, auch das brutalste Orchester durchdringt, während der stärkste Gesangston selbst auf dem besten Vokale a von einem auch nur mezzoforte spielenden Klangkörper von 80 bis 100 Instrumentalisten mühelos übertönt wird. Für den Sänger gibt es gegen ein polyphones und indiskretes Orchester nur eine Stoßwaffe: den Konsonanten! Ich selbst habe in Wagnerschen Tondramen ... erlebt, dass Sänger mit großen Stimmen und schlechter Aussprache ohnmächtig in den Orchesterwogen versanken, während Künstler mit kleineren Stimmen und scharfer Konsonantenaussprache bewusst phrasierend ohne Anstrengung das Wort des Dichters gegen die Tonfluten der Orchestersinfonie behaupten konnten.*[180]

---

179   geb. 1864 in München, gest. 1949 in Garmisch-Partenkirchen
180   Mönch-la Dous, Werner, und Scheurl-Defersdorf, Mechthild Roswitha von:
       Gesunde Stimme, kraftvolle Sprache. Praxisbuch.
       Lingva Eterna®. Erlangen 2005, S. 90

Horst Coblenzer und Franz Muhar:

Eine Artikulation, die aus der Intention und mit Zuhilfenahme der Körpermuskulatur zustande kommt, bezeichnen wir als PLASTISCHE ARTIKULATION. Dabei werden Emotionen und große, vom Stimmapparat weitab gelegene Muskelgruppen als Schrittmacher für die Feinmotorik an den Artikulationszonen verfügbar gemacht. Mit Hilfe der plastischen Artikulation kann man sich über Schwierigkeiten bei der Konsonantenbildung besonders gut hinweghelfen.[181]

Die kindliche Lautentwicklung geschieht von vorne (Lippen, Zunge) nach hinten (Hals). Analog dazu unterscheiden wir bei der Konsonantenbildung zwischen fünf Artikulationsstellen, wobei die vorderen in Verbindung mit der Beweglichkeit des Zwerchfells die Stimme gesund erhalten.

1. Artikulationsstelle:

Lippenlaute (b - p - m - f - v - w)

- Die stimmlosen Reibelaute „f" und „v" kommen durch das lockere Auflegen der oberen Zahnreihe auf die Unterlippe zustande, ebenso das stimmhafte „w".

- Der Klinger „m" entsteht durch lockeres Aufeinanderlegen der vorgeschobenen Lippen, wobei die Mitte der Oberlippe nach vor fühlt (Kussmund-Einstellung).
  ACHTUNG: Das „m" kann nur klingen, wenn der Mundraum gähngeweitet ist (Vorstellung eines aufgeblasenen Luftballons im Mundraum). Das gilt freilich für alle Nasen-Klinger („m", „n", „ng").

- Die Lippenverschlusslaute (Explosivkonsonanten) „p" und „b" werden durch feines Aufplatzen der Mitte des Mundes gebildet.
  ACHTUNG: Lassen Sie das „p" nicht mit übertriebenem

---

181   Coblenzer, Horst, und Muhar, Franz: Atem und Stimme. Wien 1976, S. 89

Atemdruck explodieren, und behauchen Sie es nicht. Der nachfolgende Vokal bleibt unbetont. Dies gilt selbstverständlich auch für alle übrigen Artikulationsstellen.

71. Übung:
Sprechen Sie bewusst Silbe für Silbe:
„Pausenloses Plempern verblödet penetrant, meint meine Mutter."
· · · · ··   · · · · · ·· · ·   · · · · ·

2. Artikulationsstelle:
Zungenspitzenlaute (d - t - n - l - Zungen-R - s - sch - z - c)
Die Zungenspitze schlägt federnd an den harten Gaumen unterhalb der oberen Zahnreihe. Mit ganz geringem Atemdruck!
ACHTUNG: Machen Sie die Zungenspitze nie dick. Bleiben Sie immer federnd.
Das gilt auch zur Vermeidung von S-Fehlern (Lispeln).
Das Zungen-R ist ökonomischer als das Gaumen-R
(mit dem Gaumen-R können wir nicht gähnen!). Wem das Zungen-R nicht vertraut ist, kann sich beim Üben schon mit einem Zungenschlag behelfen (z. B. „t-d-inken" für „trinken").

72. Übung:
„Tückische Dornen nötigen täglich die tadellose Liebe."
· · · · · · · · · · · · · · · · · · · ·

3. Artikulationsstelle:
Gaumenlaute (g - k - ng - qu - x - j - Gaumen-R)
•   Bei diesen Lauten liegt die Zungenspitze locker an den unteren Vorderzähnen, der Zungenrücken hebt sich bei lockerem Unterkiefer an den Gaumen, wo der Verschluss vom Konsonanten elastisch gesprengt wird.
•   Der Klinger „ng" dient der Erweiterung des hinteren

Mundraumes und der Verbindung von Mundhöhle und
Nasen-Rachen-Raum.
ACHTUNG: Bleiben Sie immer federnd.

73. Übung:
„Kolossales Geben bekommt gut den Jungen."
.   .   .   .

4. Artikulationsstelle:
Der Rachenlaut „ch" wird unterschiedlich gebildet:
- hinten, zwischen Zungengrund und Rachenwand, wenn „ch" auf
  dunkle Vokale und dunkle Zwielaute folgt („Fach", „Koch",
  „Schlucht", „pfauchen")
- vorne, zwischen Zungenrücken und hartem Gaumen, wenn
  „ch" auf helle Vokale und helle Zwielaute, Umlaute und
  klingende Konsonanten folgt („Stich", „flüchtig", „Eiche",
  „lechzen", „Mönch")
  ACHTUNG: Sprechen Sie „ch" aus stimmökonomischen
  Gründen so weit vorne, wie nur möglich!

5. Artikulationsstelle:
Der Kehlkopflaut „h" ist der einzige Konsonant der deutschen Sprache,
der – neben den Selbstlauten, Um- und Zwielauten (a - e - i - o - u - ei - au
- äu - ä - ö - ü - y) – im Kehlkopf gebildet wird.
ACHTUNG: Verhauchen Sie beim „h" keine Atemluft.

74. Übung:
„Hurtig heulen heute Hunde."
.   .   .   .

Muskelaufbereitungsübungen

75. Übung:
Schneiden Sie Grimassen. Das belebt Sie insgesamt, nicht nur die mimische Muskulatur.

76. Übung:
Kreisen Sie bei geschlossenem Mund Ihre Zunge energisch um die Zähne herum. Ändern Sie die Richtung.

77. Übung:
Bewegen Sie Ihre Oberlippe nach vor, während Sie irgendeinen Laut bilden. Halten Sie die UNTERLIPPE und den UNTERKIEFER dabei LOCKER.

78. Übung:
Versuchen Sie zuerst ein stimmloses Lippenflattern (seien Sie ein schnaubendes Pferd) und dann ein stimmhaftes (imitieren Sie das Autofahren). Bei zu viel oder zu wenig Atemdruck hört das Lippenflattern auf.

79. Übung:
Imitieren Sie mit den Lippen ein Motorboot oder eine Urwaldtrommel, was nur gelingt, wenn Sie bei Gähnspannung das „b" akzentuieren, nicht aber das nachfolgende „u" („bum").

Übungen für plastische (= weich-elastische) Konsonantenbildung:

80. Übung:
Bilden Sie mit beiden Händen eine Fingerlaube, indem Sie Daumen an Daumen legen, Zeigefinger an Zeigefinger, Mittelfinger an Mittelfinger, Ringfinger an Ringfinger und kleinen Finger an kleinen Finger (immer an den Kuppen). Üben Sie nun mit dem rechten Daumen einen leichten Druck auf den linken Daumen aus oder umgekehrt, und lauten Sie dazu

beispielsweise ein „p" oder ein „t" oder ein „k" und so fort, dasselbe auch mit den übrigen Fingern.

ACHTUNG: Zuerst der leichte Druck, dann erst der Laut.

Variationen dazu:

- Schlagen Sie mit Ihren Fingerkuppen – mit möglichst feiner, musikalischer Anschlagskultur – die Tasten eines imaginären Klaviers an, während Sie dazu einsilbige Wörter phonieren.
- Zupfen Sie die Saiten einer „Harfe", einer „Gitarre", einer „Zither" …
- Spielen Sie mit einem „Xylophon".
- Üben Sie mit den Fingerkuppen federnd einen elastischen Widerstand gegen einen aufgeblasenen Luftballon aus. Silbe für Silbe: „Bald" – „denkt" – „Karl" …

81. Übung:

Sie schließen die Augen und lesen mit einer Fingerkuppe, die fein und sensibel jede Erhebung erspürt, eine Blindenschrift, die Sie sich auf einer Tischplatte nur vorstellen. Ins größtmögliche Fingerspitzengespür hinein sprechen Sie einen beliebigen Text.

82. Übung:

Dieses fein-subtile und doch präzise Artikulieren, das sich beim Ertasten von selbst einstellt, erleben Sie auch, wenn Sie jeden Text visualisieren, bevor Sie ihn sprechen oder singen. Das bedeutet: Sie sprechen/lesen/singen den Text als Beobachtende, Miterlebende, Nachvollziehende, Sich-Erinnernde … Erst dann, wenn Sie die Bilder des Textes vor sich sehen, Sie also intentional gespannt sind, phonieren Sie.

83. Übung:

„WWWWWW-ald!"–„SCHSCHSCHSCHSCH-elm!"–„VVVVVV-oll!" Sie setzen sich also auf den Konsonanten, um dessen Explosivkraft zu erhöhen. Beim intensiven Lösen des Reibe- oder Zischlautes fällt der nachfolgende Vokal in den Körper – die metallen durchschlagende Stimme füllt alle Resonanzräume, und der Kehlkopf bleibt trotz Fortissimo des Tons unbelastet. Je fingerspitzenbewusster Sie die Konsonanten platzen lassen, desto atemdruckfreier, metallischer entwickelt sich der nachfolgende Vokal.

„WWWWWW-ald!" – „SCHSCHSCHSCHSCH-elm!" – „VVVVVV-oll!"

Übungen für plastische (= weich-elastische) Vokaleinsätze:

84. Übung:

Vor sich denken Sie eine Wäscheleine waagrecht gespannt. Jeden Konsonanten und jeden Vokal, den Sie bilden, setzen Sie von oben auf – wie eine Kluppe, die Sie zwischen den Fingern halten: a – b – d – e – f – g – i – j – o – r – u …

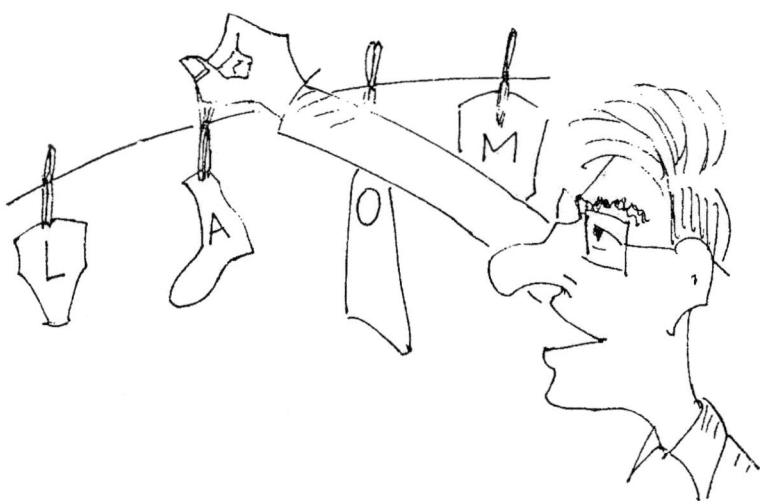

Abb. 14

85. Übung:

Die innere Handfläche nach oben zeigend, beugen Sie den linken Arm nach vor (ohne dabei den Ellenbogen durchzudrücken), der Zeigefinger weist in die Höhe. Indem Sie abwechselnd „schschsch" und „fff" phonieren, schütteln Sie mit einem deutlichen Akzent nach unten die rechte Hand einmal aus (als wollten Sie ein Fieberthermometer in Position bringen). Beim nachfolgenden Hochfedern der rechten Hand führen Sie diese, getragen von der Inspiration, die sich ja reflektorisch ergeben hat, zum linken, noch immer ausgestreckten Arm, und während Sie schließlich mit dem rechten Zeigefinger auf den linken, hochgestellten stupsen, sagen Sie eine Silbe („ein" … „Affe" … „aus" … „Afrika" …). Für Linkshänder gilt dies alles natürlich spiegelverkehrt.

Dieser Vorgang stellt sich zusammen mit dem Text folgendermaßen dar: „schschsch … Ein … fff … Affe … schschsch … aus … fff … Afrika … schschsch … aß … fff … auf … schschsch … einem … fff … alten … schschsch … Esel … fff … ein … schschsch … Ei … fff … oder … schschsch … eine … fff … Ananas."

86. Übung:

Sie sprechen folgenden Text: „Am Ende irren offene Uhren öfter."

1. Mit zu hartem Stimmeinsatz
2. Mit verhauchtem Stimmeinsatz
3. Mit verschleifendem Stimmeinsatz:
    „Amendeirrenoffeneuhrenöfter."
4. Weich-elastisch:
    Sie stellen sich einen meterhohen Baum vor – voll mit brennenden Kerzen. Mit Hilfe einer Löschglocke, die Sie mit ausgestrecktem Arm direkt über die obersten Kerzenflammen stülpen, löschen Sie diese – mit bewegungskoordinierten Vokaleinsätzen:
    „Am (v) Ende (v) irren (v) offene (v) Uhren (v) öfter."

87. Übung:

1. Sprechen Sie den Text „Auf einem Baum ein Kuckuck saß" so deutlich wie möglich.

2. Verschleifen Sie bewusst die Übergänge der Silben:
    „Aufeinembaumeinkuckucksaß."
    „Aufeinem Baumein Kuckucksaß."

3. Verhauchen Sie die Anlaute eines jeden Wortes:
    „Hauf heinem hBaum hein hKuckuck hsaß."

4. Akzentuieren Sie die Anlaute weich-elastisch:
    „Auf einem Baum ein Kuckuck saß."

88. Übung:

Sprechen Sie den Satz „Unser Otto isst eben Eier" so, dass Sie Wort für Wort flüstern:

1. mit übermäßig viel Luft

2. möglichst aus der Atemmittellage (aus dem Bauch) heraus (dabei sollte bei jedem Vokaleinsatz ein feines Geräusch entstehen, das mit dem Platzen einer Seifenblase assoziiert werden könnte).

89. Übung:

Atmen Sie lange aus, und setzen Sie gleich anschließend mit weit geöffnetem Mund und bei Gähnstellung hintereinander ein stimmloses und stakkatives, möglichst atemdruckfreies „a", ein „e", ein „i", ein „o" und ein „u" ein, wiederholen Sie diese Vokalfolge immer wieder, solange der Atem reicht.

Bei jedem Vokaleinsatz wird ein feines Platzgeräusch hörbar (Ventiltönchen nach Rudolf Schilling als Vorübung zum weich-elastischen Vokaleinsatz).

Wiederholen Sie diese Übung – diesmal allerdings stimmhaft. Genießen Sie auch dabei die Platzgeräusche der Vokaleinsätze.

90. Übung:

Sprechen Sie den Satz „Unser Otto isst eben Eier"
.   .   .   .   .

1.   zuerst monoton (Roboterstimme),

2.   dann mit natürlicher Betonung.

ACHTUNG: Werden Sie in der Artikulation nie schlampig.

Übungen zur Einstellung der Vokale, Um- und Zwielaute:

Grundsätzlich werden Vokale lang (l) oder kurz (k) gesprochen, wobei es sich in der Regel bei langen Vokalen um geschlossene Laute handelt (sie klingen heller) und bei kurzen Vokalen um offene Laute (sie klingen dunkler). *Je weiter oben der höchste Punkt des Zungenrückens liegt, desto höher (geschlossener) klingt der Vokal.*[182]

91. Übung:

Studieren Sie noch einmal die von mir zusammengefassten Ausspracheregeln der deutschen Sprache (S. 50 ff). Wenden Sie diese ganz bewusst bei folgendem Satz an:

„Am Morgen des ersten Tages vergibt der König von Sachsen bei sonnigem Wetter zunächst allen höchsten Würdenträgern und verkündet aus der Ferne den überall im Königreich geplanten Eheschlüssen mit einem Besen in seiner Hand und einem Fuß auf dem Rasen seinen königlichen Segen."

92. Übung:

A

Öffnen Sie locker die Lippen und Zahnreihen. Schürzen Sie die Oberlippe (als würden Sie „sch" sagen). Lockern Sie den Unterkiefer (entweder durch Fallenlassen oder Kaubewegungen). Legen Sie die Zungenspitze

---

[182]   Duden: Das Aussprachewörterbuch. Dudenverlag. Mannheim 2000, S. 28

lose und frei an die unteren Schneidezähne. Und weiten Sie den Mundraum (Gähnstellung).

ACHTUNG: Durch das Herunterpressen des Zungenrückens entsteht ein gaumiger Beiklang oder ein „Knödel".

„Abends atmet der Wal hastig auf dem Arme des Wassers."
 l   l   l k k k   k

„Die lange Haftstrafe der Amsel kann der Rabe nur erahnen."
  k k l k k   l   l

93. Übung:

E

Öffnen Sie die Lippen und Zahnreihen. Berühren Sie mit der nun etwas breiteren Zungenspitze die unteren Schneidezähne (der Zungenrücken ist dabei mehr gegen den Gaumen gewölbt). Ziehen Sie das „e" nicht zu sehr in die Breite. Und lassen Sie dabei den Unterkiefer locker.

ACHTUNG: Die Nachsilben werden immer kurz und unbetont gesprochen.

Verschlucken Sie sie aber nicht. Und lassen Sie keine Klangstauchung zu.

„Denkende Helden beleben mein ehrliches Wesen."
  k   k k l   l   l

„Der Regen sendet die Zecken in meine Beete."
  l l k   k   l

94. Übung:

Ä

Das kurze „ä" unterscheidet sich klanglich nicht vom kurzen „e". Das lange „ä" unterscheidet sich klanglich allerdings deutlich: Der Mund ist weiter geöffnet, der Zungenrücken nimmt eine Mittelstellung zwischen „a" und „e" ein.

„Die Schläge der ärgerlichen Täter sind denen der verärgerten Jäger ähnlich."   l   k   l   k   l   l

95. Übung:

I

Öffnen Sie die Lippen und Zahnreihen. Berühren Sie locker mit der Zungenspitze die unteren Schneidezähne (der vordere Zungenrücken wölbt sich dabei gegen den Gaumen).

Das „i" hat den engsten Klangdurchlass zwischen Gaumen und Zungenrücken. Achten Sie deswegen besonders auf die Lockerheit des Unterkiefers.

„Im Krieg liest sie die Bibel mit Liebe."

k   l   l   l l   l   k l

„In Wien finden die Kinder in der Hitze nie eine Wiese."

k   l   k   l k   k   k   l   l

96. Übung:

O

Öffnen Sie die Zahnreihen und Lippen. Ziehen Sie die Oberlippe leicht vor, lassen Sie die Unterlippe mitlaufen, und bilden Sie eine kreisförmige Mundöffnung (Daumenlutsch-O). Die Zungenspitze liegt locker an den unteren Schneidezähnen. Der Zungenrücken ist leicht gewölbt. Der Unterkiefer bleibt locker.

„Opas Kopf donnert toll in der Oper."

l   k   k   k   l

„Ein Vogel ohne Ton stottert in Moll mit einem Floh in einem Zoo."

l   l   l   k   k   l   l

Ö

Mundstellung wie beim „o", nur die Zungenstellung verändert sich geringfügig.

97. Übung:

U

Öffnen Sie die Zahnreihen und Lippen. Ziehen Sie die Oberlippe noch weiter vor als beim „o", und bilden Sie eine kleinere kreisförmige Mundöffnung. Die Zungenspitze liegt locker an den unteren Schneidezähnen, der Zungenrücken ist ein wenig mehr gewölbt. Der Unterkiefer bleibt locker.

„Du Bube spuckst auf Ulrichs buntes Buch?"

   l l   k   k   k   l

„Die Nudel auf der Bluse gibt ein Futter für die Pute."

     l   l   k   l

Ü

Mundstellung wie beim „u", nur die Zungenstellung verändert sich geringfügig.

Y

„y" wird wie „ü" gesprochen.

98. Übung:

Die Diphtonge (= Zwielaute) werden immer kurz gesprochen.

Ei - Ai

Mundstellung wie beim „a". Sprechen Sie „ae" – mit der Betonung auf dem „a", an das ein unbetontes „e" angehängt wird.

„Seiner Geige enteilen feine Saitentöne."

Eu - Äu

Mundstellung wie beim „o". Sprechen Sie „oö" – mit der Betonung auf dem „o", dem schnell ein unbetontes „ö" folgt.

„Die Teufel täuschen häufig die Räuber."

Au

Mundstellung wie beim „a". Sprechen Sie „ao" – mit der Betonung auf
dem „a", dem rasch ein unbetontes „o" folgt.

„Aus der Sauna kommt ein rauchender Bauch."

Franz Muhar:

*Mangelhafte Mimik, mangelnder Einsatz der vorderen Artikulati-
onszonen beim Sprechen und vor allem mangelhafte Lippenbewegungen
und schmale Mundöffnung sind die augenfälligsten Zeichen. Die Oberlippe wirkt schmal, hochgezogen und ruht oft während des Sprechens vollkommen. ... Die Mundöffnung bleibt beim Sprechen und Singen schmal. ...
In ausgeprägten Fällen wirken Mund- und Wangenpartie verkniffen, wodurch dem lufthältigen Raum oberhalb der Stimmritze, dem Ansatzrohr,
die für die Klangentfaltung notwendige Weitung abhanden kommt. Es
fehlt auch die Nasenresonanz. Die Stimme klingt nicht mehr wohllautend,
klangvoll, „vorne", sondern kehlig, gepresst, „hinten". Diese Symptomatik
entspricht bisher einer funktionellen Dysphonie, das ist die stimmliche Beeinträchtigung ohne primäre morphologische Veränderung im Kehlkopf.
Eine Reihe der Betroffenen kommt mit dieser Störung einigermaßen zurecht.*[183]

---

[183] Muhar, Franz: Ökonomie der Phonationsatmung. Ein physiologisches Konzept
       für die Stimmerziehung. Aus der Dokumentation der Arbeitstagung der
       Bayerischen Theaterakademie: Rollenunterricht, Sprecherziehung, Stimmbil-
       dung und Körperarbeit in der Ausbildung zum Schauspieler unter August
       Everding. 27.-30. 04. 2000, S. 8

Die vierte Säule: die Stimme

Das humanitäre Ziel:
ein Mensch, welcher mit Offenheit, Weite und Durchlässigkeit seine
Stimme natürlich resonant und wirkungsvoll adressiert einsetzt.

Ich kenne kaum jemanden, welcher seine Stimme vorbehaltslos liebt
und in Entzücken darüber gerät, wenn er sich über ein auditives Medium
hört. Diese Außen-Stimme ist uns in ihrer scheinbar geringeren Klang-
fülle fremd, weil wir uns an den trügerischen, bloß subjektiven Körper-
klang unserer Innen-Stimme schon längst gewöhnt haben: Aber nur wir
selbst nehmen diese wahr, niemand sonst. Die Außen-Stimme hingegen
hört jeder.

Die Stimmen unserer Mitmenschen finden wir zumeist viel interessanter, schöner als die eigene Stimme. Die wiederum nehmen wir oft
ausschließlich schicksalsergeben an: Das ist so und lässt sich nicht ändern. Darüber, wie unsere Stimme entsteht, reflektieren wir nicht wirklich. Manchmal erahnen wir in uns eine zarte Sehnsucht danach, unsere
Stimme irgendwie verschönern zu wollen. Doch sehr rasch geben wir uns
wieder unserem fatalistischen Denken und Fühlen hin: Es ist so, wie es
ist.

Der im Kehlkopf entstehende, fast nicht hörbare Primärton definiert
sich zwar über die Stimmbandlänge in den Farbnuancen der Stimme.
Zur Geltung können diese aber erst durch optimale Körper-Resonie-
rung kommen. Das bedeutet: Die Beschaffenheit des Kehlkopfes ist wohl
schicksalshaft, nicht aber der durch Resonanz – sprich: durch ungehin-
derte Zwerchfellbewegung – aufgeschaukelte Stimmklang. Der ist funktionell bedingt und lässt sich folglich steuern und trainieren.

Wohl-klingende, weil resonante Stimmen wirken immer angenehm
und harmonisierend. Harmonie ist ein Grundbedürfnis des Menschen.
Gelebte Harmonie, nicht erstarrte. Dazu benötigen wir die Bereitschaft
und Fähigkeit zum Polarisieren, zum ganz bewussten Leben und Verar-

beiten unzähliger Gegensätze. Das Stimmen unseres Körpers als ureigenes Musikinstrument ist also stets ein psychophysischer Vorgang – mit dem Ziel, auf unserem persönlichsten Instrument mit aller nur möglichen Lebendigkeit musizieren zu können. Wie gesagt: Diese lebendig-harmonisierenden Stimmen sind in erster Linie nicht angeboren. Sie sind erfahr- und erlernbar. Es gibt keine hässlichen oder schönen Stimmen. Diese werden nur nach subjektiven Geschmackskriterien definiert. Es gibt ausschließlich interessante Stimmen, und für die ist jeder Mensch, jede Persönlichkeit, selbst verantwortlich.

Das Begreifen unserer Ganzheitlichkeit von „Körper" (Haltung), „Seele" (Zwerchfelldynamik) und „Geist" (Intention) führt uns zu unserer persönlichen Stimme, die partnerbezogen und ökonomisch-gesund tönt.

Diese persönliche Stimme setzt von vornherein eine emotionale Bereitschaft voraus. Nur über Freud, Leid, Wut, Ärger, Aggression, Zärtlichkeit, Liebe, Sehnsucht, Begeisterung … entwickelt das Zwerchfell die beste Eigenbewegung – zur natürlichen Resonierung des Primärtons und zur nachhaltigen Entlastung des Kehlkopfapparates.

Diese emotional gesteuerte Stimmfunktion steht idealerweise in Verbindung mit der Atemmittellage. Mit Hilfe dieser können wir unsere Sprechmittellage erfahren, die im unteren Drittel unseres Sprech-Stimmumfanges angesiedelt ist. Auch die Gesangsstimme lässt sich daraus entwickeln.

Die Atemmittellage sorgt – wie ja bereits mehrfach erwähnt – für ein ausbalanciertes Verhältnis von Aus- und Einatmungskräften und dafür, dass – im Zusammenhang mit den vielfältigen Resonierungsmöglichkeiten – ein Ausufern der Stimmleistung nicht möglich ist, also weder ein Pressen (eine durch stark erhöhten Atemdruck deutlich angestrengte, harte, schnarrende oder gequetschte Stimme) noch ein Verhauchen (eine überlüftete, unterspannte, zu tiefe oder heisere Stimme) oder ein Knödeln (eine kehlig-gurgelnde, halsige Stimme, als würde ein *Knödel auf dem hinteren Teil der Zunge liegen*[184]). Auch der weitverbreitete Unfug, Nachsilben zu verschlucken oder zu stauen beziehungsweise am Ende von Sinneinheiten den natürlichen Stimmklang durch Reduzierung der Körperspannung nachteilig zu verändern, kann nicht passieren. Die Stimme bleibt in harmonischer Eigenresonanz auch beim Wechselspiel von Piano und Forte.

Bewusstes Üben soll zur bestmöglichen Ausnützung all unserer Resonanzräume führen – bei gesunder Registermischung. Durch konzentrierte Zwerchfellzügelung (Appoggio, inspiratorische Gegenspannung) soll das intentionale Gestalten sprachlicher und musikalischer Bögen erreicht werden: der lange Atem und eine schlanke Stimmführung, das Einregister in tiefer, mittlerer und hoher Stimmlage.

Horst Coblenzer und Franz Muhar:

Modeabhängige ... Besonderheiten des Stimmgebrauchs ... werden häufig durch Künstlerpersönlichkeiten von Theater, Film oder Showgeschäft als eigener Stil kultiviert und von Kopisten verbreitet. Dazu zählen: ein besonderes Verhauchen der Stimme als vermeintlicher Ausdruck von Sinnlichkeit, Näseln als vermeintliche Vornehmheit, eine raue, heisere Stimme als vermeintliche Urwüchsigkeit, Nuscheln als vermeintlich lockere Natürlichkeit, hörbares Luftschnappen vor jedem Stimmeinsatz, um das Gesagte vermeintlich interessanter zu machen. ... Für die Ausbildung der Stimme, die sich immer an der Ökonomie zu orientieren hat, dürfen derartige Phänomene ... nicht zum Leitbild werden.

Für die Qualität eines Tones ist nicht entscheidend, dass viel Atemluft zur Verfügung steht, sondern vielmehr, dass die vorhandene Luft optimal in Schwingung gebracht wird. ... Es hat sich gezeigt, dass beim klangdichten Halten von Vokalen weniger Luft verbraucht wird als bei ruhiger Atmung.[185]

---

184   Coblenzer, Horst, und Muhar, Franz: Atem und Stimme. Wien 1976, S. 12
185   detto, S. 13, 15

Übungen zum Vokalausgleich

Die Klangharmonisierung der Vokale stellt ein zentrales Anliegen der Stimmbildung dar. Die phonetischen Regeln für die Hochlautung tragen dem Rechnung. Nun ist beispielsweise die deutsche Sprache eine „etazistische": Sie besteht aus mehr „e"- und „i"-Lauten (Lippenbreitspanner) – im Gegensatz zur italienischen Sprache, die sich aus mehr „a"-Lauten zusammensetzt. Ein natürlich-voller Stimmklang ist im Italienischen aufgrund der „a"-Dominanz leichter erreichbar, als im Deutschen, wo muskulär mehr Kompensationsarbeit notwendig erscheint (das „e" soll sich muskulär am „a" orientieren). Durch die unterschiedlich großen Mundöffnungen bei der Vokalbildung kann die Luftemission verschieden erlebt werden.

Oft empfinden wir das als natürlich, was wir gewohnt sind. Wenn wir beispielsweise im Alltag undeutlich artikulieren oder Vokale zu wenig resonant (zu flach) formen, dann erscheint uns diese Weise des Phonierens als normal, ergo natürlich, auch wenn sie unökonomisch ist.

Eine natürliche Aussprache nach den Kriterien der AAP sehe ich in einem eindeutigen kausalen Verhältnis dazu, dass

- wir geistig-seelisch-körperlich hinter dem stehen, was wir adressiert, also zielgerichtet artikulieren,
- wir folglich dabei immer leicht verständlich sind und
- unsere Stimme nie belastet wird.

So stellt auch der Vokalausgleich ein physiologisches Kriterium für eine natürliche Aussprache dar: Vokale werden einander derart angeglichen, dass nicht der eine vordergründig schrill und der andere stumpf und schwach klingt.

Wenn Sie die oben erwähnten Kriterien für eine natürliche Aussprache für sich selbst beanspruchen wollen (und das ist einzig und allein Ihre Entscheidung), dann werden Sie diese problemlos mit Ihren persönlich gewachsenen Sprech- und Singgewohnheiten in Einklang bringen.

Das gilt für jede Sprache, für die Hochlautung genauso wie für jede mundartliche Färbung.

99. Übung:

Halten Sie den linken (oder rechten) Handrücken knapp vor Ihre Mundöffnung, und singen Sie in einem Atem die Vokalfolge „aaa-ooo-uuu". Sie werden dabei die subjektive Erfahrung machen, dass beim „uuu" durch die besonders kleine Mundöffnung die meiste Luft entweicht.

Wiederholen Sie nun diese Übung, schalten Sie aber jeweils – wieder ohne abzusetzen – ein „ng" davor: „ngaaa-ngooo-nguuu". Nun sollten Sie das subjektive Gefühl haben, dass bei jedem Vokal gleich viel Luft entweicht. Dies wird durch den Raumöffner „ng" erreicht.

100. Übung:

Singen Sie die Vokalübergänge zuerst auf einer Tonhöhe, dann chromatisch, also in Halbtonschritten (auf- oder abwärts): „iii-eee -äää-aaa-ooo-uuu-üüü-ööö".

ACHTUNG: Halten Sie dabei die Körperspannung, und lassen Sie die Zwischentöne und möglichen Obertöne (die mit einem Vielfachen der Frequenz eines Grundtones schwingen) zu.

Übungen zur Atemmittellage

Ich wiederhole: In der Atemmittellage pendelt sich Ihre Atmung in der Balance von in- und exspiratorischen Kräften immer wieder ein. Ohne Ihr bewusstes Zutun. Nach jeder Ausatmung folgt eine scheinbare Pause, aus der sich die Einatmung von selbst ergibt.

Wenn Sie sich körperlich aufrichten, verschiebt sich die Atemmittellage nach oben. Und sie wird noch weiter angehoben, wenn Sie auch Ihre geistig-seelischen Kräfte mobilisieren. So kommen Sie von selbst zu jener Luftmenge, die Sie zum Phonieren brauchen.

Sobald Sie aber bewusst nach Luft schnappen, verlassen Sie Ihre Atemmittellage und somit die Basis des physiologisch-gesunden Stimmklanges.

101. Übung:

Legen Sie eine Hand auf die untere Bauchdecke, und lassen Sie aus der wohligen Wärme zwischen innerer Handfläche und Bauchdecke emotionale Laute zu (ohne zusätzlichen Atemdruck): „mmm" (Vorfreude aufs Essen) – „nanu?" (Verwunderung) ...

Unter Beibehaltung dieser Einstellung kommen Sie immer mehr ins Seufzen, und singen Sie auf einer Tonhöhe ein „momamomamom" oder „mümamümamüm", das Sie aus dem natürlich tiefen Bauchton in Halb- und Ganztonschritten behutsam in die Höhe führen können – ohne die Atemmittellage zu verlieren.

ACHTUNG: Je höher Sie singen, desto tiefer denken Sie Ihre Töne.

102. Übung:

Bilden Sie unter den vorhin genannten Voraussetzungen Vokalglissandi auf- und abwärts (zum Beispiel: „aaaoooüüüeeeooo" ...), und ölen Sie so Ihre Stimme.

ACHTUNG: Vergessen Sie nie aufs Abspannen.

103. Übung:

Stellen Sie sich vor, Sie setzen sich behutsam in ein heißes Badewasser. Singen Sie dazu beliebige Vokalfolgen mit verschieden großen Intervallen. Beiben Sie dabei in Ihrer Empfindung immer im heißen Wasser.

104. Übung:

Gestalten Sie spontan und mit starker emotionaler Beteiligung glossolalische – scheinbar sinnlose – Silben, beispielsweise: „radelta lasuma fimessa sonanza". Aus dieser natürlichen Sprechspannung entwickeln Sie nahtlos Ihre Gesangsstimme.

Glossolalie (oder Zungenrede im christlichen Gebets-Sinne) bedeutet bewusst unverständliches Sprechen auch von sinnlos wirkenden Spontanlauten, die ruhig, aber auch ekstatisch gebildet werden können. Dies zeigt das Phänomen auf, dass sprachlicher Ausdruck durchaus auch ohne intellektuell nachvollziehbare Sinnzusammenhänge möglich ist, ja, auf diese Weise sogar verbessert werden kann.

Übungen zur Registermischung

Unter REGISTER verstehen wir verschiedene Masse- und Spannungsverhältnisse der Stimmfalten (die aus dem am Rand liegenden Bindegewebe des Stimmbands und den Muskelfasern der Stimmlippe bestehen).

- Im BRUSTREGISTER schwingen die Stimmfalten in ihrer ganzen Breite (Stimmband und Stimmlippe = Vokalismuskel). Sie erscheinen, da der muskuläre Anteil überwiegt, wülstig und dick. Wir sprechen von einer Bruststimme.
- Im KOPFREGISTER schwingen vermehrt die Randzonen der Stimmfalten (Stimmband). Der Stimmlippenmuskel erscheint verlängert. Wir sprechen von einer Randstimmfunktion. Der Anteil der Kopfresonanz entscheidet wesentlich über die Klangqualität – im Piano und im Forte.
- Die Verbindung zwischen Brust- und Kopfregister wird durch das MITTELREGISTER hergestellt. Wir sprechen von einer Mittelstimme: Zur Höhe hin kommt es zur Zunahme des Randbereichs, zur Tiefe hin zur vermehrten Tätigkeit des Stimmlippenmuskels.

Bei Frauen gibt es noch das PFEIFREGISTER (ab e'''), bei Männern das FALSETT (vom italienischen falseo = falsch, die falsche Stimme: ein isolierter Kopfton mit weniger Körperanteil) und das STROHBASSRE-GISTER (tiefer als die brauchbare Gesangslage).

Ziel der Stimmbildung ist immer das EINREGISTER, die gemischte Stimme oder Voix mixte, beziehungsweise die Kultivierung der Randstimmfunktion. Im Stimmklang verbinden sich Glanz und Tiefe, metallene Kraft und Wärme, Umfang und Rundung. Die Übergänge vom Kopf- in das Brustregister (und umgekehrt) dürfen nicht hörbar sein.

So ist beispielsweise Jodeln ein kultivierter Registerbruch, der stimm-physiologisch problematisch bleibt, wenn nicht mit klassischen Gesangs-übungen entgegengewirkt und somit ausgeglichen wird.

Das Hochziehen des Brustregisters in der Rockmusik oder auch im Musical, also in Musikgenres, die von den meisten Jugendlichen wahrge-nommen und stimmlich gespiegelt werden, stellt ein riesengroßes stimm-hygienisches Problem dar, wenn nicht – beispielsweise durch stimm-pädagogische Maßnahmen – auch die Liebe zur Höhe entdeckt und entsprechend kultiviert wird. Der Alltag zeigt aber, dass bereits Kinder dazu angehalten werden, zu tief zu singen. Die bevorzugt in der Pop-, Rock-, Soul- und Jazzmusik und eben auch im Musical zitierte Gesangs-technik des „Beltings" (mit besonders „schmetternden" und „durchdrin-genden" Brustregister-Klängen) und des „Twangens" (wobei die Öffnung des Trichters oberhalb der Stimmlippen – also des Kehlkopftrichters – verkleinert wird, dem Babyschreiton vergleichbar) benötigt zur Gesund-erhaltung und Nuancierung der Stimme selbstverständlich Kriterien der klassischen Stimmbildung, da das Kopfregister in Verbindung mit dem Brustregister die Stimme kultiviert und schont.

Die Sprechstimme kann leicht brechen bei Pubertierenden, insbeson-dere bei Burschen unmittelbar nach der Mutation, aber auch bei Erwach-senen, die sich in ihrer Exponiertheit besonders unsicher fühlen.

Männerstimmen im baritonalen Bereich oder gar im Bass finden in der Regel eine selbstverständlichere Sprechstimm-Identifikation. Tenöre tun sich da oftmals schwerer: Ihre Sprechstimme klingt nicht selten zu luftig oder auch geknödelt. So sehr sich Tenöre beim Singen ihrer Gold-Kehle bewusst sind, beim Sprechen suchen vor allem stimmlich Unausgebildete wohl unbewusst das Männerideal der dunklen, eben klischeehaft masku-linen Stimme.

Diese Problematik gilt offensichtlich generell für hohe Stimmen, so eben auch für Frauenstimmen, die ja meist im Sopran angesiedelt sind. Hier scheinen emanzipatorische Bestrebungen dazu zu führen, dass die Sprechstimme künstlich tief angesetzt wird.

Horst Coblenzer brachte immer wieder gerne ein wunderschönes Bild des in Wien und anschließend in Oberösterreich tätigen Gesangspädagogen Otto Iro:[186]

Kopf = Wasser

Brust = Lehm

Wasser und Lehm 1:1 gemischt,

ergibt konsistenten Ton.

Bei zu viel Wasser (= zu viel Kopfstimme) ist der Ton zu dünn,

bei zu viel Lehm (= zu viel Bruststimme) zu dick und brüchig.

Kinder haben von Natur aus ein Einregister. Durch zu brustiges, aber auch zu kopfiges Phonieren wird das Einregister zerstört und eine für das Kindesalter unnatürliche Registertrennung hervorgerufen, die im Erwachsenenalter erhalten bleibt, wenn nicht durch gezielte Stimmbildung entgegengewirkt wird.

Entscheidend dabei ist natürlich die Qualität der Klangverstärkung, also der Resonanzbildung.

105. Übung:

Versuchen Sie beim Phonieren, Ihre Stimme überall im Körper zu spüren.

Das sogenannte Ansatzrohr (der supraglottische Raum, das sind sämtliche Resonanzräume oberhalb der Stimmritze, also des Kehlkopfes) darf nur ein (allerdings sehr wichtiger) Teilaspekt für Ihre Klangvorstellungen sein. Gesamtkörperlich-geistig-seelische Präsenz und ein gähngeweitetes Ansatzrohr bedingen einander.

Spüren Sie Ihre Stimme auch im Rücken, lassen Sie sie ins Kreuz fallen. Füllen Sie gleichzeitig mit ihr die sich ausweitende Brust. Führen Sie Ihre Stimme durch den weiten, offenen Schlund und über den Hinterkopf und die Schädeldecke kuppelbewusst nach vor, und lehnen Sie sie gegen die Stirn.

---

186   Prof., geb. 1890 in Eger/Böhmen, gest. 1971 in Vöcklabruck/Oberösterreich

106. Übung:

Winseln Sie wie ein Hund. Dabei ergibt sich ein kopfiges Piepstönchen. Dieses ziehen Sie dann glissandomäßig hinunter in den Keller Ihrer Bruststimme.

ACHTUNG: Wenn dabei der Übergang von der Kopf- zur Bruststimme nahtlos geschieht (also ohne Stimm-Bruch), dann funktioniert Ihre Registermischung. Wenn nicht, dann stellen Sie sich vor, Sie ziehen Ihre Stimme mit Ihrer geballten Faust hinunter, als wäre die Stimme ein Gummizug. Weiten Sie dabei Ihren Rücken – vor allem im Bereich der Lendenwirbelsäule (Sie tragen vorstellungsmäßig einen schweren Rucksack, den Sie genau während des Registerwechsels vom Kreuz aus positionieren).

107. Übung:

Bilden Sie einen langanhaltenden Sirenenton von unten nach oben und von oben nach unten. Spannen Sie selbstverständlich immer ab.

Übungen zur Resonanz

Unter Resonanz verstehen wir die Übertragung von Schwingungen eines tönenden Körpers auf einen anderen schwingungsfähigen Körper, wodurch der ursprüngliche Klang verstärkt wird.

-    KOPFRESONANZ:
     Ansatzrohr, supraglottischer Raum; alle Resonanzbereiche
     oberhalb des Kehlkopfs (Rachen, Mundhöhle, Nase mit
     Nasennebenhöhlen, Stirnhöhle)
     > Maske = vorderer Stimmsitz, wichtig für die ökonomische
     Lautbildung und die exakte Artikulation
     > Kuppel = Raumweitung nach oben, unbehinderte
     Bereitstellung der Resonanzräume oberhalb des Kehlkopfes für
     die aus der Kehle kommenden Töne
-    BRUSTRESONANZ:

alle Resonanzbereiche unterhalb des Kehlkopfes (Brusträume, Wirbelsäule, insbesondere die Lendenwirbelsäule in Verbindung mit den Zwerchfellschenkeln)

> Klangsäule: zwischen Zwerchfell und Gaumendecke und zwischen Stirn, Brust und Lendenwirbelsäule →

-       VOLLRESONANZ = Einresonanz

108. Übung:

1.   Sie stehen in eutoner Spannung. Lassen Sie die Arme locker hängen. Drehen Sie inspiratorisch die inneren Handflächen langsam nach vorne und exspiratorisch wieder zurück.

2.   Sprechen oder singen Sie, während Sie die inneren Handflächen langsam nach vorne drehen.
ACHTUNG: Selbstverständlich passiert die Phonation exspiratorisch, aber unter Beibehaltung der inspiratorischen Gegenspannung.

109. Übung:

Lassen Sie im Stehen den Oberkörper nach vor fallen. Singen Sie einen Ton ins Kreuz hinein, und richten Sie sich währenddessen langsam auf. Bleiben Sie mit der Stimme im Kreuz. Und den Kopf, den Sie locker hängen lassen, heben Sie erst ganz am Schluss.

110. Übung:

Umgreifen Sie im Sitzen mit der rechten Hand die rechte Stuhlkante (es kann natürlich auch mit der linken Hand die linke Stuhlkante sein), und lehnen Sie sich dabei, während Sie phonieren, langsam nach links (respektive auf der anderen Seite nach rechts): Die Körperspannung nimmt zu.

111. Übung:

Umfassen Sie die Hände eines Ihnen gegenüberstehenden Partners, und dehnen Sie sich gemeinsam mit ihm spürsam zurück ins Kreuz (wachsen Sie am gegenseitigen Widerstand), als würden Sie Wasserschi fahren.

Abb. 15

ACHTUNG: Der Rücken bleibt dabei gerade, also weder vor- noch zurückgeneigt. Kinn- und Nackenbereich, Schultern, Arme und Oberschenkel bleiben locker.

So gelangen Sie gemeinsam mit Ihrem Partner in eine Kreuzbalance, die Sie eindrücklich spüren lässt, dass wir alle in der Lendenwirbelsäule (wegen der Zwerchfellschenkel) gleich stark sein können, unabhängig vom Alter, Geschlecht, Körpergewicht oder von der Körpergröße.

Eine wichtige Aufgabe jeder Stimmbildungsarbeit ist also, den unmittelbaren Zugriff zum Kreuzbereich erspüren zu lassen (zu den Zwerchfellschenkeln), was wiederum nur durch den Abbau einseitiger Spannungen möglich ist.

112. Übung:

Noch eine Partnerübung: Lassen Sie den Oberkörper nach vor fallen und Ihren Rücken vom Partner, welcher hinter Ihnen steht, massieren (links und rechts von der Wirbelsäule, nicht direkt darauf!). Sie können währenddessen summen, während Ihr Kopf locker hängt.

113. Übung:

Bewegen Sie sich wie ein Affe (breitbeinig, breitarmig, „rundes" Kreuz), und bilden Sie primitive Laute („uaah").

Um das „runde" Kreuz noch besser spüren zu können, setzen Sie beide

Hände links und rechts an die Beckenknochen (und zwar beide Daumen solo vorne und die vier restlichen Finger hinten), und drehen Sie unmittelbar vor jedem Ton, den Sie phonieren, Ihr Becken mit den Daumen tendenziell zurück und hinunter und mit den restlichen Fingern vor und hinauf (natürlich bei lockeren Knien).

114. Übung:
1. Legen Sie beide Hände an Ihren Brustkorb, und dehnen Sie diesen gegen die Hände aus (brüsten Sie sich wie ein spanischer Matador), während Sie einen Ton aushalten.
2. Ziehen Sie während der Tongebung gleichzeitig mit einer Hand die Brust und mit der anderen Hand das Kreuz heraus, als wären dort Haltegriffe (Diagonalspannung).

115. Übung:
Stellen Sie sich im Mundraum eine große Luftkugel (einen großen Luftballon) vor. Lassen Sie die Gähnspannung zu, und behalten Sie diese bei. Bilden Sie dazu Klinger: „mmm - nnn – ngngng". Und ziehen Sie dabei die Oberlippe vor (bei „ng" sollten Obertöne zu hören sein).

ACHTUNG: Wenn die Oberlippe fest ist, ist die Resonanz zu. Wenn die Oberlippe von den Oberzähnen abgezogen, das Kinn locker und der Nacken aufgerichtet ist, ist die Resonanz offen.

Ergänzend: Rümpfen Sie die Nase (wie ein schnüffelnder Hund), ziehen Sie die Augenbrauen hoch, und ziehen Sie Stirnfalten (beschleunigt den Alterungsprozess ganz sicher nicht). Sie können auch Fratzen schneiden und wieder lösen.

ACHTUNG: Den Unterkiefer lassen Sie stets locker fallen, und den Nacken richten Sie immer wieder weich-elastisch auf, wobei Sie ständig seine Lockerheit überprüfen.

116. Übung:
Schnalzen Sie mit einem Finger auf Ihre rechte oder linke Wangen-

partie so, dass Trommeltöne entstehen, die auch zu einer Melodie ausbaufähig sind. Diese Trommeltöne setzen optimale Gähnspannung voraus.

117. Übung:

Ziehen Sie mit der rechten (oder linken) geballten Faust-Hand aus Ihrem Rücken einen Ton über die Wirbelsäule, den elastisch nachgebenden Nacken, rund und kuppelbewusst über den Hinterkopf, die Schädeldecke und (mit nun geöffneter Hand) über die Stirn nach vor in die Weite eines Gebirgstales: „haaaooo" mit Rufstimme (nicht Schreistimme!).

118. Übung:

Drücken Sie während eines lang anhaltenden Tons immer wieder kurz und federnd mit einer flachen Faust oder einem Handballen (beide Hände übereinandergelegt) gegen Ihren Schwertfortsatz (Knorpelteil unmittelbar unter dem Brustbein in der Magengrube). Da das Zwerchfell dabei mit Gegenbewegungen reagiert, passiert Resonanzaufschaukelung.

Resümee: Ihr Körper ist Ihr Musikinstrument. Sie sind selbst verantwortlich für den Klang Ihres Instruments. Spielen Sie darauf, und nutzen Sie alle Möglichkeiten. Sie müssen es nur wollen. Das atemresonanzbewusste Singen einfacher Skalen (zum Beispiel beliebige Vokalfolgen in Dreiklängen oder Tonleitern, in chromatischer Abfolge höher oder tiefer werdend) verbessert logischerweise die natürliche Resonanz auch der Sprechstimme.

Das Dach: die Intention

Das humanitäre Ziel:
ein Mensch, der zielgerichtet, dialogisch-spannend, reagibel und berührend ist und Durchhaltevermögen besitzt.

> Mensch sein heißt, „intentional" gerichtet sein,
> auf Sinn und auf mitmenschlich Seiendes.
> **Viktor E. Frankl**

Die Intention ist der geistig-seelische Antrieb für das Körperbewusstsein, die Haltung, die Atmung, die Artikulation und die Stimmtätigkeit zur Vermittlung von Inhalten. Somit sind alle bereits angeführten
Übungen auch immer Intentionalisierungsübungen. Sie lassen sich in
ihrer Ganzheitlichkeit eigentlich nicht in Kapitel zerschneiden. Nur zur
besseren Überschaubarkeit bedienen wir uns einer mehr oder weniger
willkürlichen Gliederung. So ist unser AAP-Haus – der „antike Tempel"
– mit dem Fundament, den vier Säulen und dem Dach zu verstehen.

Wenn Sie in der Kommunikation subjektiv ehrlich und authentisch
sind, dann verhalten Sie sich intensiv und dialogisch bewusst, ergo reagibel und rücksichtsvoll. Das bedeutet: Sie sind in Ihrer Zielgerichtet-
heit spannend-berührend, mitfühlend und konzentriert-denkend. Sie
sind körperlich, seelisch und geistig partnerbezogen und situativ präsent,
eben in Ihrer allumfassenden sozialen Ganzheit, und Sie halten durch,
bleiben dran – nicht nur während der Phonation selbst, sondern auch in
den Sprech- und Singpausen, die Sie ja intentional durchspannen.

Eine spannende Pause ist ein wesentliches Gestaltungselement. Sie
kann nie langweilig werden. Die grundsätzlich vorherrschende Angst vor
zu langen Pausen ist völlig unbegründet, wenn Sie in ihnen intentional-

dialogisch bleiben, das heißt, wenn die Pausen konsequent inspiratorisch gefüllt sind – beispielsweise durch permanentes Hinterfragen: Habt ihr mich verstanden? Könnt ihr mir folgen? Bewirke ich bei euch etwas? …

Dadurch vermeiden wir pausenloses Überfüttern: Nicht alles können wir verdauen – und zu viel schon gar nicht! Aber – Hand aufs Herz: Haben Sie nicht auch das Gefühl, immer wieder überfüttert zu werden? Und meinen Sie nicht auch, in möglichst kurzer Zeit ziemlich viel Information liefern zu wollen, zu müssen? Haben wir das nicht so gelernt: Time ist money? Findet nicht in den Schulen eine permanente Wissensüberfrachtung statt, am wenigsten in der Volksschule, in der Primarstufe, am häufigsten in der Oberstufe des Gymnasiums und dann bei den Vorlesungen in der Universität?

Weniger ist mehr. – Mut zum exemplarischen Lernen. – Qualität vor Quantität. – Mut zur Pause: Lass das erworbene Wissen setzen. – Schlaf eine Nacht: Dann erst triff die Entscheidung. – Mut zur Wiederholung.

Schlagworte, die uns allen vertraut sind. Es liegt einzig und allein an unserer Eigenverantwortung, dass es sich eben nicht nur um Schlagworte handelt.

Pausenmut geht ident mit einem ehrlich-dialogischen Wollen.

Im Lexikon finden wir bei Intention die Übersetzung Absicht. Wenn wir intentional sprechen oder singen oder überhaupt musizieren, dann verfolgen wir eine bestimmte Absicht. Wir wissen genau, was wir tun – zumindest vegetativ, im Idealfall zusätzlich kognitiv. Ganzheitliches Kommunizieren kann nur gewährleistet sein, wenn emotionale und intellektuelle Gestaltungselemente des verbalen, aber auch nonverbalen Dialogs kompromisslos ineinander verzahnen, sie einander bedingen. Sie gehören zusammen. Nur so sind wir Menschen als phonierende Sozialwesen komplett. So leben wir selbstverständlich nach den Kriterien der AAP.

Es heißt: Der Mensch hat im Alter das Gesicht, das er verdient. Ab 40? Ab 50? Ab wann?

Aufgesetzte Freundlichkeit, von oben verordnetes, berufsbedingtes

Lächeln verbraucht sich augenblicklich, ist ja nur Fassade, vergleichbar mit oberflächlicher Schönheit aus Modejournalen, die sich brutal abnutzt, keine reale Perspektive hat. Wahre Schönheit kommt von innen. Das ist kein leerer Satz, sondern Ausdruck der Selbstbestimmtheit, Unabhängigkeit, Freiheit, Lebensqualität. Fremdbestimmte Nettigkeit glättet, spaltet, isoliert die Seele, macht krank. Fröhlichkeit von innen, gelebte Heiterkeit, in der jede mögliche Emotion Platz haben darf und balancierend schwingen kann, hat eine nachhaltig belebende Wirkung und stärkt die Seele.

Strahlende Augen eines alten Menschen inmitten eines faltenreichen Gesichts: Das ist zeitlose Schönheit, die in ihrer Unaufdringlichkeit zutiefst berührt. Durchaus vergleichbar mit den leuchtenden Augen eines Kleinkindes inmitten eines vom erwachenden Leben durchdrungenen Gesichts bedingungsloser Zuwendung.

Lassen Sie also Ihr Gesicht sprechen. Es zahlt sich wirklich aus. Ein totes Gesicht ist äußerst unlustig. Entdecken Sie, wie viele tote Gesichter es in Ihrem Umkreis gibt. Bei Kollegen, Vorgesetzten, Politikern, Ärzten, Beamten, Angestellten, bei Passanten in Einkaufszentren, Straßen- und U-Bahnen. Sie können diese toten Gesichter bedauern, das bringt aber nichts. Es ist gleichsam erstaunlich, hilfreich und beglückend, wenn Sie diesen toten Gesichtern mit einem Lächeln der Heiterkeit begegnen. Das ist Humor in der ursprünglichen Bedeutung: lachen – nicht auslachen, handeln – nicht nur jammern. Das ist die Balance der AAP.

> *Heiter ohne Leichtfertigkeit. Ernst ohne Wichtigtuerei.*
> **Thomas von Aquin**

In den Augen spiegelt sich die Seele wider, das *weite Land*, das wir gießen, beackern, bebauen, sorgsam pflegen können. Wie gesagt: Schönheit kommt immer von innen.

Wir wissen heute, dass das Beseitigen von Gesichtsfalten mit dem Nervengift Botulinumtoxin, bekannt unter dem Handelsnamen Botox, Lähmungen hervorruft. Das Gesicht wird starr. Feine Muskelbewegungen im Bereich der Augen bis hin zum dezenten Stirnrunzeln sind schlimmstenfalls nicht mehr möglich. Somit ist das Sozialverhalten wesentlich beeinträchtigt.

Ein lebendiger Gesichtsausdruck lässt sich operativ und mechanisch nicht erzwingen. Mimisches Muskeltraining ist ausschließlich auf dem Boden der Lust, der inneren Freude, der entsprechenden Gemütsaktivierung sinnvoll. Die emotional bewegte Gesichtsmuskulatur ist ein bedeutsamer Aspekt für die Klangbildung und die Zuwendung beim Sprechen, Singen und Musizieren.

Dies setzt freilich ungehemmte Ausdruckslust voraus. Wenn Sie aus Gründen der Schüchternheit oder des Anstands – oder aus was für nachvollziehbaren Gründen auch immer – bei jeder Gelegenheit Gefühle unterdrücken, ist eine ehrliche Kommunikationsleistung nicht möglich. Der Schlüssel zum Erfolg liegt darin, wie mutig, offen und freudig Sie eigene Gefühle ins Spiel bringen, völlig unabhängig davon, ob Sie von Natur aus eher zum Choleriker, Sanguiniker, Melancholiker oder gar zum Phlegmatiker neigen. Das wichtigste Kommunikationssignal für eine hoffentlich funktionierende Beziehungsebene ist Ihr Gefühlsausdruck.

Jeder Kontakt zwischen Menschen beruht auf diesem subjektiven Erfahrungsaustausch, was freilich die große Gefahr von Missverständnissen miteinschließt. Kein Mensch ist zu einer objektiven Wahrnehmung fähig, obwohl ihm dies immer wieder eingeredet wird und er dies auch immer wieder anstrebt und somit Blockaden, Hemmungen, Ängste (ungewollt?) konstruiert: Sprich sachlich! Bleibe objektiv! Deine subjektiven Befindlichkeiten spielen jetzt keine Rolle. - Hoffentlich verhalte ich mich richtig, mache ich keine Fehler.

Wenn Sie sich ausdrücken, lassen Sie dabei EMOTIONEN zu, Gefühle werden so HERAUSBEWEGT. Dieses Herausbewegen ist ein körperlicher Vorgang und passiert grundsätzlich mit der reflektorischen Dynamik des

Zwerchfells, wie Sie ja wissen. Wenn Sie bewegt sind, dann schaukelt dabei Ihr Zwerchfell befreiendes Lachen oder erlösendes Weinen auf, gewaltige Wut genauso wie tiefe Trauer.

Wie bereits erwähnt: Zwerchfellarbeit ist das natürlichste und nachhaltigste Anti-Aging-Programm (eigentlich, positiv formuliert: Pro-Aging). Und: *Ausdruck ist der Mut zur Klarheit des eigenen Gefühls* (Rupert Lay). Genauso aber auch zur Klarheit des eigenen Verstandes und der eigenen Körperlichkeit. Es ist der Mut zum Ganzen, der Mut zur atemrhythmisch angepassten Phonation.

Hinter dieser seelischen, geistigen und körperlichen Präsenz steht eine eindeutige Intention: Es ist meine klare Absicht, mich dir mitzuteilen, ich lasse mich mit meiner Eigenpersönlichkeit voll auf den zu adressierenden Text und auf dich ein – zielgerichtet, spannend-berührend, mitfühlend und konzentriert-denkend. In der modernen Psychologie gibt es den Fachbegriff *flow*, das heißt *fließen, strömen*: Beim völligen Vertiefen und Aufgehen in einer Tätigkeit werden *Raum und Zeit vergessen*, und es entstehen aktive Glücksgefühle.[187]

Natürlich besitzen Sie jenes hohe Maß an Selbstwertgefühl, das für diese eindeutige Intention notwendig ist:

- Sie handeln eigenverantwortlich, wehren sich rechtzeitig gegen die Fremdbestimmer, unterdrücken keine Gefühle und lassen keinen Gefühlsstau zu – und alles bei klarem Verstand.
- Sie lassen sich Zeit für Ihre innere Einstellung.
- Sie gestalten Ihre Fantasiewelt, den Raum, in dem Sie sich aufhalten, und die Menschen und Tiere, mit denen Sie kommunizieren, mit all Ihren Sinnen –
  - mit Ihrem offenen Ohr,
  - mit Ihrem klaren Blick,
  - mit Ihrer Spürnase,

---

187   Csikszentmihalyi, Mihaly: Das flow-Erlebnis. Jenseits von Angst und Langeweile: im Tun aufgehen. Klett-Cotta. Stuttgart 2008

- – mit Ihrem guten Geschmack und
- – mit Ihrer Lust am Be-Greifen.

- Sie lassen sich durch niemanden und durch nichts hetzen.

- Wenn Sie in der entsprechenden Stimmung, in der adäquaten Situation sind, wenn Sie sich innerlich aufgerichtet, bereit wähnen, dann erst beginnen Sie zu phonieren. Nicht früher!

- So sind Sie von Anfang an inspiriert und präsent, der Atem ist in Ihnen, Sie brauchen nicht extra nach Luft zu schnappen (und erkennen den Räusper-Zwang als solchen, der nicht nötig ist), und Sie wirken (und sind) sicher.

- Sie bleiben neugierig, intuitiv und persönlich und verspüren Lust am Erzählen. Sie bleiben also in Spiellaune.

- Während der Phonation bleiben Sie immer in Spannung, schweifen nicht ab und bleiben zielgerichtet, also intentional.

- Das Ziel jeder (sprecherischen und musikalischen) Phrase ist stets jener Auslaut, den Sie schließlich abspannen.

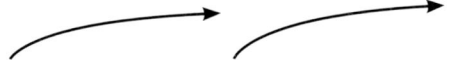

„Ich bin sehr gut" (v) „in meinem Mut." (v)
Das sind Gestaltungsbögen.

- Sie gestalten also beim Phonieren Bögen, und situativ differenzieren Sie dabei in der Dynamik, im Tempo, in der Lautstärke, in der Pausenlänge. So interpretieren Sie einerseits formbewusst, verantwortungsvoll werk-treu, andererseits aber intuitiv-frei.

- Ihr Mut zur Pause ist ungebrochen. Sie wissen, dass Sie immer spannend wirken, wenn Sie inspiratorisch eingestellt bleiben, dabei also nicht den Atem anhalten.

- Das Interpretieren von Texten, Liedern, Musikstücken ist ein komplexer Vorgang, der den ganzen Menschen fordert – seelisch, geistig und körperlich.

- Das gilt für eigene Texte, die Sie frei sprechen oder lesen, genauso wie für fremde Sach- und Literaturtexte, die Sie derart verinnerlichen, dass sie stets Ausdruck Ihrer großartigen Persönlichkeit sind. Sie erleben Ihre Sprache metaphorisch und nicht vordergründig intellektuell.

- Alles, was Sie mitteilen, ist von Ihnen persönlich gestaltet. Sie alleine tragen die Verantwortung dafür. Sie alleine entscheiden über die Qualität. Niemand sonst. Sie brauchen vor niemandem zu bestehen, nur vor sich selbst: Sie sind Ihr wichtigster und – genaugenommen – Ihr einziger Kritiker. Wenn Sie in der partnerorientierten Gestaltung Ihrer Inhalte kompromisslos (das heißt, ohne falsche Rücksicht) vorgehen, dann sind Sie frei und bieten Bestleistung.

- Und: Lampenfieber ist völlig natürlich. Manche werden dadurch heftiger geschüttelt (Kurzatmigkeit, unkontrolliertes Zittern der Hände, Schweißausbrüche, Magenkrämpfe, Angstzustände …), andere spüren dieses Phänomen kaum bis gar nicht. Lampenfieber wegrationalisieren zu wollen, ist unrealistisch. Damit aber konstruktiv umzugehen, ist sinnvoll und intentional möglich – mit der nicht zu unterschätzenden Macht positiver Gedanken (in Kombination mit erübtem Körperbewusstsein): Ich kann es! Ich freue mich über diese Herausforderung! Es bereitet großen Spaß! Ich möchte endlich beginnen! Es drängt mich auf die Bühne!

Wir setzen uns in einen Winkel, sehen den Schall
und fühlen daher das Gedicht kaum halb.

Friedrich Gottfried Klopstock

Horst Coblenzer und Franz Muhar:

*Sie sehen in der Intention einen für die Phonation wichtigen Ateman-
trieb. ... Die Intention ist eine Leistung des zentralen Nervensystems. Sie
besteht im Aufnehmen, Verarbeiten und Reagieren auf Sinneseindrücke.*[188]
*Steigerung der Aufmerksamkeit führt, wie schon erwähnt, zu erhöhter
Muskelspannung, im Bereich der Atemmuskulatur bewirkt dies eine Ein-
atmungstendenz. Zum Erüben der intentionalen Zuwendung können alle
Sinne herangezogen werden.*[189]

*Die beiden Autoren stellen mechanische und intentionale Bewegungsvor-
gänge gegenüber: Um die Rolle der Intention richtig verstehen zu können,
muss der Lernende an sich die Empfindungsunterschiede erst einmal richtig
herausarbeiten.*

*Zum Beispiel beim langsamen Hochheben der Arme ohne eine intentio-
nale Einstellung: Ab einer gewissen Höhe ist das Weiterheben der Arme von
spürbarem Lufteinströmen begleitet. Senkt man nach einigen Sekunden die
Arme, dann strömt Atemluft aus. ... Dabei kommt zuerst die muskuläre
Aktion, dann folgt die Atmung.*

*Ganz anders ist dagegen der Vorgang beim langsamen Hochheben der
Arme mit intentionaler Einstellung, zum Beispiel beim Dirigieren: Wieder
hebt man die Arme, aber diesmal in der Vorstellung, einem Orchester den
Einsatz zu geben. ... Man ist als Dirigent von Kopf bis Fuß in Bereitschaftsstellung. ... Dann folgt der Blickkontakt mit den Musikern, man versi-
chert sich dabei der Spielbereitschaft seines Orchesters und richtet zusätzlich die Aufmerksamkeit auf das Werk. Dieses intentionale „Versammeln"*

---

188   Keidel, Wolf–Dieter: Kurzgefasstes Lehrbuch der Physiologie. Georg Thieme.
       Stuttgart 1967
189   Coblenzer, Horst, und Muhar, Franz: Atem und Stimme. Wien 1976, S. 54

erreicht seinen Höhepunkt im Hochheben der Arme. Auch diesmal lassen sich die Atmung und das Hochheben der Arme wahrnehmen. Die Atmung ist aber beim Dirigieren dem Heben der Arme zeitlich voraus ... Die Bewegung wird vom Atem getragen. ... Wiederholt man diese Dirigierbewegung öfter, jedesmal mit der intentionalen Einstellung, so kann man überdies feststellen, dass der geistige Entwurf stets die gleiche Bewegung der Arme hervorbringt, nahezu auf gleicher Höhe, wobei die Gelenke in Mittelstellung gebeugt und alle Muskeln etwa gleich gespannt sind, während das Gewicht der Arme als leicht empfunden wird. Auf der Höhe der Inspiration bleibt die Bewegung in Schwebe. ...

Der Unterschied in der Ausdrucksqualität überzeugt davon, dass intentionale Gestaltung glaubwürdig, rein mechanische dagegen leer und ausdruckslos ist.

In Gesprächssituationen sind Reaktionsvermögen und Schlagfertigkeit ... an eine durchgehende Aufmerksamkeit gebunden. ... Wenn beim Dialog das intentionale Verhalten fehlt, so kann zwar kein K.o., wie beim Boxen, passieren, aber mit der Zeit erlahmt jedes Interesse beim Zuhörer.

Die geforderte Intention mit Einstellung auf den Partner geht mit allgemeiner körperlicher Tonuserhöhung einher und kann ohne Ermüdung lange Zeit durchgehalten werden.[190]

119. Übung:

Vergleichen Sie noch einmal ganz körperbewusst den rein mechanischen und intentionalen Bewegungsablauf (wie vorhin von Coblenzer und Muhar beschrieben), und speichern Sie die unterschiedlichen Körperwahrnehmungen. Neben dem Dirigieren gibt es natürlich noch viele andere Vorstellungshilfen.

Zum Beispiel: Sie breiten zuerst die Arme mechanisch aus und dann intentional (Vorstellung: Sie stehen auf der Bühne der Wiener Staatsoper oder der Mailänder Scala oder des Zürcher Opernhauses oder der New

---

[190]   Coblenzer, Horst, und Muhar, Franz: Atem und Stimme. Wien 1976, S. 57 ff

Yorker Met oder des neuen Linzer Musiktheaters und bedanken sich für lang anhaltenden Applaus und Standing Ovations, während Sie die Arme ausbreiten).

Oder: Sie strecken den rechten Arm mechanisch aus und dann intentional (Vorstellung: Sie weisen jemandem einen Sitzplatz zu).

Wie erwähnt: Ihrer Fantasie sind keine Grenzen gesetzt.

120. Übung:

Sie schneiden Grimassen – so fratzenhaft wie möglich. Sie können dabei die Augen rollen, die Nase rümpfen und die Lippen breitziehen und spitz nach vor stülpen (vor allem die Oberlippe). Entspannen Sie anschließend Ihre Gesichtsmuskulatur (dabei öffnet sich der Mund, der Unterkiefer hängt locker, und Sie schauen „doof").

121. Übung:

Welche Stimmung haben Sie im Moment? Versuchen Sie, diese mimisch darzustellen.

Was ist Freude? Was ist Trauer? Was ist Glück? Was ist Schmerz? Was ist Verwunderung? Was ist Enttäuschung? Was ist Wut? Was ist Angst? Was ist Verzweiflung? …

Versuchen Sie, diese Gefühle zum Ausdruck zu bringen – vielleicht gemeinsam mit anderen Personen. Welche Rolle spielt dabei Ihr Zwerchfell?

122. Übung:

Schauen Sie einer Vertrauensperson tief in die Augen, und versuchen Sie, aus den Augen des anderen zu lesen. Kommunizieren Sie mit den Augen. Fällt Ihnen dies leicht? Oder schwer? Wie gehen Sie damit um?

Sie können jemandem zuzwinkern oder mit den Augen blinzeln oder die Augenbrauen hochziehen.

Vergleichen Sie: Während Sie irgendeine Geschichte erzählen,

–   schauen Sie zuerst durch die Augen Ihrer Vertrauensperson durch (als wären diese durchsichtig),

- blicken Sie dann knapp an den Augen vorbei
  (darüber, darunter, seitlich),
- bevor Sie sich schließlich wieder auf die Augen Ihres Partners
  einlassen.

Empfinden Sie jedesmal gleich oder doch verschieden?

123. Übung:

Zwischen Ihrer Nasenspitze und der Ihres (realen oder imaginären) Partners ist ein gedachtes Seil gespannt, darauf bewegt sich langsam hin zum Partner eine Gondel und in dieser jener Text, den Sie gerade sprechen, oder jene Melodie, die Sie währenddessen singen.

ACHTUNG: Schauen Sie immer der „Gondel" nach.

Variation: Überreichen Sie während der Phonation mit einer Hand Ihrem Partner verschiedene „Geschenke" (ein „Tortenstück", ein „Buch", eine „Blume", eine „Vase" …).

124. Übung:

Bewegen Sie sich spontan zu unterschiedlichen Rhythmen, während Sie phonieren (ruhig, fließend, straff, wild, extatisch …) – in einer Gruppe oder alleine.

125. Übung:

Stellen Sie sich vor, Sie sitzen in einem Rennboliden. Während Sie sprechen oder singen, geben Sie immer wieder mit dem rechten Fuß kräftig Gas, und bremsen Sie spontan mit dem linken Fuß, selbstverständlich vergessen Sie dabei nicht aufs Lenken.

Lesen Sie dazu einen literarischen Text.

DER PANTHER

Rainer Maria Rilke

Sein Blick ist vom Vorübergehn der Stäbe
So müd geworden, dass er nichts mehr hält.
Ihm ist, als ob es tausend Stäbe gäbe
Und hinter tausend Stäben keine Welt.

Der weiche Gang geschmeidig starker Schritte,
Der sich im allerkleinsten Kreise dreht,
Ist wie ein Tanz von Kraft um eine Mitte,
In der betäubt ein großer Wille steht.

Nur manchmal schiebt der Vorhang der Pupille
Sich lautlos auf. – Dann geht ein Bild hinein,
Geht durch die Glieder angespannte Stille –
Und hört im Herzen auf zu sein.

Vielleicht denken Sie in diesem Moment: Was hat denn ein Rennbolide mit einem Panther oder gar mit Rilke zu tun? Und Sie haben völlig recht: Gar nichts! Wenn Sie einen Text GESTALTEN, dann ist dies ein ausschließlich PERSÖNLICHER Prozess. Dieser ist, wie ja bereits mehrmals erwähnt, in erster Linie intuitiv geleitet, so wie dies interessanterweise bei den meisten Lebensentscheidungen zutrifft (oder zutreffen sollte): bei der Wahl des Berufes, der eigenen vier Wände, ja sogar der Lebens-Partner.

Sprechen ist eine physiologische und psychologische
Herausforderung, ein philosophisches und
kommunikatives Abenteuer fürs ganze Leben.

Horst Coblenzer

Die Text-Gestaltung ist, so wie eben die Lebens-Gestaltung auch, ein wundersames Abenteuer.

Das Wort ist die Vorgabe. So wie auch die Umstände vorgegeben sind: ein großer Vortrag in einem imposanten Saal oder eine intime Unterredung mit einem lebenswichtigen Partner.

Hier sind Sie gefordert, sich darauf einzustellen und sich darauf einzulassen. Mit Ihrem kompletten Ego, mit all Ihren momentanen Befindlichkeiten. Als dialogisch definiertes Sozialwesen eröffnen sich Ihnen mannigfaltige Möglichkeiten des Reagierens. Diese geschehen intuitiv, spontan, unberechenbar, impulsiv, lustbetont, LEBENDIG. Die intellektuelle Leistung besteht im Grunde nur darin, die Form dort zu wahren, wo Sie es für richtig halten. Auch das sind Bauchentscheidungen. Ihr kognitives Bewusstsein ist geprägt vom erworbenen Wissen, das Sie wiederum am besten aus Ihrem Unterbewusstsein heraus mobilisieren. Die Fähigkeit der Selbstkontrolle beim Sprechen, Singen oder Musizieren, die Gabe des Reflektierens über sich selbst oder über andere – das sind intellektuelle Notwendigkeiten für das glückliche Zusammenleben unterschiedlicher Persönlichkeiten in juridisch organisierten Gesellschaftsformen.

Das Resümee bleibt erfreulicherweise immer gleich: Nur wenn Verstand und Gefühl im Balance-Verhältnis zueinander stehen und der Körper dies ungehindert zum Ausdruck bringen kann (immer nach Maßgabe der realen Möglichkeiten, das heißt, Rollstuhlfahrer ob ihrer Behinderung zu bedauern und somit zu isolieren, ist unmenschlich, sie aber in ihren realen Möglichkeiten optimal zu fördern, ist menschlich sinnvoll, also human), aktivieren Sie Ihr lebenswichtiges Potential des Glück-

lichseins: Sie erfahren Ihre fantastische Kreativität, werden immer wieder
überrascht von der Unendlichkeit Ihres Unterbewusstseins, die Sie fanta-
sievoll zum Ausdruck bringen können, lassen sich nicht von Äußerlich-
keiten fremdbestimmen, Ihre inspiratorische Energie beflügelt Sie immer
wieder aufs Neue.

Gestaltung passiert: Text- und Lebens-Gestaltung. Das herrliche Gedicht „Der Panther" von Rainer Maria Rilke hat wirklich nichts mit einem
Rennboliden zu tun. Wenn Sie aber während der Text-Gestaltung Renn-
fahrer spielen oder auf dem Mittelfinger einen Stock balancieren oder sich
an einem Schlagzeug austoben oder vom Baum Äpfel klauben oder jemandem ein Tortenstück oder eine Vase reichen oder oder oder …, dann
eröffnen sich Ihnen Gefühlswelten, die Sie von anerzogenen Zwängen der
Vernunft abzulenken vermögen: Sie betonen, modulieren, dynamisieren
zwerchfell-spontan. Irgendwie. Intuitiv. Lebendig. Richtig. Niemand hat
das Recht, Sie dabei zu korrigieren. Gestaltung passiert eben.

Und jeder Mensch tut dies auf seine Art. Was aber uns alle verbindet,
wenn wir unser Sprechen, Kommunizieren, Singen, Musizieren mit intuitiver Vitalität gestalten, also unser permanent präsentes Kreativitäts-
potential uneingeschränkt leben, ist das, was Horst Coblenzer und Franz
Muhar AAP genannt haben.

Selbstverständlich bedeutet kreativ-natürliches (*kreatürliches*[191]) Text-
Gestalten nicht, dass der Verstand völlig auszuschalten ist. Ganz im Gegenteil: Es geht ja, wie gesagt, immer wieder und bei allem, was wir tun,
um die Balance.

Der Verstand suggeriert uns, der Panther von Rilke ist eingesperrt –
als Inbegriff von kraftvoll-ästhetischer Vitalität, die nun freudlos hinter
Gitterstäben verkümmern muss. Dass dies symbolhaft für jede Form des
Eingesperrtseins stehen kann, auch das drängt uns die Logik auf.

Gerne lasse ich in meinen Seminaren Menschen diesen Text lesen. Alle

---

191   Wortschöpfung des österreichischen Literaten und Essayisten Dr. Franz Schuh,
       geb. 1947 in Wien

in der Gruppe registrieren die Qualität, es ist nicht nötig, darüber verbal zu befinden.

Dann lasse ich diesen Text noch einmal lesen, wobei ich einen meiner Unterarme anbiete mit der Aufforderung, diesen mit der Hand zu umfassen und daran zu rütteln, als wäre er ein Gitterstab (indem auch ich den Unterarm heftig bewege, entsteht noch mehr Widerstand). Es kommt bei der textgestaltenden Person IMMER eine schier unglaubliche und für alle beglückende Qualitätssteigerung in Ausdruck und Klang.

Erst nach dieser komplexen Körper-Geist-Seele-Erfahrung macht es Sinn, den intellektuellen Hintergrund des Textes zu erörtern.

126. Übung:

Stellen Sie mit Ihrem Körperinstrumentarium (Klatschen, Fußstampfen, Fingerschnipsen …) verschiedene Gefühlswelten dar (Trauer, Lust, Wut …). Lassen Sie dabei immer mehr Ihre Stimme einfließen.

127. Übung:

Dirigieren Sie sich selbst (oder auch andere) während der Textgestaltung (piano, crescendo, fortissimo, subito piano, lamento, largo …). Das muss nicht textkongruent geschehen. Lassen Sie sich immer wieder selbst überraschen.

128. Übung:

Stockübung (siehe 70. Übung)

129. Übung:

Diskutieren Sie mit anderen (oder mit sich selbst) mit Lauten der Glossolalie (siehe 104. Übung). Sie können dabei gestikulieren, einander zulächeln, sich giftig ansehen, ihre Zungen herausstrecken, sich Luft-Bussis zuwerfen, zornig aufeinander sein, sich friedlich in die Augen blicken, aufstehen, sich wieder niedersetzen … Sie können auch Gespenster spielen und sich gegenseitig erschrecken.

BEDENKEN SIE: Wesentlich ist nicht, was sich gehört oder nicht gehört, wesentlich ist, wie Sie Ihre Lebens-Lust sinnvoll erhalten oder auch steigern können.

130. Übung:

Spielen Sie einen Zirkus-Dompteur, und versuchen Sie, Ihre Tiere zu bändigen, die sich rund um Sie aufgestellt haben (reagieren Sie auf jedes unfolgsame Tier). Dazu sprechen Sie einen Text.

Diese Übung ist auch hervorragend in einer Gruppe geeignet: Alle anderen, die um Sie herum im Kreis stehen, sind die Raubtiere, die alles versuchen, Sie zu fressen. Sie halten sie mit Ihren Händen vom Leib (vor allem die hinter Ihrem Rücken). Und dazu sprechen Sie wiederum Ihren Text.

Sie (beziehungsweise noch mehr alle anderen) werden erstaunt sein über die Lebendigkeit Ihres Ausdrucks und die natürliche Kraft Ihrer Stimme.

WILHELM WILLE

Gerlinde Moder

Ich heiße Wilhelm Wille,
wenn ich komm, wird es stille,
denn meine großen Katzen
mit ihren wilden Tatzen,
die bringen Angst und Schrecken.
Doch ich mit meinem Stecken
halt sie mir fern,
ich hab sie gern,
ich kann sie sogar necken.
Wenn meine Löwen kommen,
verstummen alle Frommen.
Die Tiger mit den Streifen,

Gerhard Doss

die springen durch den Reifen,
sie sind ja meine Schätzchen,
die lieben, großen Kätzchen.
Zum Schluss sogar
der Jaguar,
auch er macht keine Mätzchen.
Brav machen alle Männchen,
grad wie die sanften Lämmchen.
Ich kann es sogar wagen
und stecke bis zum Kragen
den Kopf ins Maul vom Tiger,
und er ist ein ganz Lieber,
er beißt nicht zu,
lässt mich in Ruh,
und ich wag's immer wieder.[192]

Der Körper speichert jede Erfahrung umso mehr, wenn Sie intellektuell dahinterstehen. Versetzen Sie sich mit Ihrer ganzen Vorstellungskraft in jede Situation, in jedes Bild. Stellen Sie sich vor, Sie selbst erleben das gerade (*Doch ich mit meinem Stecken halt sie mir fern – Die Tiger mit den Streifen, die springen durch den Reifen – und stecke bis zum Kragen den Kopf ins Maul vom Tiger*), dann erst phonieren Sie.

131. Übung:
Stellen Sie sich vor, der Himmel ist voller Sternschnuppen, eine schöner als die andere. Zählen Sie möglichst mit wachsender Begeisterung.
Variation: Sie rollen (in Ihrer Vorstellung) eine Kugel über eine unendlich lange Kegelbahn hin zu den aufgestellten Kegeln; Sie beobachten das Sich-Entfernen der Kugel, und mit ausgestrecktem Zeigefinger zählen Sie

---

192   Moder, Gerlinde, und Moser, Franz: Zirkus Morio. Ein Musical für Kinder bis
        15 Jahre. Veritas. Linz 1996, S. 28 f

jeden umfallenden Kegel. Mit der gleichen Einstellung sprechen Sie anschließend einen beliebigen Text oder singen Sie ein Lied.

Sie können daraus auch eine spannende Zahlen-Geschichte gestalten.

132. Übung:

Spielen, erleben, beschreiben Sie jede Strophe. Und erst aus diesem Erleben heraus sprechen (singen, musizieren) Sie.

MARKTLIED
Hans Dieter Mairinger

Kommen Sie, kommen Sie, kommt, liebe Leute,
kaufen Sie, kaufen Sie, Markttag ist heute!
Kommen Sie, kommen Sie, kommt, liebe Leut,
Markttag ist heut!

Am Markt gibt's viele Leute,
die schaun und kaufen gern,
die tragen Taschen, Körbe,
die sind von nah und fern.

Am Markt gibt's bunte Blumen,
rot, gelb und lieblich blau,
die wunderschönen Farben
gefallen Mann und Frau.

Am Markt trifft man Bekannte,
tratscht, lacht mit Heiterkeit.
Am Markt sind alle fröhlich,
am Markt hat jeder Zeit.[193]

---

193   Moser, Franz: Saitenweise Kinderhits. 48 Kinderlieder mit Begleitung und
        Tanzvorschlägen. Veritas. Linz 1997

133. Übung:

Sprechen und singen Sie „Kuckuck, Kuckuck, ruft's aus dem Wald" ohne innere Anteilnahme („flach"). Und dann stellen Sie sich den Kuckuck im Wald vor und zeigen zu ihm hin, während Sie phonieren.

134. Übung:

Beschreiben Sie mit Ihrem Zeigefinger intentional einen großen Bogen, während Sie zählen. Hin zu einem Partner oder zu einem imaginären Ziel (von Herz zu Herz). Und lassen Sie zwischen den Zahlen lange Pausen zu. Natürlich können Sie jeden beliebigen Text sprechen („Heut … ist … Freitag … der 22. Juni … 2012").

ACHTUNG: Der Zeigefinger bleibt – auch während der langen Pausen – kontinuierlich in fließender Bewegung; es gibt keine Akzente und keine abrupten Unterbrechungen.

135. Übung:

Auf einer Tischplatte vor Ihnen liegt an irgendeiner Stelle, die Sie nicht kennen, ein (ungefährlicher) Gegenstand (von einer anderen Person hingestellt): Ihre Augen sind geschlossen. Sie sprechen einen Text, während Sie behutsam nach dem Ihnen unbekannten Gegenstand suchen, bis Sie schließlich diesen tastend erkennen sollen, ohne dies formulieren zu müssen, da Sie ja nach wie vor Ihren gewählten Text sprechen.

Variationsmöglichkeiten:

Ihr Partner formt mit seinen Händen eine Handskulptur, die Sie anschließend mit geschlossenen Augen ertasten, während Sie ein Gedicht sprechen. Schließlich formen Sie mit Ihren Händen diese Handskulptur nach.

Formen Sie mit beiden Händen in der Luft eine Figur, einen Gegenstand, eine Landschaft, was auch immer, während Sie phonieren.

136. Übung:

Vor Ihnen steht ein Partner, dessen Rücken Ihnen zugewandt ist.

1. Sie stellen sich vor, Ihr Partner ist ein Kleiderständer. Lassen Sie nun Ihre Hände auf die Schultern ihres Partners plumpsen, als würden Sie einen triefend nassen Regenmantel hinschmeißen. Registrieren Sie (und auch Ihr Partner) dabei die Körperwahrnehmung, aber auch die sonstige Befindlichkeit. Wenn Sie während dieser Einstellung sprechen, klingt Ihr Text aufgesetzt.

2. Nun haben Sie wieder ganz realistisch einen wunderbaren Menschen vor sich, dem Sie Gutes tun wollen. Mit elastisch gespannten Armen (die weder durchgestreckt, noch zu sehr angewinkelt sein sollen) setzen Sie Ihre Hände einfühlsam auf die Schultern Ihres Partners auf; Sie lassen sich ein, indem Sie Ihre persönliche Wärme über Ihre Fingerspitzen und inneren Handflächen hinüberfließen lassen in die Schultern des Mitmenschen – bald bekommen Sie Wärme zurück. Diese intentionale Einstellung kann sehr viel Zeit beanspruchen. Und erst dann, wenn Sie sich bereit dafür fühlen, sprechen Sie in dieses kommunikative Berühren hinein dialogisch einen Text, der Ihnen gerade zur Verfügung steht. Nehmen Sie (und Ihr Mitmensch) auch jetzt wahr, was Sie dabei körperlich und seelisch empfinden. Was immer Sie dabei sagen (oder auch singen), es klingt warm, persönlich und verbindlich.

3. In Weiterführung können Sie Ihre Hände, ohne die Sprech-(oder Sing-)Intention aufzugeben, von den Schultern lösen und langsam zurückweichen. Die räumliche Distanz zwischen Ihnen und Ihrem Mitmenschen nimmt somit zu: Der körperliche Kontakt scheint unterbrochen, nicht aber der geistig-seelische – Sie bleiben berührend (auch in den Phonationspausen).

137. Übung:

Lesen Sie folgende Texte vom Blatt:

RATSCHLÄGE FÜR EINEN SCHLECHTEN REDNER

Kurt Tucholsky

Fang nie mit dem Anfang an, sondern immer drei Meilen VOR dem Anfang! Etwa so:

„Meine Damen und Herren! Bevor ich zum Thema des heutigen Abends komme, lassen Sie mich Ihnen kurz ...“

Hier hast Du schon ziemlich alles, was einen schönen Anfang ausmacht: eine steife Anrede; der Anfang vor dem Anfang; die Ankündigung, dass und was Du zu sprechen beabsichtigst, und das Wörtchen kurz. So gewinnst Du im Nu die Herzen der Zuhörer.

Denn das hat der Zuhörer gern, dass er deine Rede wie ein schweres Schulpensum aufbekommt; dass Du mit dem drohst, was Du sagen wirst, sagst und schon gesagt hast. Immer schön umständlich!

Sprich nicht frei - das macht einen so unruhigen Eindruck.

Am besten ist es: Du liest Deine Rede ab. Das ist sicher, zuverlässig, auch freut es jedermann, wenn der lesende Redner nach jedem vierten Satz misstrauisch hochblickt, ob auch noch alle da sind.

Wenn Du gar nicht hören kannst, was man Dir so freundlich rät, und Du willst durchaus und rundum frei sprechen ... Du Laie! Du lächerlicher Cicero! Nimm Dir doch ein Beispiel an unseren professionellen Rednern, an den Reichstagsabgeordneten - hast Du die schon mal frei sprechen hören? Die schreiben sich sicherlich zu Hause auf, wann sie „Hört! Hört!“ rufen ... ja, also wenn Du denn frei sprechen musst: Sprich, wie Du schreibst. Und ich weiß, wie Du schreibst. Sprich mit langen, langen Sätzen - solchen, bei denen Du, der Du Dich zu Hause, wo Du ja die Ruhe, deren Du so sehr benötigst, Deiner Kinder ungeachtet, hast, vorbereitest, genau weißt, wie das Ende ist, die Nebensätze schön ineinandergeschachtelt, so dass der Hörer, ungeduldig auf seinem Sitz hin und her träumend, sich in einem Kolleg während, in dem er früher so gern geschlummert hat, auf das Ende solcher Periode wartet ... Nun, ich habe Dir eben ein Beispiel gegeben. So musst Du sprechen.

DER NACHSCHLAG

Bertolt Brecht

*Meine Sätze spreche ich, bevor
der Zuschauer sie hört –, was er hört, wird
ein Vergangenes sein –.
Jedes Wort, das die Lippe verlässt,
beschreibt einen Bogen und fällt
dann ins Ohr des Hörers –
ich warte und höre,
wie es aufschlägt –
ich weiß, wir empfinden nicht das Nämliche und
wir empfinden nicht gleichzeitig.*

Sie können jeden Text fehlerfrei vom Blatt lesen. Das ist keine Überforderung, sondern ausschließlich eine Einstellung, die auch für die freie Rede gilt: Ich traue es mir zu. Ich kann es. Ich denke nicht darüber nach. Ich tue es. Immer wieder.

-   Der Text von Kurt Tucholsky ist voll der pointierten Ironie und fordert auch im kunstvoll konstruierten Schachtelsatz höchste Konzentration.
-   Bertolt Brecht erzeugt durch ungrammatikalische Verszeilen besondere Spannungsakzente, wenn zwischen den Verszeilen bewusst lange (inspiratorisch gefüllte) Pausen gesetzt werden. So endet beispielsweise die erste Verszeile mit einem Bindewort, das somit formal vom zu ihm gehörenden Gliedsatz abgeschnitten ist; dasselbe gilt auch für die Personalform der zweiten Verszeile

und so fort: ... *beschreibt einen Bogen und fällt* ...... (ja, wohin denn?) ...... *dann ins Ohr des Hörers* ... Die inspiratorisch gefüllte Pause zwischen den Verszeilen erhöht die Spannung.

Sie können, wie gesagt, jeden Text fehlerfrei vom Blatt lesen. Aber nicht nur das. Sie sind in der Lage, jeden Text, einen lyrischen wie einen epischen, ad hoc in optimaler Ausdrucksqualität zu gestalten, ohne sogleich den intellektuellen Sinn des soeben Gelesenen erfasst haben zu müssen. Je mehr es Ihnen gelingt, den Kopf auszuklinken, desto freier und lebendiger erleben Sie die spontane Sprachgestaltung, was übrigens auch für die freie Rede gilt. Je weniger Sie vordergründig denken, desto kreativer formt sich Ihre Sprache, entfaltet sich Ihr verbales und nonverbales Ausdrucksvermögen. Sie werden von Ihrer Intention und Ihrem Atem getragen. Unser Bauchhirn mit seinen mehr als 100 Millionen Neuronen scheint für diese großartig-spontane menschliche Fähigkeit intuitiver Leidenschaft verantwortlich zu zeichnen – in Korrelation mit einem ungehemmten Zwerchfell, das aus Gefühlen Emotionen werden lässt. Sprache gehört sinnlich erlebt, dann vielleicht verstanden.

Setzen Sie beim Üben immer Schwerpunkte. Alles auf einmal umsetzen zu wollen, kann naturgemäß nur überfordern. Sie können Ihr Körperbewusstsein aktivieren, die verschiedenen Aspekte der Haltung erspüren, sich auf Ihre Atemdynamik einlassen, sich auf die artikulatorischen Aspekte konzentrieren, mit Ihrem individuellen Stimmklang spielen oder die mannigfaltigen Möglichkeiten intentionaler Einstellungen ausprobieren.

Haben Sie Geduld. Und vor allem: viel Spaß und Freude dabei. Gönnen Sie sich viel Zeit. Bleiben Sie konsequent. Die Zeit arbeitet für Sie. Und Sie haben noch das ganze Leben vor sich. Unabhängig davon, wie alt Sie im Moment tatsächlich sind.

Die meisten der hier exemplarisch angeführten Übungen sind entweder direkt von Horst Coblenzer übernommen oder, durch ihn inspiriert, in modifizierter Form wiedergegeben.[194]

Viele Übungen finden Sie in seinem Buch „Erfolgreich sprechen" wieder. Daraus möchte ich an dieser Stelle einige funktionell leicht nachvollziehbare Anregungen zur Textgestaltung zitierend herausgreifen:

> *Die Gefahr ist groß, beim Sprechen von Lyrik mit unserer Stimme die Stimmung „aufzusetzen". Gefühl missrät dadurch schnell zu verkitschter Sentimentalität.*

> *Augustinus sagt: „In dir muss brennen, was du in anderen entzünden willst."*

> *Lassen wir uns nicht dazu verführen, die Vokale noch zusätzlich liefern zu wollen, indem wir gewissermaßen nach Platzen des Konsonanten den Vokal jeweils nachschieben.*

> *Ablesen langweilt den Zuhörer, Vorlesen kann hingegen spannend sein. … Vorlesen soll spannend sein.*

Daher sammeln wir vor Beginn unser Publikum ein, indem wir die Hörerschaft von links nach rechts überschauen. Dann nehmen wir die erste Portion Text vom Manuskript in uns auf. Darauf sprechen wir diesen Text ausschließlich ins Publikum und nicht ins Manuskript …

> *Haben wir keine Angst, unsere Hörerschaft nicht schnell genug zu versorgen, sondern im Gegenteil, haben wir Mut zu … Abspannpausen!*
> *Wir brauchen diese für unsere Ökonomie; unsere Hörerschaft braucht sie, um besser folgen zu können.*

> *Hastiges Sprechen läuft unserem inneren Tempo davon.*

---

194 Doss, Gerhard: Der stimmige Mensch. Stimmerziehung als gesamtmenschliche Herausforderung. Skript der Pädagogischen Akademie der Diözese Linz. Linz 1992
Doss, Gerhard: Didaktik Stimmbildung. Kleine Phonationsschule für Schüler und Lehrer. Skript der Pädagogischen Akademie der Diözese Linz. Linz 1998

In der Regel wird zu schnell gesprochen, öffentlich wie auch privat – der Hörer kann gar nicht mitvollziehen oder gar aufarbeiten, denn schon kommt eine neue Portion für ihn.

Zum „Mitschreiben" zu sprechen, das ist geläufig. Nehmen wir jetzt den Vorsatz, zum „Mitdenken" zu sprechen, in unser Repertoire auf!

➤ *Versuchen wir, frei zu sprechen und nicht abzulesen!*

Gehen wir keinesfalls das Risiko ein, unser Manuskript auswendig zu lernen und dann steckenzubleiben!

Zum Freisprechen machen wir uns einen handlichen Stichwortzettel. Wer frei spricht, bleibt am Puls des Auditoriums.

Bewunderung und Sympathie werden uns tragen. Wenn wir auf eine Zwischenbemerkung eingehen und dadurch aus dem Konzept geraten sollten, so rufen uns garantiert zwei oder drei „Pannenengel" unser letztgesagtes Wort zu.[195]

Wie eingangs festgehalten, ist AAP in der Primärbedeutung ein vegetativ gesteuertes Naturereignis. Im erweiterten Sinne handelt es sich dabei um ein wissenschaftlich gestütztes Konzept für authentisches und ökonomisches Kommunizieren. Die beiden dafür verantwortlichen Herren Horst Coblenzer und Franz Muhar sind also nicht – wie immer wieder in verschiedenen Publikationen nachzulesen ist – die Begründer der AAP. Sie haben nichts Neues erfunden. Sie haben ausschließlich – und das ist ihre große pionierhafte Leistung – altes Gedankengut empirisch beleuchtet und bei Kindern, Tieren und instinktsicheren Erwachsenen atemphysiologisch Beobachtbares in Worte gefasst und über bestimmte Messmethoden wissenschaftlich dokumentiert. Sie haben einem faszinierenden Kommunikationsphänomen einen Namen gegeben: AAP.

Der Ausgang dafür liegt in der Schauspielkunst. Ich habe dies ja aus-

---

195   Coblenzer, Horst: Erfolgreich sprechen. Fehler und wie man sie vermeidet. Österreichischer Bundesverlag. Wien 1987, S. 108 – 113

führlich dargelegt. Da war die Sehnsucht eines Schauspielers, welcher das Privileg hatte, bei den besten Schauspielern seiner Zeit Zeitloses beobachten, an sich selbst auf der Theaterbühne umsetzen und schließlich in einer der renommiertesten Schauspielschulen der Welt weitervermitteln zu können, da war also die Sehnsucht dieses Schauspielers, Licht ins Dunkel zu bringen, ins Spekulative der besonderen Ausstrahlung mancher Theatermenschen. Er war getrieben von seinem ureigenen Bedürfnis, sich selbst in seinen kommunikativen Fähigkeiten zu erhöhen, und somit etwas, was ein zutiefst menschliches Thema darstellt, mehr oder weniger erfolgreich zu sublimieren: seine innerste Einsamkeit und seine ausgeprägte Komödiantik. Das betrifft uns alle ausnahmslos, hier sind wir alle gefordert, ganz persönlich hoffentlich wirkungsvolle Strategien zu entwickeln gegen unsere innerste Einsamkeit und für unsere grundsätzliche komödiantische Lust.

Die direkte Linie von Horst Coblenzer über Bernhard Vollmer zu Josef Kainz lässt sein Buch „Erfolgreich sprechen" mit der *Atemsprache als Forderung von Josef Kainz* enden:

Als Beispiel für die Atemsprache nannte Kainz die Worte des Türmers Lynceus aus Faust II.Teil.

Er machte klar, man müsse den Text zeilenweise sprechen und dabei immer das letzte „n" loslassen. Etwa folgendermaßen:

Lass mich knie<u>n</u> (v)

Lass mich schaue<u>n</u> (v)

Lass mich sterbe<u>n</u> (v)

Lass mich lebe<u>n</u> (v)

Es käme also entscheidend darauf an, jeweils am Schluss der Zeile auf „n" die Spannung zu lösen, damit im Wechselpunkt von Stirb und Werde mit der Luft auch der neue Gedanke, das neue Gefühl einschießen könne.

Daher sei das in Partituren oder auch in Texten oft vermerkte Atemzeichen (=v) keine Aufforderung zum LuftHOLEN für Sänger oder Spre-

cher, sondern ganz im Gegenteil zum LuftABGEBEN, damit die Voraussetzung automatischer Erneuerung erfüllt sei, welche die lebendige Gestaltung
trägt.

Kainz, als der „König der Sprache" gefeiert, hat darüber hinaus in an-
schaulicher Weise für die deutsche Satzbetonung vorpraktiziert, wie man
das „Gipfelwort" anzusteuern hat. Dabei wird das Umfeld beleuchtet, jedoch so, dass man sich dabei keineswegs aufhält oder gar die Hauptaussage
aus den Augen verliert. Als Beispiel hierfür dient der Satz des Mortimer
aus Maria Stuart:

„Sterben muss von unsrer Hand, dass niemand übrig bleibe, der den
Raub verraten könne, jede lebende Seele!"

In einer Art Relieftechnik wird hiebei „Sterben muss von unsrer Hand"
ganz eindeutig in den Vordergrund gerückt, hingegen wird der Nebensatz
„… dass niemand übrig bleibe, der den Raub verraten könne" in den Hintergrund gerückt und die Satzaussage dann wieder nach vorne gezogen,
und zwar im Anschluss an den im Vordergrund stehenden Erstteil.

Versuchen wir nun einmal die Aufgliederung nach der Zeichengebung
und anschließend die „Relieftechnik" nach Kainz. Es spricht ein anschlie-
ßender Vergleich ganz eindeutig für die Gipfelwort-Forderung.

Es soll hier festgehalten werden, dass im sprachgestalterischen Gedankengut von Josef Kainz die Forderung nach Ökonomie und Glaubwürdig-
keit der Antike ihre Gültigkeit erfährt.

So distanzierte sich Kainz von eloquenter Sprechkunst um ihrer selbst
willen und erklärte: Jede Umstellung des Empfindens allein mit dem Atem,
nie sprachlich machen!

Und an anderer Stelle führt er aus: Jeden Stimmungsscheibenwechsel –
zum Beispiel von Liebe in Hass oder von Heiterkeit in Traurigkeit – stets vor
gleichbleibender Lichtquelle vornehmen!

Das heißt: Das Umkippen von dem einen in das andere Gefühl bleibt
für den Zuschauer oder Zuhörer nur dann transparent – das heißt glaubwürdig – , solange der Atem als Lichtquelle dahinter leuchtet. Jede Unter-

brechung würde das Publikum ins Dunkle setzen.[196]

Mit diesem Satz endet das Coblenzer-Buch: *Jede Unterbrechung* (des Atems als Lichtquelle) *würde das Publikum ins Dunkle setzen.*

AAP nach Coblenzer/Muhar beinhaltet ein Konzept, das einen eindeutigen Zusammenhang erkennen lässt zwischen dem zeitlosen Phänomen der reflektorischen Luftergänzung (von Coblenzer und Muhar Abspannung genannt) und den persönlichen Bedürfnissen des Menschen im Spannungsfeld soziologischer, psychologischer und neurologischer Aspekte, vorgegeben durch individuelle Veranlagung und gesellschaftlich-kollektive Erwartung. Das seelisch-körperlich-geistige Heranspüren an die *Bioenergetik* der atemrhythmisch angepassten Phonation fordert naturgemäß den ganzen Menschen und stellt folglich eine Gratwanderung dar zwischen Atem-, Stimm- und Sprechschulung im traditionellen Sinne und dem Einlassen auf psycho- und physiotherapeutische Rand- oder Grauzonen, die im Leben und somit auch beim Üben unvermeidbar sind wie das Amen im Gebet beziehungsweise das Abspannen in der AAP. Die Übungen zur AAP konturieren Handlungsweisen, vor allem aber – und das ist entscheidend und einzig sinnvoll – schärfen sie grundlegende Intentionen, führen also zu basalen Einstellungen, von denen jede Aktionskompetenz ableitbar ist.

Die pädagogische Auseinandersetzung mit AAP deckt selbstverständlich keine therapeutischen Bedürfnisse ab (AAP-Trainer sind keine Therapeuten!), zeigt aber doch sehr deutlich auf, dass bei ganzheitlicher Betrachtungsweise Grenzen nur verschwommen (oder noch besser formuliert: fließend) sein können. Eine konstruktive Zusammenarbeit von AAP-Trainern, das heißt: Atem-, Stimm- und Sprechpädagogen nach den Kriterien der AAP, und beispielsweise Logopäden, Psycho- und Physiotherapeuten drängt sich förmlich auf. Konkurrenz gibt es nicht, nur be-

---

196   Coblenzer, Horst: Erfolgreich sprechen. Fehler und wie man sie vermeidet. Österreichischer Bundesverlag. Wien 1987, S. 115 ff

lebende Koexistenz.

Der Atem als Lichtquelle steht für das Leben. Und diese Lichtquelle verbindet jede Emotion, die helle gleichermaßen wie die dunkle.

Dies inkludiert die Option, mit Stimmungen bewusst, also durchaus auch kognitiv, umgehen zu können, das bedeutet: bei aller Intimität verbindlicher Mit-Gefühle eine neutralisierende und daher auch schützende Distanz beizubehalten – durch permanentes Am-Atem-Bleiben, wobei eben immerwährendes Zulassen und Loslassen vegetativ geschieht.

Das ist nicht nur für die Schauspiel- oder Gesangskunst im professionellen Sinne relevant, sondern für alle Belange des alltäglichen Menschseins – in Anbetracht der Herausforderung, das eigene kostbare Leben in allen Höhen und Tiefen zu meistern, ergo sich als Lebens-Künstler zu erkennen und bewusst danach zu handeln.

An Schicksalsschlägen, an Widerständen jeder Art können wir zerbrechen. Wir können aber auch daran wachsen und reifen – und nur diese Alternative verleiht unserem Leben Sinn.

Dafür benötigen wir ein exklusives Arrangement mit unserer Gefühlswelt: ein verbindliches Nah-Verhältnis, das rechtzeitiges Lösen erlaubt. Versuche, Gefühle für vernünftige Strategien und Entscheidungen abzukoppeln, können an der Oberfläche eine Weile tatsächlich zielbringend sein, langfristig gesehen, vor allem dann, wenn es ums Eingemachte geht, führen sie aber in eine pragmatische Sackgasse, da Emotionen effektiv nur affektiv begegnet werden kann, eben mit Mit-Gefühl. Gefühlen auszuweichen, kommt einem Fluchtverhalten gleich, was logischerweise von einer möglichen Problemlösung wegführt.

Psychotherapeuten oder Telefonisten in Callcentern stoßen in Konfliktsituationen an empfindliche Grenzen, wenn sie ihren „professionellen", völlig unverbindlichen, emotionsneutralen Ton bewusst beibehalten – in der eigenverantworteten oder auch von oben angeordneten Meinung, sich so vor unliebsamen Gefühlen der Patienten respektive Klienten schützen zu können. In Wahrheit erzeugt der versucht neutrale Klang der Sprechstimme eine inhumane Distanz, die bei substanziellen

Problemen, die immer emotional geladen sind, eine brüskierende, mitunter sogar diskriminierende Wirkung haben. Das bedeutet nicht nur eine Gefahr für die seelische, sondern eben auch für die körperliche Gesundheit, da eine verminderte Zwerchfellbewegung zu einer Überlastung des Kehlkopfes führt, wie ja bereits ausführlich dargelegt.

Das Zwerchfell als Schaukel der Seele beatmet uns nicht nur, wie wir wissen, es beseelt uns vor allem. Ohne Lichtquelle bleibt es dunkel.

Den kurzen Moment der Abspannung vergleicht Coblenzer mit *dem Wechselpunkt von Stirb und werde, damit mit der Luft auch der neue Gedanke, das neue Gefühl einschießen könne.*

Coblenzer bezieht sich dabei – wie er dies übrigens oft tut – auf einen der wohl größten Humanisten deutschsprachiger Literatur: Johann Wolfgang von Goethe.

> *Und solang du dies nicht hast,*
> *Dieses: Stirb und werde,*
> *Bist du nur ein trüber Gast*
> *Auf der dunklen Erde.*

Das Physiologische der AAP ist empirisch nachvollziehbar und somit wissenschaftlich erklärbar. Das *weite Land der Seele*, das sich aber auch damit eröffnet, zeigt noch viel größere Dimensionen auf, die auch im philosophischen Blickwinkel nicht unbedingt kognitiver Erklärbarkeit bedürfen. Für die Begriffe Urvertrauen, Respekt, Authentizität, Ehrlichkeit, Intuition, Spontaneität, Zuwendung, Offenheit, Inspiration, Reagibilität, Demut, Reife, Bewusstheit, Herzensweisheit gibt es wohl eine Sammelbezeichnung als Maß gelungenen, geglückten Lebens: LIEBE. Diese umspannt unser irdisches Dasein von der Geburt an bis zu unserem Tod.

Das sind *Dinge für die Ewigkeit.*

Andreas Salcher schließt in seinem Buch „Meine letzte Stunde" mit folgenden Gedanken: *In der letzten Stunde kannst Du die Maske abnehmen, hinter der Du Dich oft Dein Leben lang verborgen hast. Dort begegnest Du nur Dir selbst. Je positiver Du auf das schauen kannst, was ist, mit umso mehr Hoffnung kannst Du Dich auf das einlassen, was noch kommt. Dann kannst Du in der letzten Stunde gar nichts falsch machen. Alles, was war, was ist und was kommt, wird sich in diesem Augenblick verdichten. Am Anfang war die Finsternis. Und am Schluss muss sie nicht sein.*[197]

Jede Unterbrechung (des Atems als Lichtquelle)
würde das Publikum ins Dunkle setzen.

Horst Coblenzer

---

[197]   Salcher, Andreas: Meine letzte Stunde. Ein Tag hat viele Leben. Ecowin. Salzburg 2010, S. 250

Horst Coblenzer im Gespräch
Seine Jagdleidenschaft

Abb. 16

Am 24. August 2011, an einem extrem heißen Mittwoch, traf ich mich noch einmal mit Horst Coblenzer in Wien. Diesmal im Cafesalon an der Josefstädterstraße 30, unweit des Theaters in der Josefstadt. Von 10:00 bis 18:00 besprachen wir uns. Also acht Stunden lang. Durchgehend. Wir tranken etwas, und ein wenig aßen wir auch zwischendurch. Horst verzichtete sogar auf sein obligatorisches tägliches halbstündiges Mittagsschläfchen.

Ich stellte ihm Fragen, die er ausführlich beantwortete, und er erzählte mit großer Begeisterung seine Geschichten. Inzwischen war er 84 geworden. Die Modulationsfähigkeit seiner junggebliebenen Stimme war nach wie vor ebenso beeindruckend wie die Klarheit seines Verstandes.

Ein jagender Schauspieler oder ein schauspielender Jäger?

„Ich war nie ein Schießer, ein Trophäensammler." Seine Worte klangen völlig überzeugend, auch als er bemerkte, dass er nicht nur einmal einen Bock habe vorbeiziehen lassen, um die Stille nicht zu zerstören. Das Eins-Sein mit der Natur, das war ihm stets das Wichtigste.

„Man muss nicht erst ``Meditationen über die Jagd''[198] – das ist ja ein Standardwerk – lesen, um zu wissen, das ist eine Urbeschäftigung der Menschheit, sondern es gibt halt Jagdpassion – das hab ich offenbar von meinem Patenonkel, obwohl nicht vererbt, aber der hat mich immer mitgenommen in sein Revier, und es hat mich interessiert. Und ihm hat's Spaß gemacht, dass er seinem Ziehsohn die Jagerei beigebracht hat.

Und ich seh noch in seiner Jagdhütte, da war ein herrlicher Spruch:

Ihr glaubt, der Jäger sei ein Sünder,
weil selten er zur Kirche geht.
Im grünen Wald ein Blick zum Himmel
ist besser als ein falsch' Gebet.

Ja, das hab ich also mitbekommen, und das hat sich weiter entwickelt, und es konnte mir nicht einmal ein Hilpert abgewöhnen: Ich hab die Stirne gehabt und bin auf der Probe in Göttingen am Deutschen Theater mit verschmierten Schaftstiefeln erschienen.

Hilpert zu meinem Glück tolerierte das und sagt: ``Kiek mal, der war schon bei seinen Tieren. Wann bist denn uffjestanden?''

``Naja, Heinz, so um halb drei.''

``Wat? Det könnt ick nich!''

Und meine Kollegen haben das toleriert.

Bis eines Tages einmal einer sagte: ``Sag mal, bist du eigentlich ein jagender Schauspieler oder ein schauspielender Jäger?''

Ich hab daraus nie ein Hehl gemacht. Ich war so, wie ich bin, so nimm mich nur hin. Also, wenn man sich zu Verrücktheiten bekennt, dann können die nicht dagegen an. Und die sagen dann schließlich: Lass ihn. Sei's d'rum. Er ist ja sonst ganz patent. Nich?

Mein Kollege Fritze Eberth, der erste Charakterspieler in Göttingen,

---

198   José Ortega y Gasset, spanischer Philosoph und Kulturanthropologe, geb. 1883
      in Madrid, gest. 1955 ebd.

Gerhard Doss

hat mir mal gesagt, weil er eben meine Jagdambitionen kannte und schätzte, und wir haben Radtouren gemacht in der Umgebung von Göttingen: ``Horstl, weeste wat, du bist für mich ein verkörpertes Löns-Lied.'' ...

Und das war für mich ein sehr liebes Kompliment. ...‟

Der Deutsche Hermann Löns[199] war Jäger, Naturfreund und Heimatdichter von Heide- und Jagdgeschichten gewesen.[200]

„Afrika ist ein Mysterium, das mich fasziniert hat. Wer einmal Nilwasser getrunken hat, den lässt das Land nicht mehr los.

Eines Tages sagte ich zu Heinz Hilpert: ``Heinz, ich möchte dich bitten, gib mir ein halbes Jahr unbezahlten Urlaub nach Afrika.''

``Wat? Wat willst du? Nach Afrika? Ach, du willst 'nen Löwen schießen? Bist ja Jäger. – Ja, aber wie soll det gehen? Das kostet doch viel Jeld. Ich kann dir nischt zahlen.''

Er machte sich also eigentlich beim ersten Anhören schon zum Mitfühlenden und stellte ganz gezielt Fragen: ``Ick kann dir keene Gage zahlen. Wie willste denn det machen?''

Das Gespräch endete so, dass er sagte: ``Ja, du musst det machen. Wat du da an menschlicher Weite jewinnst, det kannste mit den schönsten Rollen nich erspielen. Du musst det machen. Aber wie jesacht: Ick kann dir nischt zahlen. Wir können nur so verbleiben ... Du kriegst ein halbes Jahr unbezahlten Urlaub. Ick halte dir die Position frei. Ja, und wenn dir die Löwen nicht beide Arschbacken weggefressen haben, dann kommste braungebrannt wieder. Du brauchst eben bloß vorher schreiben. Aber ick find det toll. - Aber noch mal: Also, wenn ick dir nun nischt zahlen kann, denn kannst du ja anheuern. Du bist ja bei der Marine jewesen. Aber denn musst du an Oberdeck gehen, sonst siehst du nischt.''

---

199   1866 in Westpreußen geboren, 1914 in Frankreich als Freiwilliger im
      1. Weltkrieg gefallen

200   Bertelsmann Universal Lexikon in 20 Bänden. Band 11. Verlagsgruppe
      Bertelsmann GmbH/Bertelsmann Lexikon Verlag GmbH. Gütersloh 1992, S. 81

Also, er machte sich zum Fürsprecher, zum Mittäter meiner Robinso-
nade."

Kurz hielt Horst inne und lehnte sich zurück.

„Und es ist also durch den Blätterwald gegangen.

Und Ullrich Haupt, ein berühmter Schauspieler bei Gründgens in Hamburg, der hat nur gesagt: ``Es gibt einen Kollegen in Göttingen bei Hilpert, den muss ich kennenlernen. Der geht als Schauspieler auf ein halbes
Jahr nach Afrika. Das is was. Den Mut musst du erstmal aufbringen. Und
du musst einen Intendanten finden, der das auf sich nimmt.''..."

Gustaf Gründgens,[201] DER „Mephisto", war ein bedeutender, auch vom
Nationalsozialismus begünstigter deutscher Schauspieler, Regisseur und
Intendant. Von 1955 bis 1963 war er Generalintendant des Deutschen
Schauspielhauses in Hamburg.

Ullrich Haupt,[202] inspiriert von Gustaf Gründgens als dessen Schüler,
war vielbeschäftigter deutscher Schauspieler im Theater, Film, Fernsehen
und Radio. So spielte er auch unter Gründgens im deutschen Schauspielhaus in Hamburg.

„Und interessant ist, ich habe Zeugen dafür, am Tage meines Fluges,
mit Skandinavian Airlines, am 26. April 1958, weiß ich noch heute, bin
ich mit den Skandinaviern geflogen von London nach Khartoum im
Sudan. Und abends, am selben Tag, haben die eine Premierenfeier gehabt
auf der Probenbühne im Deutschen Theater in Göttingen. Hilpert soll
ganz still geworden sein.

Und die Kollegen haben gesagt: ``Heinz, was iss denn? Du bist so still.''

``Naja, ick denke, der Cobi, jetzt iss er schon überm Nil.'' ..."

Horst blickte auf seine Uhr, als wäre er Heinz Hilpert, und als wäre es
1958.

„... ``Nee, nee, nee ... überm Nil iss er noch nich, aber bald. Er sieht jetz
schon die Flächenbrände.''

---

201   geb. 1899 in Düsseldorf, gest. 1963 in Manila auf den Philippinen
202   geb. 1915 in Chicago, gest. 1991 in München

Gerhard Doss

Da hat der mich verfolgt über die ganze Reise. Das war Heinz Hilpert. So einen Chef, so einen Intendanten, ja, den muss man erstmal finden.

Walter Baumgärtel, der übrigens das Buch ``Unter Gorillas'' geschrieben hat, ich glaube, Universitas Verlag Berlin, der war der Wildschutzwart ehrenhalber an diesem Gorilla-Century. Das war eigentlich vor seiner Haustüre in Südwest-Uganda. Da war ein großes Schild: Wer dieses Gebiet betritt, tut es auf eigene Gefahr. Es wird gewarnt. Gorillas sind friedliebende Tiere, aber sie verteidigen unter Umständen ihr Territorium. Also, man soll ihnen nicht zu nahe kommen.

Ja, ich hatte einen schwarzen Führer, Ruben hieß der. Und wir hatten uns ja angefreundet. Ruben war mit den Gorillas vertraut. Es gab ein paar Gorillagruppen. Darunter eine, die also mit Regelmäßigkeit dort war, wovon ich jetzt erzähle. Und wir machten, auch weil es ja attraktiv war für Besucher, Gorillatracking. Ruben schritt voran, und als wir die Höhe hatten von ungefähr 3000 m – nachts gingen die Temperaturen auf null Grad – , sollten wir für Prof. Dart, der war ein Johannesburger Anthropologe, ein Camp bauen für kommende Forscher. Da durfte ich mit, engagiert quasi von meinem Freund Baumgärtel. Also, ich war dabei und habe aus geschältem Bambus ein Bett geflochten – das hab ich gelernt von meinem schwarzen Begleiter. Und mein Bett war noch nicht ganz fertig, ich guckte nachts in den Sternenhimmel, mir war ein bisschen unheimlich zumute. Ich hatte meine Panga, dieses Sichelmesser, das die Schwarzen hatten, um sich freizuschlagen, wenn der Bambus zu dicht wurde, dicht an mein Bett gelegt und schlief also die Nacht. Ich habe ... das Kullern in den Elefantenmägen gehört, die gingen nachts um mein Camp. Und ich sah also die Elefantentritte am nächsten Morgen. Das war so wie ein Pfannkuchen. Ich hab das Kullern in den Mägen gehört von den Tieren, waren friedliebend, nur, höchst ungewohnt für mich. Dann hab ich am nächsten Morgen sogar, ich war ja immer als Jäger begierig zu sehen, was geht da rum, Tritte von einem Leoparden gesehn, entziffert. Na, es waren da also nicht nur die Büffel, die Kaffanbüffel ... zu Hause, es war ein hochinteressantes Gebiet.

Und Ruben hatte die Aufgabe, um natürlich auch ein bisschen Geld in die Kasse zu bringen, dass er hin und wieder Besucher mitführte auf diese 3000 m hoch gelegene Stelle. Und Ruben kannte sich aus, kannte diese Gorillagruppe. Und der älteste, stärkste Gorilla, der Silberrücken,[203] den nannten sie den SAZA CHIEF. Suaheli.[204] Und diesen Saza Chief, den hab ich dann auch verschiedene Male, aber nur undeutlich, sehen können durch den Bambus durch. Er war immer sehr vorsichtig, er brachte immer zuerst die Familie in Sicherheit, und dann kam er, der Chef, machte so ..." Dabei trommelte Horst fest mit beiden Fäusten gegen seine Brust. „Und ein Irrsinnsschrei. Man fuhr zusammen. Aber man hat sich dann so daran gewöhnt, dass man das nicht mehr gefährlich nahm, weil man wusste, der tut eh nix, er macht nur sein übliches Theater. Der will die Leute weg haben.

Und eines Tages passierte es. ... Ich habe Zeugen dafür, es waren ein britischer Hauptschullehrer und zwei Lehrerinnen, wir hatten uns kennengelernt im Camp bei meinem Freund Baumgärtel. Und wir wollten zusammen mal marschieren und Gorilla anschauen. ... Die Gorillas ... gehen mit der Dämmerung schlafen, stehen mit der frühen Dämmerung auf, und scharren so Nester zusammen, so groß, so anderthalb Meter am Boden. Nur für die Jungen, da machen sie als Schutz gegen die Leoparden, aus Bambus zusammengeknickt, so auf drei Meter Höhe, eine Plattform. Aber der Gorilla hat keine Feinde. Die Büffel gehen nicht ran. ... Wer nähert sich schon einem Gorilla?

Nicht so der Coblenzer. Wir haben also wieder mal Gorillatracking gemacht, und da sehe ich bei dieser Gelegenheit diesen SAZA CHIEF, den ältesten Gorilla, nicht. Und denke noch: Wo ist denn der? Ist ja merkwürdig. Und sehe jenseits von dem Graben – alles verwachsen mit Riesen-Lobelien, und das duftete, es war ein Kräuterduft zum Messerschneiden

---

203   Als Silberrücken wird ein erwachsener männlicher Gorilla etwa ab dem
       12. Lebensjahr wegen seines charakteristischen silbrig-grauen Fells bezeichnet.
204   Oder: Swahili

– drüben auf dem gegenüberliegenden Hang die Frau Gorilla mit dem Kleinen an der Hand, aber wie eine Menschenmama, und hat das Kleine und bergauf. Und ich hab mir noch gedacht: Ja, wieso, warum läuft die weg? Und vor allen Dingen: Wo ist der Alte? ... Und plötzlich entdecke ich, dass auf ungefähr so drei Meter vor mir ein Busch bisschen zittert mit den Blättern. Und ich denke noch: Am Ende sitzt der Alte da drin. Und was passiert? Mit einem Irrsinnsschrei reißt er sich hoch, hat die Arme gebreitet, und schreiend saust er bergab. Es splittert Bambus und und und und, und ist rechts hinein auf einem Wechsel verschwunden.

Und Ruben, unser schwarzer Führer, sagt nur: ``Kwischa. Zu Ende.''

Der Gorilla war aus irgendeinem Grund überrascht von unserer Gruppe, hat vielleicht nicht den richtigen Wind gehabt, uns nicht mitbekommen und war nun empört über soviel Neugier von uns.

Und wat denkste, ich war wiedermal naseweise, und nachdem wir uns von dem Schrecken erholt hatten, bin ich vorsichtig Füßchen für Füßchen talabwärts und genau da hinein, wo auf einem Büffelwechsel der Gorilla hinein war. Und diese Briten ... folgten mit einem gewissen Abstand kriechend dem Coblenzer. Und plötzlich sehe ich diesen Gorilla. Der war neugierig, wollte wissen, was ist jetzt mit dieser neugierigen Gruppe, sitzt hinter einem Baum, der ungefähr so dick war." Horst tat so, als würde er vor sich den Baum groß umarmen.

„Macht einmal so, einmal so." Dabei reckte er den Hals nach rechts und dann nach links.

„War offenbar beunruhigt, dass diese Gruppe die Stirn hat, ihm zu folgen. Selbst wenn man die Tiere für friedlich hält und das weiß, dass sie nicht bösartig sind, war es doch eine etwas beunruhigende Situation. Plötzlich reißt dieser Gorilla, weil ihm das zu riskant war, sich hoch, stürmt auf mich zu ... , macht sein ganzes Einschüchterungsmanöver, Trommeln angefangen, reißt Bambus an sich, schmeißt mir den kaputten Bambus vor die Füße. Der Ruben, mein schwarzer Führer, hat das einzig Richtige getan, um mich zu hindern, laufen zu gehen, flüchtig zu werden. Und jedes Tier ist animiert, wenn der Mensch flieht, dann zu folgen vielleicht.

Ruben drückt mich an die Erde: ``Nichts machen''.

Und wir liegen, und ich höre mein Herz heute noch klopfen vor Angst. Was passiert jetzt? Dieser Gorilla, ich hab nie gesehn, dass die ja Zähne haben, die sind so lang." Horst zeigte mit seiner rechten Hand zwischen Daumen und Zeigefinger einen Abstand von vielleicht fünf Zentimetern. „Imponierend für einen Nur-Pflanzenfresser. Der steht da, macht sein Brustklopfen, sein Einschüchterungsmanöver, mock attack nennen das die Engländer, brüllt wieder, und ich sah die Atemstöße, weil es geht ja nachts die Temperatur bis auf null Grad. Da war's noch kühl genug, dass man den Atem sah."

Horst war ganz Gorilla und fauchte mit äußerster Intensität ein stimmloses „Hah-Hah-Hah-Hah. So. Ich hab gedacht: Lieber Gott, lass mich hier rauskommen, ich will nie wieder einem Gorilla folgen.

Wir haben also nur den fixiert. Aber dem war das offenbar so fremd, denn alle Tiere laufen vor ihm weg, wenn er dieses Mock attack macht. Aber vor Angst sind wir eben nicht gelaufen, das war das einzig Richtige. ... Und wie der Gorilla merkt, wir gehen nicht laufen, wir haben uns gebeugt gewissermaßen, nur ihn fixiert, hat der nach ungefähr acht Minuten die Rückkehr angetreten. Er ist, aber Auge in Auge an uns fixiert, rückwärts gegangen, immer wieder unterbrochen von seinem Schreien." Dabei trommelte Horst mit beiden Fäusten gegen seine Brust. „Wir sind liegengeblieben. Das Theater hat gedauert. Und ich war wirklich so von Angst erfüllt, dass ich gedacht habe: Einmal lass mich noch rauskommen, lieber Gott, ich werde nie wieder einen Gorilla reizen. Das hat gedauert, gedauert, gedauert. Dann haben wir uns, Ruben und ich, aber wirklich mit zitternden Knien, auf die Beine gestellt, sind immer noch Auge und Auge mit dem, wir hörten dieses Grollen immer noch, und wir sind talabwärts, möglichst keinen Zweig knickend.

Und später sagte mir ein Brite, der dort Wildschutzwart war, aber amtlich bestellt: ``Ihr habt Glück gehabt, das hätte auch schieflaufen können.'' Und hat uns gewarnt, das nicht noch einmal aufs Äußerste zu treiben.

Und dann konnte ich als Komödiant es nicht lassen und habe natürlich, wieder frech geworden, dem Baumgärtel, meinem guten Freund, erzählt, was mir da widerfahren ist. Und habe als Komödiant diesen Gorilla gespielt. ...

Ich habe gesagt: ``Walter, pass auf. So hat sich das abgespielt.´´

Und hab dann gebrüllt und bin ihn angesprungen.

Und der sagte: ``Cobi, you got it quiet well now. And at the next chance we may send you to the London zoo. But now stop it please!´´

Ich hab überall, wo die Leute daran Spaß gehabt haben, den Gorilla gespielt. Das war einfach ein komödiantisches Verlangen und die Glückseligkeit, dass ich da herausgekommen war.“

Der Gorilla im Berliner Zoo – nur allzu menschlich?

„Dr. Peter Berringer, Fachtierarzt für kleine Haustiere, den Titel gab's wirklich. Und ich bin in Berlin. Und große Begrüßung und Freude.

Und da sagte er: ``... Ich habe einer Löwin eine Tatze operieren müssen. Die hatte sich da einen Dorn hineingetreten. Und bei der Gelegenheit wurde ich eingeladen, einen neuen Gorilla kennenzulernen. Du bist doch in Afrika bei den Gorillas gewesen. Du musst dir den Gorilla angucken.´´

Ich also ins Affenhaus vom Berliner Zoo. Und ich sehe da auch einen Mordskerl von Gorilla. Und da spielte sich folgende Szene ab: ... Gorilla hinter der Glaswand. Und vor der Glaswand drängte sich das schaulustige Publikum, um diesen Gorilla zu sehen, zu bewundern. Und jetzt spiele ich dir vor, wie der Gorilla reagiert hat auf dieses sich drängende Publikum vor seinem Glashaus. Das sah so aus. Pass auf.“

In diesem Moment erhob sich Horst, schob in der Mitte des Raumes ein paar Stühle zur Seite und ging in Gorilla-Position.

„Sieht das ganze Volk da ... und macht plötzlich Folgendes: Er nimmt die Hand.“ Horst führt seine rechte Hand durch seine Beine und positioniert sie unter seinem After. „Scheißt sich in die Hand.“ Nun schwingt Horst seine Hand und schleudert sie nach vor. „Patsch. Die Scheiße rinnt runter an der Scheibe. Und der Gorilla macht so." Mit dem rechten Zeigefinger klopft Horst heftig gegen seine rechte Stirnhälfte. „Da soll mir einer sagen, Gorillas seien nicht menschlich."

***

Möglicherweise finden Sie diese Geschichte unappetitlich. Und Sie haben recht: Die Geschichte ist unappetitlich. Horst Coblenzer hat sie auch höchst anschaulich erzählt: Wir sehen den Gorilla in seinem Tun derart plastisch vor uns, dass wir aufgrund unseres Vorstellungsvermögens und unserer grenzenlosen Fantasie auch Olfaktorisches wahrnehmen. Das gehört zweifelsohne nicht zum guten Geschmack oder Gout, wie die Schweizer sagen, zum Gusto. Das wollen wir nicht goutieren. Das ist zu vulgär!

Wollen wir Menschen wirklich klüger sein als ein Gorilla? Selbstverständlich! Wir sind ja im Gegensatz zum Tier kognitive Wesen: Unser Verstand erlaubt uns Reflexion – auch in Bezug auf unser instinktives, primitives Verhalten. Ein Gorilla hingegen kann aus seinem Instinkt-Programm nicht heraustreten. Wir können das. Eigene Grenzen überschreiten. Allzu häufig passiert dabei leider grenzenlose Selbstüberschätzung. Immer wieder leben wir den Wahnsinn der Ausdehnung und Vermehrung: Wir wollen noch mehr Land und noch mehr Reichtum und noch mehr Karriere. Oder: Wir wollen einfach nur kaputtmachen. Kleinschlagen. In grausamer Selbstunterschätzung: Von Neid zersetzt, schätzen wir uns selbst zu wenig.

Nach acht Monaten Bürgerkrieg wurde Libyens Langzeitdiktator Muammar al-Gaddafi am 20. Oktober 2011 von Rebellen erschossen. Die Historie lehrt uns ständig: Selbstüberschätzung und sonstige Anmaßungen zahlen sich langfristig nie aus. Und da brauchen wir nicht nur Gaddafi, Saddam Hussein, Josef Stalin, Baschar al-Assad, Mao Zse-Tung, Osama Bin Laden oder Adolf Hitler zitieren, sondern vor allem – und das ist die eigentliche Tragödie unseliger Machtpolitik – die unvorstellbar vielen systemangepassten, normalen, korrumpierten, viel zu wenig selbstbestimmten Menschen, welche diesen kollektiven Wahnsinn erst ermöglichen und mittragen.

Es existiert ein Tondokument von Adolf Hitler, in dem er am 8. November 1942 im Bürgerbräukeller München seine Stalingrad-Offensive kommentiert. Er spricht dabei jovial, pointiert ironisch, wie in einer Stammtischrunde – und doch stets rhythmisch akzentuierend am Atemfluss, sodass die Quintessenz seiner Ausführungen (ich habe sie im transkribierten Text mit Großbuchstaben versehen) jene emotionale Überzeugungskraft bekommt, die die Zuhörerschaft frenetisch jubeln lässt:

… Ich wollte zur Wolga kommen. An einer bestimmten Stelle. An einer bestimmten Stadt. Zufälligerweise drängt sich der Namen von Stalin selber auf. Aber denken Sie nur nicht, dass ich deswegen dort losmarschiert bin (Gelächter im Publikum). *Die könnten ja auch ganz anders heißen. Sondern nur, weil dort ein ganz wichtiger Punkt ist. Dort schneidet man nämlich 30 Millionen Tonnen Verkehr ab. Darunter fast 9 Millionen Tonnen Ölverkehr. Dort fließt der ganze Weizen zusammen aus diesen gewaltigen Gebieten der Ukraine und des Butangebietes, um nach dem Norden transportiert zu werden. Dort ist das Manganerz befördert worden. Dort war ein gigantischer Umschlagplatz. Den wollte ich nehmen. Und, wissen Sie, wir sind bescheiden* (verhaltenes Lachen im Publikum), *wir haben ihn nämlich, es sind nur ein paar ganz kleine Plätzchen noch da. Nun sagen die anderen: Warum kämpfen sie dann nicht? – Weil ich kein zweites Verdun machen will! Sondern weil ich das lieber mit ganz kleinen Stoßtrupps mache. Die Zeit spielt dabei keine Rolle. ES KOMMT KEIN SCHIFF MEHR DIE WOLGA HOCH!!! Das ist das Entscheidende* (Jubel im Publikum).[205]

Was dem Normalbürger, Massenmörder und gigantischen Selbstüberschätzer Adolf Hitler mit seiner Atemsprache als basales Element populistischer Rhetorik gelang, nämlich höchst erfolgreich Stimmung für sich zu machen, mit den fatalen Folgen, die wir alle kennen, das funktioniert selbstverständlich und Gott sei Dank auch im humanistischen Kontext

---

205   Hitler-Originalton aus dem Kinofilm „Stalingrad" (1993) von Joseph Vilsmaier

(Beispiele: Martin Luther King 1968 mit „I have a dream" oder Barack Obama 2008 mit „Yes we can"); hier scheint es sogar immer nötiger zu werden, Stimmung zu machen gegen den Wahnsinn der *Normopathen*.[206]

Ist der ach so kluge Mensch langfristig lernfähig?

Zurück zum Gorilla: Er ist ein friedliebendes Tier und verhält sich nur dann aggressiv, wenn er sich angegriffen fühlt. Dann verteidigt er bloß sein Terrain. Seine Grenzen. Und das ist sein gutes Recht.

Die Klugheit des Gorillas soll uns Vorbild sein. Wir können unseren eigenen Lebensraum gestalten und abgrenzen. Das ist unsere Identität, unser geistiges, seelisches und körperliches Zuhause: Wir können Freunde hereinlassen. Feinde aber (Menschen, die uns energetisch, ideell oder auch materiell berauben) lassen wir draußen. Gegen diese halten wir unsere Grenzen dicht.

Im Klassiker „Götz von Berlichingen mit der eisernen Hand", einem Schauspiel in fünf Aufzügen von Johann Wolfgang von Goethe, sagt der schwäbische Reichsritter Götz, gejagt vom Kaiser, im 3. Aufzug: „Mich ergeben! Auf Gnad und Ungnad! Mit wem redet Ihr! Bin ich ein Räuber! Sag deinem Hauptmann: Vor Ihro Kaiserliche Majestät hab ich, wie immer, schuldigen Respekt. Er aber, sag's ihm, er kann mich im Arsche lecken!"

Im Köchelverzeichnis findet sich unter der Nummer 231 ein sechsstimmiger Kanon des 26-jährigen Wolfgang Amadeus Mozart.[207] Eine herrliche, ästhetisch harmonisierende Musik. Mozart eben. Der durchgängige Text: *Leck mich im Arsch*. Komponiert acht Jahre nach der Uraufführung von Goethes Götz.

Dazu ein wunderbarer Satz vom deutschen Theatermann Heinz Hilpert, welcher ja in ganz besonderer Weise Horst Coblenzer geprägt hatte, ein Appell an die Eigenverantwortung und somit an die AAP: „Es gibt Leute, die wollen immer nur Erwartungen entsprechen und kommen nie

---

206   Vgl.: Lütz, Manfred: Irre! Wir behandeln die Falschen. Unser Problem sind die Normalen. Goldmann. München 2011, S. 12

207   geb. 1756 in Salzburg, gest. 1791 in Wien

zu sich selber. Also wenn du mich fragst: Ick finde dat janz arschlochhaft."

Sagen Ihnen emotional nicht auch jene Personen eher zu, welche sich zwar gelegentlich im Ton vergreifen, im Prinzip aber spürbar positiv energetisierende Handschlagsqualität zeigen, das sind Typen, Originale, als solche, deren menschliche Konturen hinter korrekt-freundlichen Masken nicht erkennbar sind?

Entfährt Ihnen nicht auch gelegentlich das grausliche Fäkalwort Scheiße? Freilich kein feiner Ausdruck. Aber ein durchaus nachvollziehbarer.

Zwar raten beziehungsweise maßregeln korrekt-freundliche Masken immer wieder: Das sagt man nicht! - Benimm dich ordentlich! Dieselben Masken (oder Gut-Menschen) aber laden vielleicht, geleitet von der Diktatur der Wirtschaft, Manager zu Seminaren ein, die den Titel tragen: Höre auf deinen Bauch.

Ich erinnere an das von Michael Gershon beschriebene zweite Gehirn, das quasi ein Abbild des Kopfhirns darstellt: *Zelltypen, Wirkstoffe und Rezeptoren sind exakt gleich.* Beide *Gehirnzwillinge* stehen zum Austausch lebenswichtiger Informationen über eine Nervenverbindung in ständigem Kontakt zueinander.

Der wohl prosaischste Teil des Menschen, sein stinkendes, rumpelndes Gedärm, birgt tatsächlich entscheidende Geheimnisse des Lebens. Der Bauch mit seinem ausgeklügelten Verdauungssystem, seinem unappetitlichen Inhalt und den eher peinlichen Bekundungen seiner Existenz ist in das Interesse der Forschung gerückt.

Die Schaltzentrale der Verdauungsmaschinerie arbeitet hochintelligent: Durch den Darm, einen perfekt gebauten Tunnel, werden die Stoffe aus der Umwelt tonnenweise durch uns hindurch transportiert, ohne dass wir Schaden nehmen. Millionen chemischer Substanzen müssen analysiert, Millionen von Giften und Gefahren gemeistert werden. Die Hälfte des Kots besteht aus abgestorbenen Bakterien, die durch die Darmwände, die effektivste Verteidigungslinie des Organismus, von unserem Körper fernge-

halten werden.[208]

Wenn nun uns Menschen in bestimmten Situationen das Wort Scheiße oder Arschloch entfährt, dann leiten wir wohl instinktiv unseren Ärger oder Schreck in den einzig richtigen Kanal: Auch Wörter, sinnadäquat artikuliert, können entgiften.

Der Gorilla bedient sich naturgemäß seiner Körpersprache.

Eins-Sein mit der Natur. Also AAP. Und das – Gott sei Dank ist der Mensch im Gegensatz zum Tier dazu befähigt! – in Verbindung mit dem auch ästhetisch regulierenden Verstand. Sich spüren, das heißt: sich annehmen und nicht schönglätten, sich in vertrauensvoller Ganzheit dem eigenen Atem überlassen. Dieser ist ein Boot oder ein Surfbrett (was auch immer!), das durchs Leben trägt. Es macht überhaupt keinen Sinn, dieses Schiff zu verlassen. Es macht ausschließlich Sinn, mit ihm eins zu werden. In Freud und in Leid. Sie sprechen, singen, musizieren stets am Atem und machen sich und anderen nichts vor. Sie spüren sich leibhaftig, und das bedeutet: GANZ. Die Atemsprache ist immer aktuell. Egal, ob Sie Violine spielen, eine Rede halten oder eine dramatische Opernarie singen. Am Atem sprechen, singen, musizieren hat zur Folge, dass nie die Emotion – mit all ihrer Übertragungswirkung – verlorengeht.

Wenn die Wissenschaft Essentielles bestätigt, ist das wohl erfreulich. Letztlich ist es aber das Lyrische, das Unpragmatische, Ungenaue, Mehrdeutige, Künstlerische, das Glück schaffen kann. Es ist freilich kein Zufall, dass es Wissenschafter – insbesondere Naturwissenschafter – vielfach zu den Künsten zieht. Im Idealfall sind Wissenschafter „Lyriker" beziehungsweise „Lyriker" Wissenschafter. Das ist die lebendige Frage einer gesunden Balance von Theorie und Praxis.

Horst Coblenzer während seines Festvortrags am 3. Dezember 2010 an der Pädagogischen Hochschule der Diözese Linz, bezugnehmend auf

---

208   Luczak, Hania: Wie der Bauch den Kopf bestimmt. In: GEOWISSEN, Nr. 45. Gruner+Jahr AG, Druck- und Verlagshaus. Hamburg 2010, S. 96 f

den früheren Langzeit-ORF-Generalintendanten Gerd Bacher,[209] unter dessen zweimaliger Intendanz er die ORF-Mitarbeiter sprechtechnisch betreut hatte, und den von mir bereits zitierten Hugo Portisch (siehe Band 1, S. 103):

„Ich denke, dass der Bacher Recht hatte, wie er über den Hugo Portisch, den wir alle ja noch in Erinnerung haben, gesagt hat, voller Bewunderung: ``Ja, wann atmet der eigentlich? Der atmet mit dem Arsch.'' Sehen Sie, das ist ein schönes Kompliment. Das ist Natur pur.

Und wenn ich von atemrhythmisch angepasster Phonation rede, dann möchte ich aus der Praxis Ihnen ein paar Dinge in Erinnerung rufen, die wir hin und wieder vorgesetzt bekommen. Und man sollte glücklich sie aufnehmen und sollte sich zurückerinnern, dass wir das alles ja haben als Geschenk von Natur. … Ja, meine Damen und Herren, wir sind so konstruiert vom lieben Gott, so ist es gemeint. … Atemrhythmisch angepasste Phonation ist eigentlich die Wiederentdeckung dessen, was uns der liebe Gott gegeben hat. … Walzertanzen kann man erst genießen, wenn man nicht mehr an die Schritte denkt, sondern sich der Melodie überlässt, die einen trägt. Ich wünsche Ihnen ein herzliches Lebewohl mit der atemrhythmisch angepassten Phonation."

Bei meiner Zusammenkunft mit Horst Coblenzer am 17. August 2012 in einem Selbstbedienungsrestaurant am Wiener Westbahnhof schien dieser vom Alter etwas mehr gedrückt – am 1. August war er 85 geworden. Das Gesicht wirkte eingefallener und von den Tränensäcken okkupiert, ständig tränten die Augen. Seine alterslose Atem-Stimmkraft und die wache Seele in ihm mochten dennoch eine vergleichsweise große Rüstigkeit vermitteln.

Am 29. September 2012 traf ich mich nochmals mit ihm am Wiener Westbahnhof. Er war körperlich erfreulich fit, nur seine Augen tränten nach wie vor. Geistig war er unglaublich präsent, und seine Herzenswärme rührte zutiefst.

---

209   geb. 1925 in Salzburg

So sagte er: „Es gibt eine Grundgerechtigkeit, an die ich glaube: Alles Gute kommt zurück."

Und, bezugnehmend auf Situationen, in denen er gegenüber Schülern den Eindruck erweckt hatte, zu autoritär, zu vereinnahmend, zu verstörend zu sein: „Ich war nie böse, sondern nur unglücklich."

Der österreichische Schauspieler und Drehbuchautor Albert Fortell,[210] stellvertretend für die unzähligen prominenten Schüler von Horst Coblenzer am Max Reinhardt Seminar: „Er war der typische Professor und wirkte auf viele autoritär einengend, weil ihm das Bewusstmachen dafür wichtig war, dass profunde Sprechtechnik ein solides Werkzeug braucht, und er dafür Ruhe und Konzentration einforderte. Immer wieder musste ich meinen Kollegen klarmachen, dass wir von Prof. Coblenzer viel lernen konnten, weil er sich mit diesem wichtigsten Teil des Schauspielberufes sehr auseinandergesetzt hatte. Am Max Reinhardt Seminar hatte ich viele großartige Lehrer, kann aber heute nur schwer beurteilen, was ich konkret von wem gelernt habe. Die konkreten Übungen von Prof. Coblenzer gehören sicher zu den wichtigsten, die ich mitgenommen habe. Seine sprechtechnischen Anweisungen sind eins zu eins geblieben und daher für mich nachwievor relevant."

Am 1. November 2012 hatte mich Albert Fortell zu Hause angerufen, und es war ihm offensichtlich ein Bedürfnis, über seinen alten Lehrer zu reden. So erzählte er mir auch, dass er vor gar nicht langer Zeit Horst Coblenzer auf der Straße getroffen habe (auch er wohnt mit seiner Frau, der deutschen Schauspielerin Barbara Wussow,[211] und den beiden Kindern in Wien-Döbling).

Meine Frau Waltraud hatte am 24. Oktober 2012 auf der digitalen Plattform Facebook Horst Coblenzer erwähnt. Albert Fortells prompter Kommentar dazu: „Wo immer Coblenzer ``drauf steht´´, steckt etwas da-

---

210   geb. 1952 in Wien; Hauptrolle in der deutsch-österreichischen Fernsehserie
       „Schlosshotel Orth" (2000 - 2004)

211   geb. 1961 in München; ebenfalls Mitwirkung in vielen Fernsehproduktionen

hinter! Ich hatte Prof. Coblenzer als Lehrer am Max Reinhardt Seminar[212] und profitiere bis heute von der sprechtechnischen Ausbildung durch ihn (nicht nur am Theater, auch vor der Kamera!)."

Es gelang mir, Horst Coblenzer noch einmal als Referenten für meinen Hochschullehrgang „AAP-Trainerinnen- und Trainerausbildung" zu gewinnen. „Mach schnell", sagte er zu mir, „noch habe ich alle Tassen im Schrank. Aber du weißt ja, jederzeit kann mich der Schlag treffen. Der Herr sei mit mir." Der heitere Unterton war dabei nicht zu überhören, keine Spur von Altersverbitterung. Am 13. November 2012 schrieb er mir: „Da ich ein ``Psycherl'' bin, wird die Pumpe mitspielen, hoffe ich. Du weißt, ein Seminar für ``POSTGRADUIERTE'' war stets mein Traum, wo man nicht bei ``Adam und Eva'' startet. Das Wasser wird mich tragen, keine Sorge." Und: „Ich halte es schon gar nicht mehr aus und bin, wie ein Schauspieler in der ersten Gasse, kurz vor'm Auftritt. Wie ein Gaul, der mit dem Huf schrammt!!!" Und: „Ich berufe mich auf Goethe: *Lehrbücher sollen anlockend sein, das werden sie nur, wenn sie die heiterste, zugänglichste Seite der Wissenschaft darbieten.*"

Beim sehr persönlichen, humorigen und praxisbezogenen zweistündigen Vortrag am 30. November 2012 im Seminarraum 14 der Pädagogischen Hochschule der Diözese Linz wurde tatsächlich sehr viel gelacht. Und bei aller alterslosen Leichtigkeit hatte dieser Auftritt etwas Außergewöhnliches, Feierliches, Resümierendes. Horst beeindruckte meine Schweizer Kollegin Caroline Steffen und mich und vor allem unsere sechzehn Hochschullehrgangsteilnehmer mit seiner immensen sprechtechnischen Kompetenz und seiner liebenswürdigen Bescheidenheit. Am 2. Dezember 2012 schrieb er mir: „Ein paar solcher Seminare und ich werde 100 Jahre alt bei anhaltender Phantasie." Der Theatermann und Sprachmeister Horst Coblenzer hatte noch einmal sein „Traumpublikum" erlebt und begeistert. Sein großes, aber altersschwaches Herz war tief beglückt, gleichzeitig jedoch auch stark strapaziert und belastet. Seine stets

---

212   bis 1980

tränenden Augen als äußeres Zeichen pathologischer Wasseransammlungen, bedingt durch seine Herzinsuffizienz, hoben seinen vorhin zitierten Satz „Das Wasser wird mich tragen, keine Sorge" in eine andere Dimension.

Horst am 29. September 2012: Vor mir schlug er ein Büchlein auf. Jede Seite mit seiner unverkennbaren, markanten Handschrift gefüllt. Gefüllt im wahrsten Sinn des Wortes: Keine Absätze, keine Zwischenräume. Er setzte seine Brille auf, und bevor er mir mit innerer Bewegtheit aus dem Büchlein vorlas, bemerkte er: „Und würde ich mir eine Grabsteininschrift wünschen, dann wäre es aus Faust II. Teil das Lied des Türmers Lynceus."

Zum Sehen geboren,
Zum Schauen bestellt,
Dem Turme geschworen,
Gefällt mir die Welt.
Ich blick' in die Ferne,
Ich seh' in der Näh'
Den Mond und die Sterne,
Den Wald und das Reh.
So seh ich in allen
Die ewige Zier,
Und wie mir's gefallen,
Gefall' ich auch mir.
Ihr glücklichen Augen,
Was je ihr gesehn,
Es sei, wie es wolle,
Es war doch so schön!

Johann Wolfgang von Goethe

Gerhard Doss

Das perfekte Herz

Eines Tages stand ein junger Mann mitten in der Stadt und
erklärte, dass er das schönste Herz im ganzen Tal habe. Eine
große Menschenmenge versammelte sich, und sie alle bewun-
derten sein Herz, denn es war perfekt. Es gab keinen Fleck oder
Fehler in ihm. Ja, sie alle gaben ihm Recht, es war wirklich das
schönste Herz, das sie je gesehen hatten. Der junge Mann war
sehr stolz und prahlte noch lauter über sein schönes Herz.
Plötzlich tauchte ein alter Mann vor der Menge auf und
sagte: „Nun, dein Herz ist nicht mal annähernd so schön,
wie meines." Die Menschenmenge und der junge Mann
schauten das Herz des alten Mannes an. Es schlug kräftig,
aber es war voller Narben, es hatte Stellen, wo Stücke entfernt und durch andere ersetzt worden waren. Aber sie
passten nicht richtig, und es gab einige ausgefranste Ecken.
… Genau gesagt, an einigen Stellen waren tiefe Furchen,
wo ganze Teile fehlten. Die Leute starrten ihn an: Wie
kann er behaupten, sein Herz sei schöner? dachten sie.
Der junge Mann schaute auf des alten Mannes Herz, sah
dessen Zustand und lachte: „Du musst scherzen", sagte er,
„dein Herz mit meinem zu vergleichen. Meines ist perfekt
und deines ist ein Durcheinander aus Narben und Tränen."
„Ja", sagte der alte Mann, deines sieht perfekt aus, aber ich
würde niemals mit dir tauschen. Jede Narbe steht für einen
Menschen, dem ich meine Liebe gegeben habe. Ich reiße ein
Stück meines Herzens heraus und reiche es ihnen, und oft
geben sie mir ein Stück ihres Herzens, das in die leere Stelle
meines Herzens passt. Aber weil die Stücke nicht genau sind,
habe ich einige raue Kanten, die ich sehr schätze, denn sie erinnern mich an die Liebe, die wir teilten. Manchmal habe
ich auch ein Stück meines Herzens gegeben, ohne dass mir

der andere ein Stück seines Herzens zurückgegeben hat. Das sind die leeren Furchen. Liebe geben heißt manchmal, auch ein Risiko einzugehen. Auch wenn diese Furchen schmerzhaft sind, bleiben sie offen, und auch sie erinnern mich an die Liebe, die ich für diese Menschen empfinde … und ich hoffe, dass sie eines Tages zurückkehren und den Platz ausfüllen werden. Erkennst du jetzt, was wahre Schönheit ist?" Der junge Mann stand still da, und Tränen rannen über seine Wangen. Er ging auf den alten Mann zu, griff nach seinem perfekten jungen und schönen Herzen und riss ein Stück heraus. Er bot es dem alten Mann mit zitternden Händen an. Der alte Mann nahm das Angebot an, setzte es in sein Herz. Er nahm dann ein Stück seines alten vernarbten Herzens und füllte damit die Wunde in des jungen Mannes Herzen. Es passte nicht perfekt, da es einige ausgefranste Ränder hatte. Der junge Mann sah sein Herz an, nicht mehr perfekt, aber schöner als je zuvor, denn er spürte die Liebe des alten Mannes in sein Herz fließen. Sie umarmten sich und gingen weg, Seite an Seite.[213]

---

213   Dieser Text wurde im Februar 2012 in der urologischen Abteilung des Allgemein öffentlichen Krankenhauses Elisabethinen Linz den Patienten gereicht.

Gerhard Doss

Erlauben Sie mir noch am Schluss ein paar persönliche Worte an meinen Lebens-Lehrer und väterlichen Freund über viele Jahrzehnte:

Lieber Horst!
Ich habe mich ein Leben lang bemüht, ein Frei-Denker zu sein. Stets habe ich um meine Originalität gerungen. Die Kompaktheit Deiner körperlich-seelisch-geistigen Präsenz mag einige Menschen abgeschreckt haben, mich aber – und ich denke, da bin ich beileibe nicht alleine – hat sie energetisch derart beflügelt, dass mein Sensorium zum Aufspüren persönlicher Freiräume wachsen konnte – jener Freiräume, die ungehindertes Balancieren ermöglichen im gesellschaftlichen Gefüge unzählig vieler Abhängigkeiten. Dass Du Dich auch heute noch, mit 83, 84, 85 und hoffentlich noch weit darüber hinaus, im Balancieren übst, dass Du ungebrochene Herzlichkeit und Klarheit vorlebst und gleichzeitig Deine Ängste, Unsicherheiten und Fehler nicht verhehlst, dieses Vorleben personifiziert AAP als zeitlose Perspektive. „Der Mensch wird schließlich mangelhaft…!", schreibst Du in Deinem Brief an mich vom 1. März 2012. Ja, der Mensch. Nicht aber Dein Vermächtnis für unendlich viele Generationen. Am 17. August 2012 schreibst Du mir: „Nochmals Dank für Deine Liebe, grüß' mir die Deinen und sprich mit Seelengüte Deiner werdenden Maturantin[214] MUT zu." Lieber Horst, mit großer Dankbarkeit verneige ich mich vor Dir. Herzlich,
immer Dein Gerhard

---

214   Der erste Band dieses Buches ist ja meiner Tochter Angelika gewidmet. 2013 wird sie an einem humanistischen Gymnasium maturieren.

Danksagung

Zunächst möchte ich Ihnen, geschätzte Leserin, werter Leser, ganz herzlich danken dafür, dass Sie mit mir im Gespräch geblieben sind. Ich freue mich, wenn wir dies – in welcher Form immer (vielleicht ja auch in einem dritten Band) – weiterhin bleiben können. Gerne würde ich Ihnen nun die Hand reichen und Ihnen das Du-Wort anbieten. Wenn es Ihnen recht ist, tue ich es. Ich heiße Gerhard. Und wie heißt Du?

Am 14. Oktober 2011 übergab mir in Wien Horst Coblenzer seinen AAP-Nachlass, persönliche Aufzeichnungen, Kursvorbereitungen, aber auch Briefe und Fotos. Die freundschaftlichen und menschlich warmen, wohlwollenden Gespräche mit ihm und Franz Muhar waren für mich sehr bereichernd: Ich danke beiden Herren aus tiefstem Herzen. Auch für ihr Vertrauen zu mir.

Ein ganz besonderer Dank gebührt meiner Familie, insbesondere meiner Frau Waltraud, welche mich von Februar bis November 2011 (also neun Monate lang) in den unzählig vielen einsamen Stunden des Lesens, Recherchierens und Niederschreibens nicht nur durch äußerste Rücksichtnahme unterstützt hat, sondern auch durch ihre Bereitschaft, mein Manuskript korrigierend zu lesen und mir bei der komplizierten Suche nach möglichen Verlagen zu helfen. Und das weit in das Jahr 2012 hinein, in dem mein Buchprojekt mich zeitlich noch weitaus mehr vereinnahmen sollte, als ich 2011 nicht im Geringsten geahnt habe. Meinem Bruder Peter danke ich sehr für seine aufmunternden Worte.

Herzlich danken möchte ich auch meinem Kollegen Albin Waid, welcher mir trotz seines immensen Arbeitspensums völlig spontan das Angebot unterbreitet hat, mein Manuskript mit großer Genauigkeit studieren zu wollen. Und dies auch (fast) konsequent durchzog.

Ich danke meinen vielen Freunden, Kollegen, Schülern und Studierenden, die an mich geglaubt haben und mir daher in den nicht seltenen

Gerhard Doss

Momenten massiver Selbstzweifel Rückhalt gewesen sind, beispielhaft erwähne ich Mag. Christine Söllinger aus Oberösterreich, welche für ihre Bachelorarbeit aus meinem Buchmanuskript zitierte, Mag. Matthias Emberger aus Salzburg, welcher mich zusätzlich zum Lesen meines Skripts mit wertvollen Tipps und Kontakten unterstützte, und Mag. Nadja Popovici aus Wien, deren wertvolle Feedbacks mir eine äußerst große Hilfe waren.

Danken möchte ich auch meinen beiden AAP-Kolleginnen Caroline Steffen aus Luzern für wertvolle Anregungen (sie stellt für mich mit ihrer wunderbaren Mischung aus Kraft und Sensitivität eine ideale AAP-Pädagogin dar) und Marcella Reinertshofer-Beck aus München für ihren sehr kritischen Kommentar, der mich zunächst irritiert, dann aber konstruktiv weitergeführt hat.

Das Designen des Buches und der DVD nahm Rainer Keplinger vor, was dieser mit der tollen Mischung von jugendlichem Idealismus und großer Professionalität bewerkstelligte. Sehr konstruktiv und effektiv gestaltete sich auch die Kommunikation zwischen der Lektorin und Korrektorin Renate Stehrer-Ausobsky und mir. Ich kann mich nur dankbar verneigen.

Aus Verehrung für Prof. Coblenzer, seinen Lehrer am Max Reinhardt Seminar, meldete sich Ende Oktober der Schauspieler Albert Fortell bei mir, um mir bei meinem Buchprojekt seine Hilfe anzubieten und spontan ein Vorwort zu verfassen. Ich wiederhole die Aussage von Horst Coblenzer: „Es gibt keine Zufälle." ICH DANKE.

Nachspann 1

Zur Entstehung dieses Buches

Die Begegnung mit Horst Coblenzer und nur wenige Tage später mit Franz Muhar im August 2010 ließ urplötzlich in mir die Idee keimen, über AAP ein Buch zu schreiben. Die Idee ist das Eine, die Umsetzung das Andere. So trug ich monatelang die Idee vor mir her, und mir graute vor der Umsetzung: Woher soll ich bei meinem ungeheuren Arbeitspensum die Zeit nehmen für das Verfassen eines Buches?

Mitte Februar 2011 begann ich tatsächlich. Ich nahm mir vor, jeden Tag mindestens eine Seite zu tippen: Ein Jahr hat 365 Tage, das sind also mindestens 365 Buchseiten. Oft gestaltete ich wirklich bloß eine Seite, manchmal waren es auch mehr. Es konnte passieren, dass ich wegen besonderer Recherchen für eine Seite fünf Stunden benötigte oder ich aufgrund eines äußerst arbeitsintensiven Tages erst gegen Mitternacht mit dem Schreiben beginnen konnte: Dann hatte ich einfach weniger Schlaf, erfreulicherweise war dies nicht die Regel.

Im August 2011 begann ich damit, das Aufgeschriebene kapitelweise zu strukturieren und das Schlusskapitel zu verfassen. Im November war die Schreibarbeit im Wesentlichen beendet.

Schon im September hatte ich den ersten Verlag angeschrieben. Etliche sollten folgen. Die Reaktionen waren durchwegs freundlich, aber allesamt ablehnend. Damit hatte ich nicht gerechnet. Die ersten zustimmenden Antworten kamen ab Dezember 2011. Inzwischen hatte sich meine schreibbedingte Euphorie gelegt, und in mir war pragmatischeres Denken eingekehrt: Was ist mit meinen Rechten? Ist mein prozentueller Gewinnanteil in der richtigen Relation?

Und dann kam das Jahr 2012, das insgesamt für mich sehr viel Veränderung brachte. Zunächst fiel ich sozusagen in das berühmte tiefe Loch.

Gerhard Doss

Massive Frustrationsgefühle und Selbstzweifel kamen hoch. Im Jänner und im Februar pflegte ich gesunde Distanz zu meinem Buchprojekt. Ich hatte ohnehin genug andere Arbeit. Und mein Kopf wurde wieder frei. Ich begann zu verstehen, dass mein überaus seitenstarkes Buch mit einem Non-Mainstream-Thema für einen streng kalkulierenden Nischenverlag nicht wirklich attraktiv sein konnte.

So begann ich im März 2012 mit der ersten Überarbeitung meines Buchmanuskripts. Das Resultat: Das Buch wurde nicht dünner. Es ergab sich erst im Juni 2012, dass ich – zunächst nur versuchsweise – das Buch in zwei Bände aufteilte. Der Umstand, dass dies ziemlich unkompliziert funktionierte, überraschte mich und führte dazu, dass ich dabei blieb. Es setzte die Sommerurlaubszeit ein, und ich gab mir eine Deadline: Oktober 2012. Spätestens dann sollte die Buchproduktion starten. Nach unendlich vielen Überlegungen und Formulierungsmöglichkeiten kam endlich auch die Titelfindung ins Finale. Und im Spätsommer begann ich mit der Produktion der DVD. Das Finalisieren des Buches bis zum tatsächlichen Druck durch den Verlag sollte noch bis zum Februar 2013 brauchen.

Das Geheimnis des Glücks ist die Freiheit!
Das Geheimnis der Freiheit aber ist der Mut!
Perikles

Nachspann 2

Zusammenfassende Tipps zur Atemstimme im Alltag
(als Orientierungshilfen für ein gesundes, langes Leben)

- Ausreichend **schlafen** und auch im Sinne von Erholungsphasen **rhythmisch leben**
- Den Tag **entspannt** starten, sich – auch über den ganzen Tag hinweg – **positive Energie** suggerieren, keine hastigen Bewegungen zulassen
- Täglich um die 2,5 Liter **kohlensäurefreies Wasser** trinken, nicht bei Kaffee, Tee, Alkohol, Süßwaren, scharfen Speisen und Nikotin übertreiben
- Den Atem nur kommen lassen (**Inspiration** mit allen Sinnesorganen), ergo den Atem nie erzwingen (also keine Schnappatmung)
- Das Gefühl der **inneren Weite** immer wieder optimieren – geistig, seelisch und körperlich (Beispiel: Gähnweite)
- **Summen** und nicht räuspern
- Eher **langsam** und sehr **bewusst** (artikulatorisch) sprechen, harte und auch zu weiche Stimmeinsätze vermeiden
- **Kleine Sprechportionen** zulassen, also nie zu viel in einem Atem sprechen
- Am Schluss einer Sprech- (Sing-) Einheit den Auslaut federnd lösen (=**abspannen**), nicht vorzeitig Spannung abbauen (also nicht lustlos zum Punkt hin sprechen)
- Mit viel **Pausenmut parterorientiert** (dialogisch) sprechen
- Sich **viel bewegen** und dabei ständig das **Zwerchfell** trainieren
- Gefühle positiv **kanalisieren**, nie unterdrücken
- Die Stimme immer wieder **resonieren** (über das Zwerchfell und die innere Weite) und nie einengen (durch Schreien, Pressen, Knödeln, Schnarren, Überlüften ...)
- Sich **viel Zeit** gönnen -> **spürsam** bleiben

Gerhard Doss

Das Leben ist so,
wie wir darauf reagieren.
Alice Herz Sommer (109)

Literaturhinweise

Alexander, Gerda: Eutonie. Ein Weg der körperlchen Selbsterfahrung. Kösel. München 1976

Amberg Schneeweis, Susanne: Singen macht glücklich. Edition Neue Wege. Gösing 2006

Amberg Schneeweis, Susanne: Stimmbildung+Sprecherziehung durch bewusstes Atmen. Intensivtraining zur richtigen Atmung. Ennsthaler. Steyr 1989

Amon, Ingrid: Die Macht der Stimme. Persönlichkeit durch Klang, Volumen und Dynamik. Ueberreuter. Frankfurt/Wien 2003

Anders, L. C., Hirschfeld, U., Krech, E. - M., Stock, E.: Deutsches Aussprachewörterbuch. Walter de Gruyter GmbH & Co. KG. Berlin 2009

Bail, Ulrike u. a. (Hrsg.): Bibel in gerechter Sprache. Gütersloher Verlagshaus. München 2006

Baillet, Adrien: Das Leben des René Descartes. Übersetzt von Frank Schweizer. kitab. Klagenfurt 2011

Balser-Eberle, Vera: Sprechtechnisches Übungsbuch. öbv et hpt VerlagsgmbH & Co. KG. Wien 1999

Bauer, Joachim: Warum ich fühle, was du fühlst. Intuitive Kommunikation und das Geheimnis der Spiegelneurone. Wilhelm Heyne. München 2008

Bauer, Joachim: Das Gedächtnis des Körpers. Wie Beziehungen und Lebensstile unsere Gene steuern. Piper. München 2010

Beierl, Leopold: Mitmenschlichkeit in der Erziehung. Kreuz. Stuttgart 1963

Bernhard, Barbara Maria: Sprechen im Beruf. Der wirksame Einsatz der Stimme. öbvethpt. Wien 2003

Bertelsmann Universal Lexikon in 20 Bänden. Verlagsgruppe Bertelsmann GmbH/Bertelsmann Lexikon Verlag GmbH. Gütersloh 1992/1993

Bertelsmann Universal Lexikon. Fremdwörter. Bertelsmann Lexikon Verlag GmbH. Gütersloh 1993

Bigenzahn, Wolfgang, Friedrich, Gerhard, und Zorowka, Patrick: Phoniatrie und Pädaudiologie. Einführung in die medizinischen, psychologischen und linquistischen Grundlagen von Stimme, Sprache und Gehör. Hans Huber. Bern 2008

Böhme, Gerhard: Sprach-, Sprech-, Stimm- und Schluckstörungen. Band 1: Klinik. Gustav Fischer. Stuttgart/Jena/Lübeck/Ulm 1997

Breiner, Jutta: Charisma kann man nicht lernen. Aus: Die Welt. Berlin 23. Juli 2008

Bruns, Paul: Minimalluft und Stütze. Görlitz. Berlin 1929

Buber, Martin: Das Dialogische Prinzip. Lambert Schneider. Heidelberg 1979

Buber, Martin: Reden über Erziehung. Lambert Schneider. Heidelberg 1962

Büchler, Adriana (Hrsg. et al.): Schule muss schön sein. kopaed. München 2007

Büchner, Karl: Römische Literaturgeschichte. Kröners Taschenbuchausgabe Band 247. Alfred Kröner. Stuttgart 1994

Chua, Amy: Die Mutter des Erfolgs. Wie ich meinen Kindern das Siegen beibrachte (Originaltitel: Battle Hymn of the Tiger Mother, übersetzt von Barbara Schaden). Nagel&Kimche. Zürich 2011

Coblenzer, Horst, und Muhar, Franz: Atem und Stimme. Anleitung zum guten Sprechen. Österreichischer Bundesverlag für Unterricht, Wissenschaft und Kunst. Wien 1976

Coblenzer, Horst, und Muhar, Franz: Die Phonationsatmung. In: Wiener klinische Wochenschrift 48, S. 945-953. Sonderabdruck aus 77. Jahrg. Wien 1965

Coblenzer, Horst: Die Bedeutung des Atemrhythmus für den sprachlichen Ausdruck des Schauspielers. Dissertation. Wien 1970

Coblenzer, Horst: Erfolgreich sprechen. Fehler und wie man sie vermeidet. Österreichischer Bundesverlag. Wien 1987

Csikszentmihalyi, Mihaly: Das flow-Erlebnis. Jenseits von Angst und Langeweile: im Tun aufgehen. Klett-Cotta. Stuttgart 2008

Cube, Felix von: Lust an Leistung. Die Naturgesetze der Führung. Piper. München 1998

Dachs, Robert: Oskar Werner. Abgründe eines Giganten. Braumüller. Wien 2010

Dachs, Robert: Oskar Werner. Ein Nachklang. Kremayr & Scheriau, Wien 1988

Der Spiegel 36/01.09.1965, deutsches Politikmagazin. Aus dem Artikel: Österreichs große Koalition. Modell für Bonn? Kungeln und Rangeln. Spiegel-Verlag Rudolf Augstein GmbH & Co. KG. Hamburg 1965

Der Spiegel 40/26.09.1966, deutsches Politikmagazin. Aus dem Artikel: Heinz Hilpert über Carl Zuckmayer „Als wär's ein Stück von mir".Spiegel-Verlag Rudolf Augstein GmbH & Co.KG. Hamburg 1966

Diamond, John: Der Körper lügt nicht. Verlag für Angewandte Kinesiologie. Freiburg/Breisgau 2001

Diamond, John: Die heilende Kraft der Emotionen. Verlag für Angewandte Kinesiologie. Freiburg/Breisgau 1991

Die Bibel. Das Neue Testament. Nach der Übersetzung Martin Luthers. Deutsche Bibelgesellschaft. Stuttgart 1985

Doss, Gerhard: Der natürliche und künstlerische Stimmausdruck aus dem Blickwinkel der AAP. Skriptum. Wien 2009

Doss, Gerhard: Der stimmige Mensch. Stimmerziehung als gesamtmenschliche Herausforderung. Skriptum. Linz 1992

Doss, Gerhard: Didaktik Stimmbildung. Kleine Phonationsschule für Schüler und Lehrer. Skript der Pädagogischen Akademie der Diözese Linz. Linz 1998

Duden - Das Aussprachewörterbuch. Wörterbuch der deutschen Standardsprache. Dudenverlag. Bibliographisches Institut & F. A. Brockhaus AG, Mannheim 2000

Dürckheim, Karl Graf von: Der Alltag als Übung. Huber. Bern 2004

Düringer, Roland, Schulak, Eugen Maria und Taghizadegan, Rahim: Das Ende der Wut. Ecowin. Salzburg 2012

Eckert, Hartwig, und Laver, John: Menschen und ihre Stimmen. Aspekte der vokalen Kommunikation. Beltz. Weinheim 1994

Eggetsberger, Gerhard: Charismatraining. Ein erfolgreiches Programm zum gezielten Aufbau eines überzeugenden Persönlichkeitsprofils. ORAC, Krenmayr & Scheriau. Wien 1992

Feldenkrais, Moshe: Bewusstheit durch Bewegung. Suhrkamp. Frankfurt/Main 1978

Feldenkrais, Moshe: Die Entdeckung des Selbstverständlichen. Suhrkamp. Frankfurt/Main 1987

Felschen, Christina: Aktive Stimmbildung: Singen, jodeln und juchzen. In: Berliner Morgenpost. 7. Woche. Extra/Callcenter. Berlin 2011

Fetscher, Iring: Joseph Goebbels im Berliner Sportpalast 1943. Wollt ihr den totalen Krieg? Europäische Verlagsanstalt/Rotbuch. Hamburg 1998

Fitz, Oskar: Schach dem Stottern: Die bewegungstherapeutische Ausschaltung der Sprechhemmungen durch Atem und Stimmsicherung. Lambertus. Freiburg/Breisgau 1961

Geiger, Arno: Der alte König in seinem Exil. Carl Hanser. München 2011

Genazino, Wilhelm: Das Glück in glücksfernen Zeiten. dtv. München 2011

Gershon, Michael: Der kluge Bauch. Die Entdeckung des zweiten Gehirns.Wilhelm Goldmann. München 2001

Girtler, Roland: Bösewichte: Strategien der Niedertracht. Böhlau. Wien-Köln-Weimar 1999

Goethe, Johann Wolfgang von: Regeln für Schauspieler. Weimarer Ausgabe 40. 1803

Gerhard Doss

Göstl, Robert: Singen mit Kindern. Modelle für eine persönlichkeitsbildende Kinderchorarbeit. ConBrio. Regensburg 1996

Gundermann, Horst: Heiserkeit und Stimmschwäche. Ein Leitfaden zur Selbsthilfe, wenn die Stimme versagt. Fischer. Stuttgart 1995

Habermann, Günther: Stimme und Sprache. Eine Einführung in ihre Funktion und Hygiene. Georg Thieme. Stuttgart 1978

Haefliger, Ernst: Die Singstimme. Hallwag. Bern 1983

Hammerschmid-Gollwitzer, Josef: Wörterbuch der medizinischen Fachausdrücke. Wilhelm Goldmann. München 1993

Handke, Peter: Publikumsbeschimpfung und andere Sprechstücke. Suhrkamp. Frankfurt am Main 1979

Hart, William: Die Kunst des Lebens. Vipassana-Meditation nach S.N. Goenka. dtv. München 2010

Hartlieb, Karl: Stimmbildung als Wissenschaft. Henschel. Berlin 1960

Haubrich, Richard: Zwerchfellpathologie im Röntgenbild. Springer. Berlin 1956

Haugeneder, Katrin: Stimme spüren! Praxis und Philosophie zur Stimmentfaltung mit einem Beitrag von Gerhard Doss. Breuer&Wardin. Bergisch Gladbach 2009

Heinrich, Ludwig: Dieser junge Italiener... In: Oberösterreichische Nachrichten. Kultur & Medien. Verlag 4010. Linz 14.04.2011

Hengstschläger, Markus: Die Durchschnittsfalle. Gene-Talente-Chancen. Ecowin. Salzburg 2012

Hentig, Hartmut von: Die Menschen stärken, die Sachen klären. Ein Plädoyer für die Wiederherstellung der Aufklärung. Vortragssammlung. Reclam. Stuttgart 1985

Herrigel, Eugen: Zen in der Kunst des Bogenschießens. Der Zen-Weg. Fischer-Taschenbuch-Verlag. Frankfurt 2005

Hessel, Stéphane: Empört euch! (Indignez-vous!) Ullstein. Berlin 2010

Hey, Julius: Der kleine Hey. Die Kunst des Sprechens. Schott. Mainz 1997

Hilpert, Heinz: So wird alles Schwere entweder leicht oder Leben. Tagebuch für Nuschka. Herausgegeben von Michael Dillmann und Andrea Rolz. Weidle. Bonn 2011

Hofbauer, Kurt: Praxis der chorischen Stimmbildung. Schott. Mainz 1978

Hoffmann, Edward: Alfred Adler, Begründer der Individualpsychologie. In: Psychologie heute. Julius Beltz GmbH & Co.KG. Weinheim Juni 2011

Hüther, Gerald, Hauser, Uli: Jedes Kind ist hoch begabt. Die angeborenen Talente unserer Kinder und was wir aus ihnen machen. Knaus. München 2012

Iro, Otto: Diagnostik und Pädagogik der Stimmbildung. Rud. Erdmann. Wiesbaden 1961

Kampits, Peter: Wer sagt, was gut und was böse ist? Ueberreuter. Wien 2011

Kant, Immanuel: Beantwortung der Frage: Was ist Aufklärung? (1783) In: I. K. [u. a.]: Was ist Aufklärung? Aufsätze zur Geschichte und Philosophie. Hrsg. Jürgen Zehbe. Göttingen 1967

Keidel, Wolf-Dieter: Kurzgefasstes Lehrbuch der Physiologie. Thieme. Stuttgart 1967

Kleinjung, Christina: Grundlagen der logopädischen Stimmübungsbehandlung. Vortragsskript. Regensburg 2011

Kleist, Heinrich von: Über das Marionettentheater. Aufsätze und Anekdoten. Insel. Frankfurt am Main 1980

Koenig-Warthausen, Gabriele Freiin von: Deutsche Frauen in Italien. Briefe und Bekenntnisse aus drei Jahrhunderten. Wilhelm Andermann. Wien 1942

Köhlmeier, Michael: Das Sonntagskind: Märchen und Sagen aus Österreich. Deuticke. Wien 2011

König, W.: dtv-Atlas Deutsche Sprache. München 1994

Korcak, Hertha: Deutsch Richtig gesprochen. Eigenverlag Hannes Tropper. Graz 2008

Kreczi, Hanns: Das Bruckner-Stift St. Florian und das Linzer Reichs-Bruckner-Orchester (1942 - 1945). Band 5 aus: Wessely, Othmar: Anton Bruckner. Dokumente und Studien. Akademische Druck- und Verlagsanstalt. Graz 1986

Kükelhaus, Hugo: Hören und Sehen in Tätigkeit. Klett&Balmer. Zug 2001

Kumpf, Andreas: Glück im Alter. Zu Besuch bei 21 glücklichen Menschen im Alter von 65 bis 95 Jahren. Anton Pustet. Salzburg 2012

Landau, Edwin Maria: Paul Claudel. In: Friedrichs Dramatiker des Welttheaters. Bd. 22. Velber. Hannover 1966

Lay, Rupert: Dialektik für Manager. Methoden des erfolgreichen Angriffs und der Abwehr. Econ. Berlin 2003

Lehmann, Lilli: Meine Gesangskunst. Bote&Bock. Berlin 1909

LehrerIn 2000: Arbeitszeit, Zufriedenheit, Beanspruchungen und Gesundheit der LehrerInnen in Österreich. Studie im Auftrag vom Bundesministerium für Bildung. Wien 2000

Lessing, Gotthold Ephraim: Die Erziehung des Menschengeschlechts und andere Schriften. Philipp Reclam jun., 1965

Gerhard Doss

Lessing, Gotthold Ephraim: Nathan der Weise. Philipp Reclam jun. Stuttgart 1970

Loesch, Ilse: Sprechende Bewegung. Ein Studienbuch für Schauspieler und Regisseure. Henschel. Ost-Berlin 1974

Lowen, Alexander: Bioenergetik. Therapie der Seele durch Arbeit mit dem Körper. Rowohlt. Reinbek bei Hamburg 2002

Lowen, Alexander: Körperausdruck und Persönlichkeit. Grundlagen und Praxis der Bioenergetik. Kösel. München 1991

Luchsinger, Richard: Lehrbuch der Stimm- und Sprachheilkunde. Springer. Wien 1959

Luchsinger, Richard: Schalldruck- und Geschwindigkeitsregistrierung der Atemluft beim Singen. In: Folia phoniat. 3, 25. Basel 1951

Luczak, Hania: Wie der Bauch den Kopf bestimmt. In: GEOWISSEN, Nr. 45. Gruner+Jahr AG, Druck- und Verlagshaus. Hamburg 2010

Lukas, Elisabeth: Mensch sein heißt Sinn finden. Hundert Worte von Viktor E. Frankl. Neue Stadt. München 2005

Lütz, Manfred: Irre! Wir behandeln die Falschen. Unser Problem sind die Normalen. Goldmann. München 2011

Martienssen-Lohmann, Franziska: Der wissende Sänger. Gesangslexikon in Skizzen. Atlantis. Zürich 1956

Medical Tribune: Berufsdysphonie. Die Stimme ist trainierbar. 40. Jahrgang, Nr. 15. 09.04.2008

Meyer-Drawe, Käthe: Du sollst dir kein Bildnis noch Gleichnis machen. – Bildung und Versagung. In: Koller, Hans-Christoph, Marotzki, Winfried, Sanders, Olaf (Hrsg.): Bildungsprozesse und Fremdheitserfahrung. Beiträge zu einer Theorie transformatorischer Bildungsprozesse. transcript. Bielefeld 2007

Middendorf, Ilse: Der erfahrbare Atem. Eine Atemlehre. Junfermann. Paderborn 1984

Mit Schirm, Charme und Charisma. In: Die Oberösterreicherin. Das Gesellschaftsmagazin Oberösterreichs. 13. Jg., Nr. 4. Neu-Media Gmbh. Wels Mai 2011

Moder, Gerlinde, und Moser, Franz: Zirkus Morio. Ein Musical für Kinder bis 15 Jahre. Veritas. Linz 1996

Molcho, Samy: Körpersprache im Beruf. Wilhelm Goldmann. München 2001

Molcho, Samy: Körpersprache. Mosaik GmbH. München 1983

Mönch-la Dous, Werner, und Scheurl-Defersdorf, Mechthild Roswitha von: Gesunde

Stimme, kraftvolle Sprache. Praxisbuch. Lingva Eterna®. Erlangen 2005

Moser, Franz: Saitenweise Kinderhits. 48 Kinderlieder mit Begleitung und Tanzvorschlägen. Veritas. Linz 1997

Muhar, Franz: Ökonomie der Phonationsatmung. Ein physiologisches Konzept für die Stimmerziehung. Aus der Dokumentation der Arbeitstagung der Bayerischen Theaterakademie: Rollenunterricht, Sprecherziehung, Stimmbildung und Körperarbeit in der Ausbildung zum Schauspieler unter August Everding. 27.-30. 04. 2000

Nicoletti, Susi, und Mazakarini, Leo: Wege zum Theater. Max Reinhardts Schüler. Orac. Wien 1979

Offermann, Ernst: Die deutschen Juden und die Spielfilme der NS-Zeit. Peter Lang GmbH. Internationaler Verlag der Wissenschaften. Frankfurt am Main 2008

Osho: Mut. Lebe wild und gefährlich. Ullstein. Berlin 2010

Pelters, Wilm: Lessings Standort. Sinndeutung der Geschichte als Kern seines Denkens. Band 4 aus der Schriftenreihe : Literatur und Geschichte. Lothar Stiehm. Heidelberg 1972

Petersen, Peter: Der Kleine Jena-Plan einer freien allgemeinen Volksschule. Beltz Taschenbuch. Weinheim und Basel 2007

Pfaller, Robert: Wofür es sich zu leben lohnt. Elemente materialistischer Philosophie. S. Fischer. Frankfurt/Main 2011

Pohn, Ernst: Das Ende der Alleinunterhalter. In: Die Presse. Fokus: Bildung & Beruf. Wien 25./26. September 2010

Pramendorfer, Ulrike: Stimme, Sprache, Lebensfreude. 5 Schritte zum geglückten Sprechen. Veritas. Linz 1997

Pramendorfer, Ulrike: Wer gut klingt, der kommt gut an. Stimmtraining für erfolgreiches Auftreten. WEKA. Kissing 2000

Prosser-Bitterlich, Sigrid: Gesangsschule. Gesangsausbildung durch Kontrolle von Körper, Gefühl, Verstand. Österreichischer Bundesverlag. Wien 1979

Reich-Ranicki, Marcel: Mein Leben. DVA. München 1999

Reiter, Rieke: Vom Sprechen, Reden und Schweigen. Essay. Ernst Denkmayr. Linz 2003

Rettenwender, Elisabeth: Psychologie. Veritas. Linz 2011

Rilke, Rainer Maria: Die Weise von Liebe und Tod des Cornets Christoph Rilke. Insel. Frankfurt am Main 1976

Romberg, Johanna: Wie das Leben glückt. Die Wissenschaft vom glücklichen Ich. Aus:

Gerhard Doss

GEO. Magazin Österreich. Gruner+Jahr. Wien Juni 2011

Roth, Gerhard. In: GEOkompakt Nr. 28. Gruner+Jahr. Hamburg Herbst 2011

Roth, Gerhard: Bildung braucht Persönlichkeit. Wie Lernen gelingt. Klett-Cotta. Stuttgart 2011

Salcher, Andreas: Meine letzte Stunde. Ein Tag hat viele Leben. Ecowin. Salzburg 2010

Saxinger, Herbert: Stimme und Kommunikation. Ökonomisches Sprechen und Singen.
Atem-Stimme-Persönlichkeit. Skriptum. Linz o. J.

Schacherreiter, Christian: Diese ernsten Spiele. Eine Kindheit im Innviertel. Otto Müller.
Salzburg-Wien 2011

Schachl, Hans: Lernen ohne Angst. Mehr Freude und Erfolg in der Schule. Broschüre. Bundesministerium für Unterricht und Kunst. Wien 1991

Schachl, Hans: Was haben wir im Kopf? Die Grundlagen für gehirngerechtes Lehren und
Lernen. Veritas. Linz 2006

Schlömicher-Thier, Josef: Stimmhygiene für Stimmberufliche. Skriptum. Schloss Zeillern
1996

Schmid, Wilhelm: Liebe. Warum sie so schwierig ist und wie sie dennoch gelingt. Insel.
Berlin 2011

Schmidt-Gaden, Gerhard: Wege der Stimmbildung. Für Kinder und Erwachsene. Max
Hieber. München 1991

Schön, Friederike: Jetzt rede ich! In: petra. Deutsches Frauenmagazin. Jahreszeiten. Hamburg Juli 2011

Schürmann, Uwe: Mit Sprechen bewegen. Stimme und Ausstrahlung verbessern mit atemrhythmisch angepasster Phonation. Ernst Reinhardt. München 2007

Schwarz-Walter, Christa: Chorische Stimmbildung. C.L. Schultheiß. Tübingen 1972

Schweitzer, Jan, und Wüstenhagen, Claudia: Glücklich länger leben. Aus: ZEIT WISSEN.
Wissensmagazin Nr. 4. Hamburg Juni/Juli 2011

Siebs - Deutsche Aussprache. VMA-Verlag. Wiesbaden 2000

Skiera, Ehrenhard: Reformpädagogik. Hand- und Lehrbücher der Pädagogik. Oldenbourg.
München 2003

Skopal, Sabine: Hilde Langer-Rühl. Leben und Werk. Re Di Roma. Remscheid 2011

Söllinger, Peter, Söllinger-Letzbor, Rotraud, Konecny, Silvia, und Mateja, Alfred: Erlebte
Sprache 1. Hölder-Pichler-Tempsky. Wien/Graz 1985

Stadlbauer, Elisabeth: Big Emotions! Aus: Wellness Magazin. Wien 06/2011

Steinfeld, Thomas: Der Sprachverführer. Die deutsche Sprache: was sie ist, was sie kann. Carl Hanser. München 2010

Steinhaußen, Jan: „Aristokraten aus Not" und ihre „Philosophie der zu hoch hängenden Trauben". Nietzsche-Rezeption und literarische Produktion von Homosexuellen in den ersten Jahrzehnten des 20. Jahrhunderts: Thomas Mann, Stefan George, Ernst Bertram, Hugo von Hofmannsthal u. a. Königshausen & Neumann. Würzburg 2001

Stengel, Ingeborg, und Strauch, Theo: Stimme und Person. Klett–Cotta. Stuttgart 1996. Fünfte Auflage, 2005

Taschner, Rudolf: Gerechtigkeit siegt – aber nur im Film. Ecowin. Salzburg 2011

Tepperwein, Kurt, und Aeschbacher, Felix: Die Kraft der Intuition. Die geistigen Erfolgsgesetze. Goldmann. München 2011

Tepperwein, Kurt: Die Botschaft deines Körpers. Die Sprache der Organe. mvg. Frankfurt/Main 2004

Thurnherr, Ingrid: Auf den Spuren des Udo Proksch. Ecowin. Salzburg 2011

Timmermann, Jens (Hrsg.): Immanuel Kant: Grundlegung zur Metaphysik der Sitten. Vandenhoeck & Ruprecht. Göttingen 2004

Trojan, Felix: Biophonetik. Wissenschaftsverlag. Bibliographisches Institut Mannheim/Wien/Zürich 1975

Trojan, Felix: Der Ausdruck der Sprechstimme. Verlag für Medizinische Wissenschaften. Wien/Düsseldorf 1952

Tropper, Hannes, und Schlömicher-Thier, Josef: Die Berufsstimme am Stimmarbeitsplatz Schule. In: ph.script. Ausgabe 04. Salzburg 2011

Ultsch, Christian: Die seltsame Sehnsucht nach Charisma. Leitartikel in: Die Presse am Sonntag. Nr. 19078. Wien 24.04.2011

Waal, Frans de: Das Prinzip Empathie. Was wir von der Natur für eine bessere Gesellschaft lernen können. Übersetzt aus dem Amerikanischen von Hainer Kober. Hanser. München 2011

Waibel, Jochen: Ich stimme. Das Stimmhaus – Konzept für die Balance von Stimme und Persönlichkeit. Andreas Kohlhage. Bergisch Gladbach 2000

Wängler, Hans-Heinrich: Grundriss einer Phonetik des Deutschen. N.G. Elwert. Marburg 1983

Gerhard Doss

Windels, Jenny: Eutonie mit Kindern. Kösel. München 1984

Wohmann, Gabriele: Denk immer an heut Nachmittag. Aus: Ländliches Fest. Luchterhand. Darmstadt/Neuwied 1979

Wörterbuch für Schule und Studium Latein-Deutsch. PONS GmbH. Stuttgart 2007

Zimbardo, Philip G., und Gerrig, Richard J.: Psychologie. Pearson Studium. München 2004

Zuckmayer, Carl: Henndorfer Pastorale. Residenz. Salzburg 1972

Abbildungsverzeichnis

Personen- und <u>Sach</u>register

Coblenzer, Horst und Muhar, Franz werden wegen ihrer durchgängigen Präsenz nicht gesondert angeführt.

Gerhard Doss

Gerhard Doss